JN092770

大学院文化科学研究科

日本文化と思想の展開——内と外と

魚住孝至

人文学プログラム

日本文化と思想の展開—内と外と（'22）

装丁・ブックデザイン：畑中　猛

s-53

はじめに

本科目「日本文化と思想の展開—内と外と（'22）」は、原始から現代まで日本文化と思想が、いかに展開してきたか、海外との関係も視野に入れて、大枠を捉えることを目指している。時代順に全15章で論じるが、章題で主題を、節の題で内容を示唆したが、大まかな内容とねらいを示しておきたい。

最初に**日本列島の自然環境**を考えた。日本列島は沖縄から北海道まで南北に長く、山地が多く平野は比較的小さく、地域により風土が異なる。温帯で植生は豊かで、春夏秋冬の四季に応じ自然の恵みがある。海に囲まれて、漁撈が盛んである。海は列島内部で自給自足の社会を形成させつつ、異民族の侵略からの防壁となり、海外との交易の途でもある。これらが日本文化の基盤となる。時々の地震や津波、火山の噴火、毎年、十数回も襲う台風などは、権力や文化に変化をもたらすことになる。

原始は、世界最古級の土器を使って、採集・狩猟・漁撈の縄文文化が一万年以上も続いて、その地の風土に合わせて九つの小文化圏が展開した。縄文土器や土偶は高度な文化を示す。朝鮮半島や中国大陸から人々が渡来し、稲作農耕と青銅器・鉄器が伝わり、ムラからクニに、連合して五世紀末までに大和王権が列島主要部を統合した。大王は後に天皇と称するが、神話から現代まで続いて基層の持続を象徴している（1章）。他方、時代により政権が変わり、海外からの影響も受けて文化は変容する。

古代は、六世紀に漢字や儒教・仏教、国家制度などを導入するところから始まり、朝廷・貴族が主導して国家と文化の基盤を作った約五百年である。七世紀から遣隋使・遣唐使を派遣して、仏教や国家制度を積極的に導入し、渡来人も登用して在来に合わせて受容し急速に文明化した。壬申の乱後、天皇制が確立し、都城が建設され、寺院、神社も建てられた。八世紀には国家鎮護のため、諸国に国分寺を建て、中央に大仏を造立したが、他方、在来の神話や歴史、歌、地方の風土記を記録した。九世紀から制度も仏教も日本化し、神道が成立する。文字も仮名が定着すると、和歌が定型化し、花鳥風月が美とされる。摂関制の下、国風化が進んで王朝美の古典が生まれる。以上の変化を2章から5章に論じる。

中世は、多元的・地方分権的となり、地方社会が形成される約五百年である。王権・貴族では、同族の氏（ウジ）から父子が継承する家（イエ）が分立するが、排除される家との争いが生じて、武士が中央でも力を揮うようになり、全国規模の合戦を経て鎌倉幕府が成立する（6章）。救いが困難となる末法に入り、罪業意識が強まり、念仏を選択する浄土宗が広まる一方、日中間を僧が往来して禅が広まり、庶民出の宗教者も出て、仏教新宗派が成立する。十三世紀末、ユーラシア大陸から中国をも征服した蒙古の襲来の危機には、武士が戦ったが、最後は台風により守られ、神国のナショナリズムが生じる（7章）。十四世紀初期、京都に足利幕府が誕生したが、南北朝の動乱が続いた。統一後には、朝廷と武家と庶民の文化に、中国文化を取り込んで洗練させ、禅は文化に表現され、能楽が発展した。六十年後には、畳に障子・襖で仕切り、床や違い棚を設えた書院造りの原形が作られ、茶の湯や生花、枯山水の庭なども展開した（8章）。十五世紀末からの戦国時代には、惣村で農業生産が増大し、商工業も発展し座で連帯した。浄土真宗の一向宗が一揆で守護大名を退けて自治する国もある。国人層の武士は同盟して支配しようとしたが、下剋上が激しさを増し、やがて領国を支配する戦国大名が登場する。十六世紀中期、ヨーロッパ人が来て鉄砲とキリスト教を伝えた。南蛮貿易を通じて、日本人の世界観は広がった。鉄砲は国産化されて合戦に導入された。織田信長は「天下布武」を掲げ、鉄砲を大量に装備した常備軍で天下統一に乗り出したが、途中で倒された。豊臣秀吉は関白となって、天皇の権威を利用して大名に合戦を禁じ、臣従すれば領地を安堵し、違反すれば大軍勢で圧倒して、一五九〇年に全国を統一した。続いて朝鮮に出兵して政権基盤を危うくし、江戸幕府へ代わる（9章）。

近世は、江戸幕府が幕藩体制で支配した二百五十年である。士農工商の身分制で住む地域も分けて、キリシタン禁令を徹底し寺請制で各家・人を把握し、貿易も幕府が統制した。街道・海路を整備し、諸大名に参勤交代をさせ全国の経済・文化圏を作った。武士層の武芸や武士道論を考える（10章）。伝統文化が復興し、印刷により古典文化が普及し、武家や町人にも俳諧が広がる。浮世草子・浮世絵や歌舞伎・浄瑠璃など町人が担う文学・芸術・芸能が展開した（11章）。生活が安定して道徳が問題となり、儒学の朱子学が受容された。科挙がない日本では自由な立場で研究されたので、朱子学は古来の儒教と異なると批判する古学も生じた。諸学問が展開し、日本の歴史学や古典を研究する国学が展開した。「鎖国」は続いたが、オランダから西洋の学問が伝わって蘭学となる（12章）。十九世紀に入ると封建体制が流動化し一揆や打ち壊しが頻発する内憂と外国船が接近する外患が問題となる。世紀半ばの黒船来航で開国せざるを得なくなり、攘夷論が反幕運動となる。日本の独立の危機が共有され、幕府が大政奉還し、王政復古のクーデターが起こるが、幕府は恭順して新政府に転換する（13章）。

近代は、明治維新の一八六八年から太平洋戦争に敗れる一九四五年までの七十七年間である。明治政府は天皇を中心に国家統合を図るとともに、欧米を範として近代化し、中央集権国家を築いた。「富国強兵」「殖産興業」を掲げて、上からの近代化を図る。欧米人をお雇い外国人として招き大学・官営工場で指導させ、学者や専門家を多数欧米に留学させた。二十年余りで憲法を持ち、議会を開設した。学生が中心で伝統文化を近代的に再編した。日清・日露の対外戦争に勝ち、植民地を得る。国際的に強国となるが、世界恐慌の打開のため大陸進出を強め日中戦争から太平洋戦争に突入する（14章）。

現代は、一九四五年の敗戦から現在（本科目開設時）の二〇二二年のまでの七十七年である。敗戦後七年間は占領下で改革があり、アメリカ文化への憧れが強く、伝統文化は否定される傾向が強かった。独立回復後、一九六〇年代の高度経済成長で、日本の産業構造も生活様式も伝統意識も大きく変わった。

一九七〇年代後半から経済大国になって日本文化の国際化も進んだ。一九八九年の東西冷戦終結以降は、グローバル化が進んでいるが、二十一世紀初期の現在、日本の文化と思想が再度見直されている。最後に本科目の内容を違った視点から振り返るため、丸山眞男と加藤周一の日本文化論を紹介して評した。「内と外と」で、伝統を捉え直し、選択的に受容してきた文化と思想の展開を考えた（15章）。

参考とした研究・科目・文献

各時代の社会のあり様を基礎として、文化と思想の展開を概観するので、歴史学が基礎となるが、最近の日本史の研究状況をまとめた各種シリーズや研究書を参考にした。『図説日本史通覧』（帝国書院・二〇一四年初版）は、豊富な写真・図表・史料・解説があるので、参考として御覧いただければ、より具体的に内容が理解しやすいし、ご自身でさらに研究していくヒントが多くあると思います。

文化は、学部専門科目『文学・芸術・武道にみる日本文化（'19）』で、縄文から現代まで、主な文化と人物・作品をまとめたことを踏まえている。これはテレビ科目だったので、縄文遺跡と諏訪大社、平安中期の平等院鳳凰堂、和歌を伝える冷泉家をロケし、能楽と浄瑠璃の舞台、古流剣術と柔道の演武の映像もあるので、合わせて御覧いただければ幸いです。

日本思想に関しては、15章で紹介した『日本の思想』や『日本思想大系』に掲載された原典と解説を読み直した。文庫で刊行されているものは、そちらを挙げた。最近刊行された『日本思想史事典』や『日本思想史講座』なども参考にした。仏教、神道に関しては、各種の事典と研究書を参照した。各章の参考文献には主なものを叙述の順に掲げた。インターネット情報も吟味しながら活用した。

ゲストのお話と本科目の背景

本科目は、多様なテーマを扱ったので、放送教材では、それぞれを専門的に研究されている五人の方をゲストに招いて、お話を伺った。まず第4回仏教の日本化では吉村均・東方学院専任研究員に、第7

回鎌倉仏教では菊地大樹・東京大学教授に、第8回世阿弥の謡曲は仏教とも関係するので吉村均氏に、第10回近世社会の形成では笠谷和比古・国際日本学研究センター名誉教授に、第12回近世の思想では黒住真・東京大学名誉教授に、第14回近代日本哲学では田中久文・日本女子大学名誉教授に、お話しいただいた。お蔭でそれぞれの文化と思想の背景や個々の意味が分かって理解が深められたが、ゲストの貴重なお話は、印刷教材には載せられないので、放送教材で勉強して下さい。

本科目の背景についても触れておく。私が学んだ大学・大学院では、和辻哲郎以来、西洋倫理学と日本倫理思想史の講座が並行して開講されていた。日本思想については、相良亨先生と、先輩や仲間たちとの演習や研究会での議論に教えられた。国際武道大学の教員となって、伝統文化論などを担当したが、武道を中心に日本文化を海外に広める役割を自覚していた。また国際日本文化研究センターの五つの共同研究会に十年ほど参加して討議した。そして文部科学省の教科書審議委員として中学校・高等学校の社会科の教科書全部を十年間検定に関わった。これらのご縁を大変ありがたく思っている。

謝辞

まず放送教材のゲストで来ていただいた先生方に、深く感謝申し上げます。

ゲストのお話はオンラインでの収録となったので特別なことが幾つもあったが、快く協力し収録していただいたプロデューサーの船津貴弘氏と技術方の土方裕雄氏に感謝申し上げます。

最後に編集の杉山泰充氏に感謝申し上げます。初校で大幅に直した上、ゲストの先生方のお話を聞いてから再校を全面的に見直し、大幅に変更したのを素早く的確に直していただいた。大変に遅れて印刷所に御迷惑をお掛けしたが、お蔭様で何とか本になりました。本当にありがとうございました。

令和四年一月

魚住孝至

目次

4 日本化の始まり―平安遷都、日本仏教の形成、神道の成立(平安初期) 75

5 国風文化の展開—仮名と和歌、摂関制と物語、末法思想と浄土教（平安中期） 94

6 中世の始まり—隠者、『平家物語』、王朝古典主義（院政期・鎌倉初期） 111

7 鎌倉新仏教の成立―祖師たちの思想、元寇と神国思想（鎌倉時代） 130

10 近世社会の形成―幕藩体制、身分制と家、流派武芸、「鎖国」(江戸初期) 184

11 近世の文化状況─文化復興と木版印刷、俳諧、経済成長と町人文化（江戸中期） 202

12 近世思想の展開─儒学と古学、実学、日本史と国学、蘭学の始まり、幕政改革（江戸中期・後期） 220

13 危機から終焉へ―国学と蘭学、藩校・私塾、浮世絵の発展、開国と尊王攘夷（江戸後期・幕末）　238

14 近代日本の成立―近代化と伝統文化の再編成、対外戦争、日本文化論（明治・大正・昭和初期） 253

15 現代日本の展開―占領下の戦後改革、高度経済成長、グローバル時代の日本文化論（昭和後期・平成・現在） 277

1 日本文化の基層──日本の風土、縄文と弥生、「内と外と」という視点（縄文・弥生・古墳時代）

【要旨とポイント】

日本列島は、海に囲まれ、山と森が多く、四季がある自然環境に適応して、人々は独自の文化を形成していった。氷河期には海水面が低く、北海道は樺太を介して大陸とつながり、また朝鮮半島とも近かった。新人（ホモ・サピエンス）が、四万年前頃から、北東アジア、朝鮮半島、さらに黒潮に乗って中国大陸と東南アジアの四つのルートから移り住んで、長い時間をかけて融合していったようである。

一万六千五百年前頃から土器を作って、食物範囲を広げて、採集・狩猟・漁撈による縄文文化が一万数千年以上も続く。多様に装飾された土器の形式から六期に分けられるが、土偶も作られ、自然に神的なものを見て崇拝し、祖霊を尊重する精神が培われたようである。これが日本文化の基層にあったのである。

二千九百年前頃、渡来人を中心に灌漑稲作が北部九州から始まり、西日本全域に広がる。農耕を基本とし金属器も使った弥生文化は、人口を増加させ、戦争も始まって、ムラからクニへの統合が進んだ。他方、縄文文化が盛んであった東日本では弥生文化の受容には時間がかかり、縄文文化を征服するのでなく、それと融合する形で展開した。紀元一世紀には各地の統合が進んで、大陸に朝貢する首長も現われた。

紀元三世紀半ばから各地に首長の巨大な墓である古墳が築かれるようになる。前方後円墳という特異な型が広がるので、紀元五世紀には関東から北部九州までが大和の政権によって統合されたらしい。島国で異民族の支配がなかったので、自然を崇拝する感性は、文化の底流で続いていった。以降も日本文化は新たな文化が入ってきても融合しながら展開するので、本科目では「内と外と」という視点から考えていく。

【キーワード】　日本列島の自然環境、縄文文化、土器、土偶、自然崇拝、祖霊、弥生文化、古墳文化

1. 日本列島の自然環境と日本人の起源

日本列島は、アジア大陸の東縁で、北東から南西にわたって弧状に多くの島が連なっている。北から北海道、本州、四国、九州、沖縄、および周辺の諸島である。列島は地球のプレートの四つがぶつかり合って出来た地で、火山列島である。沖縄が亜熱帯に属するほかは、温帯に位置し、モンスーン気候で、春夏秋冬の四季が明確である。列島の太平洋側には赤道付近から発する黒潮の海流が流れ、日本海側には黒潮の分かれである対馬海流が流れ、さらに北からは太平洋側にオホーツク海流が流れており、東北の沖では黒潮と混じって、海の幸が豊富である。その一方、列島の内部には山地が多く、森が広がり、急峻な川がたくさん流れ、その河口部に比較的小さな平野が広がっている。海に囲まれているので、降雨量は多く、多種の草花が生え、木の実が豊富で、多様な動物が見られる。世界的に見ても、日本の自然は変化に富み、豊かな恵みをもたらしている。他方、六月からは一か月近く梅雨があり、夏から秋にかけては台風に数度から十回以上も襲われる。また火山の噴火やプレートのズレとともに、地震や津波に襲われることもある。災害に頻繁に見舞われている。

ただこのような地形と気候になったのは、一万千五百年前の完新世からである。それ以前の氷期には、海面が今よりも大幅に下がっていて、北海道が樺太と一体となってユーラシア大陸とつながっており、また九州は対馬も一体で、朝鮮半島との間は近かったようである。日本列島に人類が住むようになったのは、石器などの痕跡から、四万年から三万八千年前頃で、新人（ホモ・サピエンス）が、四つのルートで、この列島に移り住んで来たようである。当時は地続きであった樺太を通って北海道へ至る北方ルート、朝鮮半島から来る半島ルート、また赤道付近から列島へ流れてくる黒潮に乗って、中国大陸からの大陸系ルート、さらに東南アジアから黒潮に乗って琉球・奄美を介して来る南方系ルートの四つが考えられている。それらから入ってきた人類が混じり合いながら、徐々に日本人を形成していったようである。一万千五百年前頃に氷期が終わって完新世に入ると海水面が上がって列島は大陸と完全に切り離されて、最初に述べたような風土に合わせて独自な文化が長い時間かけて形成されていったのである。

2．日本文化の基層―縄文文化の展開

旧石器時代はまだ氷期で森林が発達せず、二万年以上も続くが、洞穴や簡易のテント生活で、打製石器を使って狩猟をし、移動生活をしていたらしい。ところが、放射性元素炭素14の測定（加速器質量分析法ＡＭＳ法）によると、一万六千五百年前に世界でも最古級の土器が作られたことが判明した。まだ無紋の土器だが、後に植物の束で紋様を付ける特徴を持つようになるので、縄文土器と呼ばれ、この時代を縄文時代と呼んでいる。土器を使うと、水入れ、煮炊き、貯蔵などが出来、食料の範囲が大きく広がる。地域によって異なるが、採集・狩猟・漁撈などを組み合わせて、春夏秋冬の季節ごとにさまざまな自然の恵みを受けながら、一万年以上前から、定住生活が営まれていた。縄文時代は、土器の形式により、草創期、早期、前期、中期、後期、晩期と分けられるが、かなり気候が変動する中で一万数千年も続いている。この間、東日本が中心であったが、北海道から沖縄まで、縄文文化が展開していた。

世界史では、一万一千年前にメソポタミアで小麦による農耕生活に入ってからを新石器時代とするが、日本では土器を用いて採集・狩猟・漁撈で一万年前から竪穴住居による定住生活が展開しており、しかも五千五百年前から四千年前の縄文中期には各地に大規模な集落が現われ、高度の技術も見られるので、日本では縄文時代から新石器時代としている。

地域によってもかなり異なるが、各時期の年代とその時期の特徴を大まかに示すと以下のようになる

(国際標準暦年較正曲線により補正された年代はほぼ勅使河原彰『縄文時代史』に拠る)。

① **草創期**(一万六千五百年前〜一万千五百年前)は、まだ氷期で寒冷な気候であるが、やがて温暖化が進むにつれ、対馬暖流が日本海に流れ込んで、日本海側の北陸以北に豪雪地帯が生まれ、春には豊富な雪解け水によって、ブナなどの森林が形成されるようになる。丸底や平底の土器が見られる。

② **縄文早期**(一万千五百年前〜七千二百年前)には、温暖化が進んで、一万年ほど前から定住に移行したようである。東日本では落葉樹林帯が展開し、沿岸部では貝塚が出来始める。尖底の深鉢が現われ、土偶も作られ始める。東日本では照葉樹林帯が広がり、九州南部の上野原遺跡では九千五百年頃から定住生活も始まっていたが、七千三百年前の鬼界カルデラの噴火により、壊滅的な被害を受ける。

③ **縄文前期**(七千二百年前〜五千四百年前)には、温暖化はさらに進んで海水面が平野部を覆って縄文海進が進む。東京湾でも群馬あたりまで海が入り込み、湾岸部では貝塚が発達する。舟が登場し、大型建物も出現する。平底の深鉢が普及する。

④ **縄文中期**(五千四百年前から四千四百年前)には、大型の環状集落が現われる。北海道南部から東北・北陸まで落葉樹林帯ではブナ、クリなどの実が利用された。関東の内湾では魚介類が食べられ、大きな貝塚が展開する。立体装飾に富んだ大型土器が出現し、新潟では火焔土器が出る。女性像の土偶なども現われる。青森の三内丸山遺跡や中部八ヶ岳山麓の遺跡など、縄文文化が最も隆盛した時代である。東日本を中心に多くの集落の遺跡が見られる。家族単位で、数軒が中央に広場を囲むようにして、木と草を使って建てた竪穴住居が繰り返し同じ場所に継続して建てられる。中央の広場には死者が葬られ、周辺には食材の残りを集積した塚、特に海岸部では貝塚がある。弓や銛(もり)も見られる。草の繊維を編んだ衣服を着て、石器や土器、木の道具を作っており、日本特有の漆を使ったものも見られる。

⑤　**縄文後期**（四千四百年前～三千年前）には、再び寒冷化して海水面が後退して、干潟が縮小し、中部や関東では堅果類の植生がクリからトチノキに急激に変化し、中部高地では集落が減少する。土瓶型の注口土器など多様な小型土器が作られ、縄文を磨り消した土器が出てくる。

⑥　**縄文晩期**（三千年前～二千五百年前）には、東日本では亀ヶ岡遺跡の遮光器土偶のような異様な土偶も現われ、環状列石や呪術的祭祀の場が見られるようになる。磨消文や漆を塗った小型土器も作られる。ただし二千九百年前頃に、北部九州から渡来人を中心にして灌漑稲作農耕が始まっている。灌漑農耕の技術は瀬戸内海を伝わり、近畿、東海地方まで四百年ほどで伝わっていくようになり、東日本の地域では縄文文化と弥生文化の融合が見られる。東北北部では縄文文化へ逆戻りして、続縄文文化が展開している。したがって、縄文晩期は地域によって時期が大きく異なることになるが、一応の目安として二千五百年前と表記した。

3. 各地域の特色―九つの小文化圏

縄文時代には、石器や土器を用いて、各地域の自然環境に応じた自然採集・狩猟・漁撈などを組み合わせた生活が展開した。その地の自然―気候、植生、動物や魚介類によって内容は大きく異なる。土器の形式に注目して九つの小文化圏に分けられているが、ここでは地域名を先に挙げて、土器の形式をカッコで示す（図1-1参照）。

①　石狩低地以東の北海道（北筒式）
エゾマツやトドマツといった針葉樹が優勢な地域。トド、アザラシ、オットセイという寒流系の海獣が豊富であり、それらを捕獲する為に早期から回転式離頭銛（もり）が発達した。河川のサケ類の漁や、ヒグマ、エゾシカの狩猟が見られる。

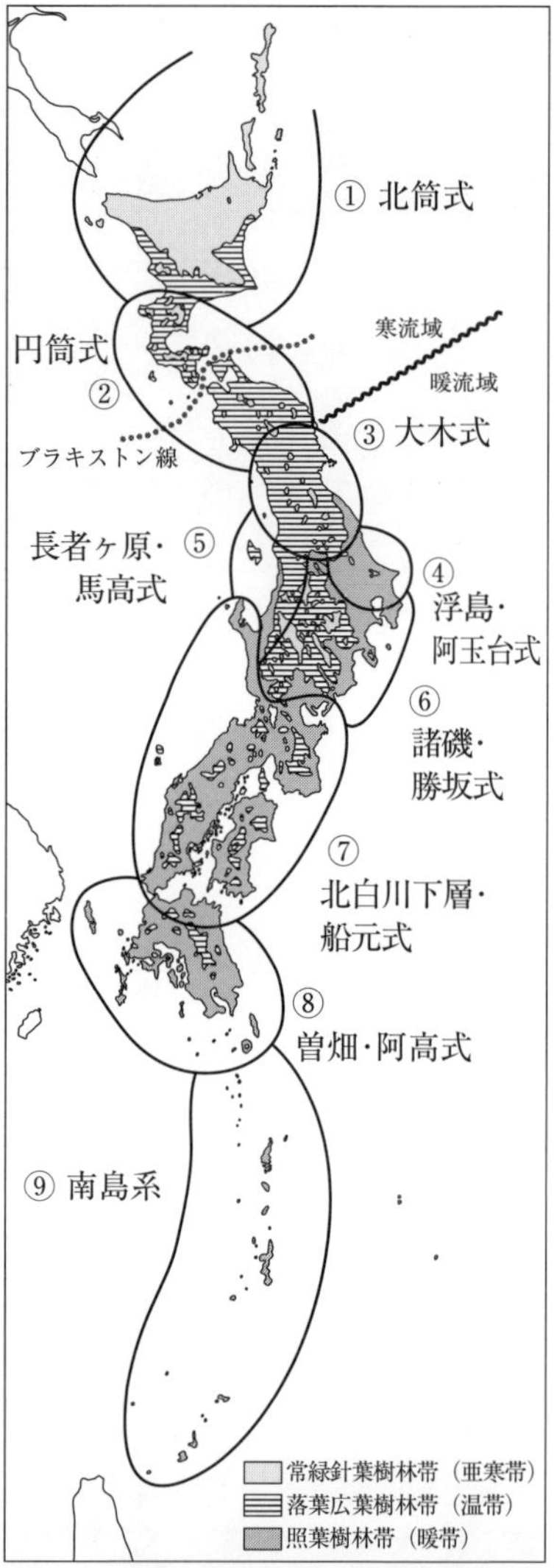

出所：『週刊朝日百科　日本の歴史33』より。©TUBE GRAPHICS

図1-1　土器形式から分けた九つの小文化圏

② 北海道西南部および東北北部（円筒式）

植生は落葉樹林で、クリ、クルミ、ミズナラ、コナラ、トチノキといった堅果類の採集が盛んに行なわれた。回転式離頭銛による海獣捕獲も行なわれたが、カモシカやイノシシなどの陸上の哺乳類の狩猟も行なった。縄文遺跡が集中して見られ、中期には三内丸山遺跡など、大型集落も展開している。

③ 東北南部太平洋側（大木式）

太平洋側の三陸海岸から仙台湾の沖合で寒流・暖流がぶつかる地域で豊かな漁場で、中期半ばから釣針を使ってカツオ、マグロ、サメ、イルカの漁が盛んであった。また落葉樹林が広がる山間部ではニホンジカ、イノシシの狩猟が行なわれた。

④関東（浮島・阿玉台式）
内湾性の漁撈で、ハマグリ、アサリ、河口域ではヤマトシジミを採取し、中期からは錘(おもり)をつけた網によるスズキやクロダイの漁も行なった。貝塚が発達し、日本列島全体の貝塚の内、六割がこの地域に集中する。晩期には海退で平野化することにより貝塚は減少する。照葉樹林帯の植物性食料の採取とシカとイノシシなどの漁を行なった。

⑤北越（長者ヶ原・馬高式）
日本海側の豪雪地帯で、植生は落葉広葉樹（トチノキ、ナラ）で、シカ、イノシシ、ツキノワグマが主な狩猟対象で、川を遡上するサケ漁も盛んであった。豪雪地帯なので家屋内部に炉を多くし、屋根裏を乾燥させる為に家屋は大型化した。火焔土器として有名な馬高式土器が特徴。

⑥中部（諸磯・勝坂式）
植生は落葉広葉樹であるが、ヤマノイモやユリの根なども食用とした。それらを掘る為の打製石斧の使用も特徴の一つである。狩猟対象はシカとイノシシで、八ヶ岳山麓に大きな集落が沢山できている。妊婦型の大きな土偶も出土している。

⑦西日本（北陸・近畿・伊勢湾沿岸・中国・四国・豊前・豊後）（北白川下層・船元式）
植生は照葉樹（シイ、カシ）に、山地帯では落葉広葉樹も加わる。狩猟対象はシカとイノシシで、漁業面では切目石錘（石を加工して作った網用の錘）の使用が特徴であるが、これは関東の土器片による錘の技術が伝播して出現したものと考えられている。

⑧九州（豊前・豊後を除く）（曽畑・阿高式）
九州と朝鮮半島の間に広がる多島海を舞台とした外洋性の漁撈活動を特徴とする。植生は照葉樹林帯。狩猟対象はシカとイノシシ。九州南部は早期末七千三百年前に鬼界カルデラの大噴火があり、

一時ほぼ全滅と考えられる程の壊滅的な被害を受けた。

⑨ 南西諸島（南島系）

沖縄島を中心とする珊瑚礁内での漁撈が特徴で、ウミガメやジュゴンを食用とする。植生は亜熱帯の照葉樹林帯である。

以上、それぞれの地域の自然環境に応じて独自な文化圏を展開していた。これらの特色は、後の時代にも色濃く残ることになる。今日、郷土料理となっているものの中には、この時代に遡るものもあるようである。

縄文土器を中心とした文化は、上記の北海道から沖縄までの範囲に収まることは重要である。北海道から樺太との間、西北九州と朝鮮半島の間、南西諸島と台湾の間は、それぞれ対岸を見ることが出来るほど近いので、頻繁な往来があれば共通した文化が見られるはずだが、明らかに異なる。おそらく言語が異なり、違う文化圏と認識されていたのであろう。日本文化として論じる範囲も、縄文文化が見られる北海道から沖縄までの間とする。

4. 縄文文化の心性

縄文文化といっても、上記のように各地域で特色ある文化が展開していたので、一概には言えないが、代表的な遺跡の例としては、中部高地の遺跡が挙げられる。特に八ヶ岳山麓では縄文前期から中期にかけて、遺跡が非常に増加して、他の地域にも影響を与えている。縄文後期から晩期は遺跡は減少するが、「星降る中部高地の縄文世界」として日本遺産にも指定されている。

【学部専門科目（テレビ）「文学・芸術・武道にみる日本文化（19）」第一回では、長野県茅野市の尖石（とがりいし）縄文考古館をロケして、復元された竪穴住居と周りの環境、黒曜石、旧石器時代から弥生時代までの縄文土器の変遷、国宝の土偶「縄文のビーナス」と「仮面の女神」を撮り、両方の土偶発掘に関わった守矢昌文館長（当時）にお話を伺っている。】

また沿岸部には貝塚が発達するが、千葉県の加曽利貝塚が国の特別史跡に指定されている。さらに一九九二年から発掘された青森県の三内丸山遺跡は、巨大な六本の柱の構造物や大型住居跡が見られて大規模で高度な文化のあり様が分かって縄文のイメージを大きく一新した。

これらの代表的な遺跡を基にして、縄文人の心性について考えてみることにする。

縄文時代の食糧源は、採集・狩猟・漁撈によるだけに、そうした食料が得られる場所に集落が営まれた。長野県の中部高地はクリの林に囲まれた場所で、水があり、黒曜石が採取される地である。千葉県の加曽利遺跡は沿岸部で魚介類が豊富に取れる地である。青森県の三内丸山遺跡は、周りのブナ林を切り拓いてクリやクルミの林に変えており、青森湾の海にも近い立地である。

集落の中心には広場がある。広場は獲物や採集した収穫物に感謝をする祭りを行う場所でもある。縄文前期から中期には広場には死者が埋められていることが多い。この場合には、死者は、常に生者と一緒に祭りに参加していることになる。三内丸山遺跡では、広場に行く道の両側に墓がある。死者は、道の両側から収穫物や船着き場からの珍しい物を見ていたのであろう。死んでも他界にいくのでなく、そのまま身近にいる感覚があったようである。縄文後期になると、大湯環状列石（秋田）のように、集落とは別の場所に埋めることが多くなる。

住居を同じ場所に繰り返し何度も建て直していることは、祖先からの家を受け継ぎ、永続的に生活が続くことを祈っての行為であろう。

そして住居の外側に盛土があり、土器や石器などはまとめて捨てられ、土をかぶせて埋められているものもある。使われた道具類を供養していたようである。貝塚では、貝殻の他、獣骨や魚骨などが積み重なっている。貝塚で儀式をした跡もあるので、自然の恵みに感謝し、また得られるように祈っていたのであろう。縄文人は、四季の巡りに合わせて、その時々に入手できる食料を得ていたので、彼らの願いは、自然の恵みが絶えないことであったと推測される。

巨大な石棒は男性器の象徴で、一部に、くぼみをつけた石に向かっておかれたものもあり、生殖行為を象徴的に示したものらしい。『古事記』『日本書紀』の日本神話では、イザナギ―イザナミの夫婦の神の「みとのまぐわい」で国生みがなされるが、その基になった発想だと思われる。

土偶は女性像で、妊婦型が多いので、女性に生命を生む霊力を感じていたのであろう。土器の口縁部にイノシシや蛇を形どったものが多くある。イノシシは多産で生命力を感じさせたので像が形づくられたが、他方、同じ程度に食糧源とされていたシカのものはない。蛇はマムシで卵胎生で多くの子どもが生まれることにあやかろうとしたと思われる。

山は聖なる空間で、そこにある特別な形をした岩や木に聖なるものを感じる感性があったであろう。磐座(いわくら)を設けたり、大きな木を伐り出して立てることで空間を区切るのも、聖なる場という意識と思われる。諏訪大社において見られる御柱(おんばしら)は神域の四隅に四本立てるが、これは現在の地鎮祭に四本の竹で囲って作る神籬(ひもろぎ)の原形のように考えられるが、農耕儀礼とは異質で、ルーツは縄文まで遡る可能性も考えられる。

自然に神的なものを見、万物に霊力を認めるアニミズム的な心性は、縄文に遡る日本文化の基層にあるものだと考えられる。

5. 弥生文化の展開―新しい研究の衝撃

弥生時代は、以前は紀元前三世紀頃に始まったと言われていたが、より古く紀元前五世紀とされてき

表1-1　弥生時代の開始と年代の新旧説比較
（帝国書院『図説日本史通覧』による）

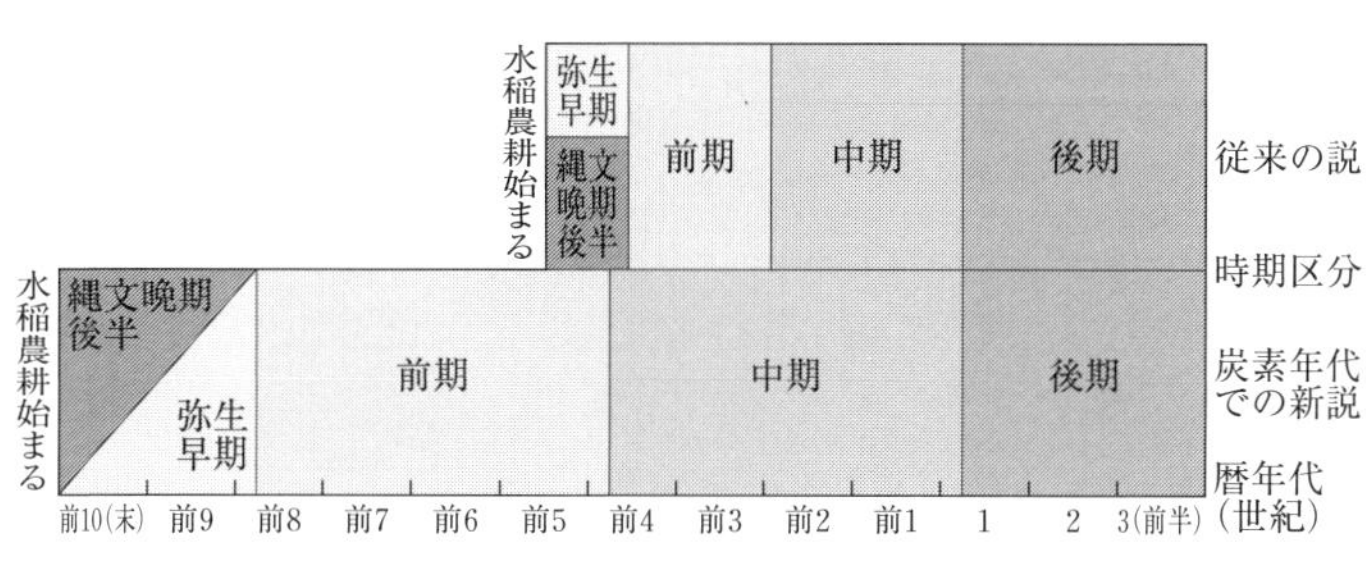

た。けれども二〇〇三年に、国立歴史民俗博物館が炭素14の放射性物質を測定するＡＭＳ法により、弥生の始まりを五百年以上遡る二千九百年前で紀元前十世紀と発表して、考古学界に大きな議論をまき起こした。従来の説とどう異なるかは、表1-1参照。

北部九州の最初の農耕遺跡は、同時代の朝鮮半島南部の遺跡と共通するので、稲作農耕は、朝鮮からの渡来人によって開始されたようである。一部には中国の戦乱から逃げてきた人々もいたはずである。中国や朝鮮半島の政治情勢もかかわって、長期間に断続的に相当な数の人々が移住してきたのだろうと推測される。

北部九州に最初の農耕が伝来してから百年後には、この地で環濠（かんごう）集落が出来ている。集落全体を濠で囲うのは、戦いも始まったので、防御のためと思われる。稲作農耕が福岡平野に広がるのに二百五十年程かかったが、やがて瀬戸内海を通って、四百年ほどで近畿地方、さらには東海地方にも伝播し展開した。中国大陸で春秋から戦国時代に戦乱を経験していた渡来人たちも移住して、新たな農耕をする集落とその地の在地の集落との間で激しい戦闘があったようである。大阪平野の山賀遺跡では縄文時代の倍以上もある大きな石の鏃（やじり）が見つかっており、神戸の新方遺跡では十七個もの石の鏃が打ち込まれた人骨も見つかっている。濃尾平野以西の西日本には環濠遺跡が多く見られるので、戦いは熾烈なものであったようである。

表1－2　弥生文化の各地域への伝播年代

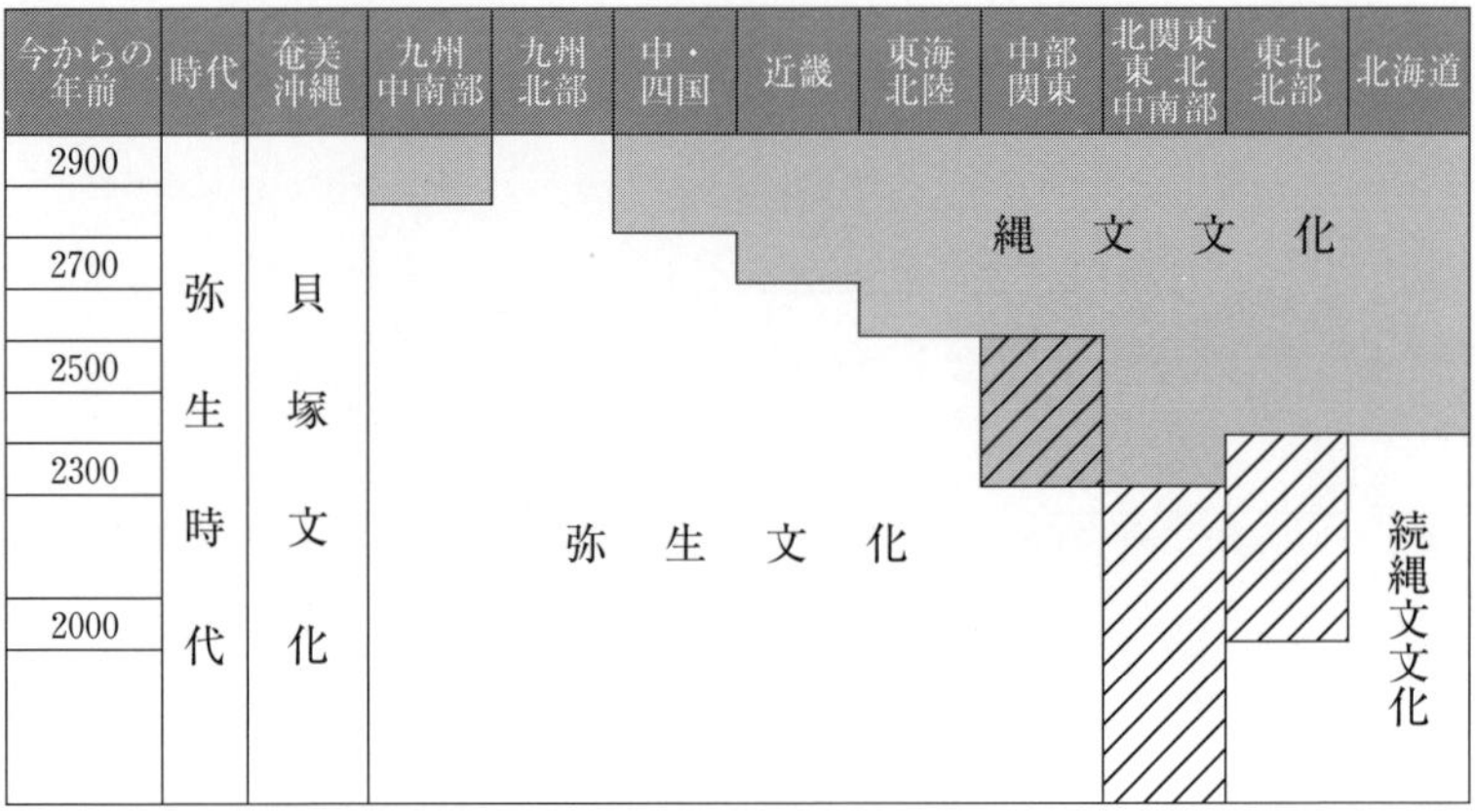

今からの年前	時代	奄美沖縄	九州中南部	九州北部	中・四国	近畿	東海北陸	中部関東	北関東東北中南部	東北北部	北海道
2900											
2700											
2500											
2300											
2000											

弥生時代

貝塚文化

縄文文化

弥生文化

続縄文文化

• 斜線部は縄文と弥生の混在が推定される時期

(国立歴史民俗博物館 2014『弥生って、なに？』展示図録の図を一部改変
元図：藤尾作成)

二千四百年前頃に大陸・半島から青銅器が入ってくると、制作当時は黄金色に輝いた銅剣と銅鐸は、当初の実用性を離れて祭器となるようになる。北部九州では銅剣が幅広になる。近畿では銅鐸が巨大になった。銅鐸の元来の形は、牛や羊の首に付ける一種のベルのようなもので10センチメートル位であったが、日本では30～40センチメートルに巨大化した。吊り下げて中の舌のような棒で、音を響かせていたのが、次第に見せる銅鐸となり、側面に絵画が描かれるようになる。一方、ほぼ同時期に伝わった鉄は、槍の刃や弓の矢鏃に使われて、より鋭い武器が作られて戦いはますます激しくなった。また鉄は、鎌や鋤（すき）などの農具の先にも取り付けられて、生産性を高めることになる。

けれども弥生文化は、中部高地にはなかなか入らない。森があり、縄文の生活が強力に展開しており、すぐには受け入れられなかったと考えられる。国立民俗博物館の研究によれば、水田耕作は日本海を舟で東北南西部に伝わってから、下がっていき、関東・中部地域に広まってきたらしい（表1-2参照）。

6．弥生文化の内容—稲作と武力をめぐって

縄文文化では、食料を採集・狩猟・漁撈により多元的に得ていたので、自然の恵みに感謝し、毎年循環することを祈るのに対して、弥生文化では、稲作に集中して、生産のために水路や田などの灌漑施設を大規模に作り、拡大再生産へ向かっていく。それだけに農耕儀礼が重要となる。

春に田起こしを始める前に稲の豊穣を祈る祭りと、秋に収穫を感謝し、新米を供える祭りが重要になる。その間に田に水を入れる祭りから始まり、田起こし、苗代に稲籾（いねもみ）を播く、草取り、虫除けなどの時ごとに幾つもの儀礼がある。

稲霊（いなだま）が大事なので稲籾を貯蔵したクラが重要で、稲がよく実るように、クラの前で共同体の首長や祭りを司る者によって祭祀が行なわれる。季節の運行に応じて、農作業が行なわれるが、田への水入れや田植えの時期を決め、また台風などもあるので刈り取りの時期の決定が重要なので、首長にはカリスマ性も必要となる。雨が降らなければ雨請いの祭りも祭祀を司る者が行なわなければならない。祭祀が非常に重要になる。

青銅器の銅鐸の絵には鳥とシカが多く描かれている。また木製の鳥の形を竿に着けたものも見られる。鳥は、春の田植えの頃に飛来して、夏の間、田にとどまり、秋に飛び去っていくシラサギをあらわしたものと考えられる。稲霊をあの世からこの世へともたらし、またあの世へ運んでいく。民俗学の柳田國男が、祖霊は、春には山から田に降りてきて田の神になり、秋になると山に帰って山の神になると言っていたことも、考え合わせられる。

牡のシカの角は、春に生え始め秋には立派になるが、冬には落ちるので、稲の生育のサイクルと同じである。それゆえシカが絵に描かれたのであろう。対して縄文時代には多産の象徴で土器に象られたイ

ノシシは、田畑を荒らす害獣として荒ぶる神の象徴へと転化している。

絵には鳥の頭をした人物も描かれている。それも女性が翼状の飾り物を打ち振るうのに対して、男性は頭部に羽飾りをつけるだけの図から、「女性は鳥の姿をとる稲霊が降臨するシャーマンとして祭儀の中心であるのに対して、男性は祭儀を演出・進行する司祭である」（松本直子・二〇一二）と解釈する研究者もいる。シャーマニズムは、中国や朝鮮半島にも見られるが、「シャーマンには鳥を介して太陽の運行をコントロールして豊穣を呼び起こすことが期待されていた」とも言われている。

弥生時代になると共同作業が増え、余剰生産物が出来て、人口は急拡大していく。水や田の条件のよりよい土地を得るため、あるいは貯蔵された収穫物を狙って戦争も生じることになる。さらには戦いに備えて共同体の成員を指導する強いリーダーが必要となる。

弥生時代の戦いの激しさを示すのが環濠遺跡であるが、関東になると環濠遺跡は少なくなり、茨城以北には見られない。時間が経ち、移住する集団も小さく、農耕をする弥生系の人々も地元の縄文系の人々と融合していったようである。二千百年前からの小田原市の中里遺跡では渡来系の土器も見られるが縄文土器がはるかに多く、鏃など武器はほとんど見られない。関東以東では、稲作を取り入れても、縄文的な生活が色濃く続いていたようである。

また東北では、一旦取り入れた稲作が気候的要因で難しくなったのを機に、続縄文文化に戻っていることにも注意する必要がある。

7. 朝鮮半島と中国との関係

弥生時代の日本にはまだ文字がないが、中国の正史に、日本から朝貢したことが記載されている。

一世紀に成立した『漢書』地理志に、「倭人、分かれて百余国をなすが、定期的に漢が朝鮮に設置した楽浪郡にやってきた」とある。『後漢書』東夷伝には、西暦五七年に、倭の奴国が朝貢してきたので、後漢の光武帝が印綬を授けたとある。この時授けられた印綬が江戸時代に発見された「漢倭奴国王」という金印である。奴国は、福岡の糸島半島の国だが、中国の後ろ盾を得て、倭国での優位性を築こうとしたのだと思われる。

『後漢書』東夷伝には、一〇七年にも倭国王帥升（すいしょう）が生口を献じたとある。二世紀末に「倭国大いに乱れ、更（こもごも）相攻討伐して歴年主（あるじ）なし」と書かれている。そして三世紀の『魏志倭人伝』は、この記事を踏まえて、「本また男子を以て王となし、住すること、七、八十年、倭国乱れ、相攻伐すること歴年、乃（すなわ）ち共に一女子を立てて王となす。名づけて卑弥呼といふ」と記述している。卑弥呼は「鬼道（きどう）に事（つか）へて、能く衆を惑はす」とあるので、シャーマンとして神意を窺う宗教的権威を持っていたのであろう。「年已（すで）に長大なるも、夫婿（ふせい）なく、男弟あり、佐（たす）けて国を治む」。弟が実務的な政治をしていたのである。

『魏志倭人伝』の記述には、倭国は南方にあって中国で対立する呉を牽制するのに利用しようとする中国側の思い込みが入っていて、方角や距離が明確でない。そのため邪馬台国の位置については九州説と近畿説で長年議論されてきたが、今は考古学的な知見も合わせて近畿説が有力である。ともかく卑弥呼が二三九年に帯方郡に使いを送って「親魏倭王」の称号を得て、「銅鏡百枚」を得たとある。卑弥呼は同盟する二十九か国の豪族たちに称号を得たことを知らせ、銅鏡を分け与えたのであろう。魏の皇帝からの権威を得て、先進文化の象徴を分与して結束を強めようとしたのである。

卑弥呼は、二四七年に帯方郡に狗奴国（くなこく）との交戦を報告し、魏側の太守は檄文を送ったが、翌年卑弥呼は亡くなった。その没後、「男王を立てしも国中服さず」、千余人が誅殺されたので、「卑弥呼の宗女台（と）与（よ）、年十三を立てて王と為す。国中遂に定まる」とある。男王の現世の権力では収まらず、この段階では、シャーマンとして超越的なものと交流する能力がなければ治まらなかったのである。祭り事による政治であり、「マツリゴト」であった。

考古学で大事なことは、出土する漢の銅鏡は、一世紀末まで北部九州で盛んに出土するが、二世紀後半から近畿が圧倒することである。また二世紀後半は、それまでの青銅器を使った祭祀が九州でも近畿でも終焉して、王墓の造営が盛んになっていた。それを受けて、三世紀半ばの卑弥呼の墓は、「径百余歩」で、150メートル近くもある大きな塚であり、古墳と言ってもよい規模である。

けれども卑弥呼の墓が、前方後円墳の最初期とされている箸墓古墳だという説には疑問がある。箸墓古墳の大きさは276メートルもあって規模が違っている。前方後円墳の最初期と言われるが、箸墓の造営年代はもっと後と思われるからである。

8．古墳文化の展開―ヤマト王権の成立

三世紀に入る前から出雲の四隅（よすみ）突出型墓や岡山県の吉備（きび）の楯突墳丘墓（たてつきふんきゅうぼ）が造営され出すが、大型の墳丘墓で個性的な形であった。そして三世紀後半から前方後円墳という特徴的な形が出現する。

特に大和の三輪山の麓の纏向（まきむく）地区が注目されている。纏向には、大和川支流で運河があり、西は九州から、東は東海、北は北陸まで各地の土器が見られる。農具類は出土せず、政治都市だったと見られる。二〇〇九年には大型建物の柱穴が見つかっている。

三世紀以来大和が主導権を握っていたが、大和東南部の纏向の地で最初期の前方後円墳が築かれている。前方後円墳は、大和の在来のものではなく、諸国の要素が見られる。円墳は瀬戸内海の吉備であり、前方を付加した形で、特殊器台を並べるのも吉備の様式である。墓の側面に石を貼る「葺石（ふきいし）」は、出雲の四隅突出型墓にある。漢の鏡を多数副葬するのは北部九州のやり方である。そうした諸国の伝統を取り入れながら創出された形式が前方後円墳である。吉村武彦（二〇一〇）は、「前方後円墳体制は

倭国統合の象徴」と言っている。

これが古墳の出現期の三世紀後半から前期の四世紀前半の状況であった。特殊器台から円筒や家形などの埴輪に展開するが、三角縁神獣鏡などの銅鏡が副葬されており、この時代には台与のようなシャーマン的な首長で、この段階では豪族は同盟関係的であった。

このシャーマン的なカリスマ性を継承する儀礼の装置が前方後円墳であったと考えられる。死せる王は前方後円墳の後円部に葬られる。後円部壇上において次の王が王権を継承する践祚を行ない、前方後円墳の頭頂部で円筒埴輪で守られた道を進んで前方部の壇に至って地上の王として即位したと推定する説（水野正好二〇〇三）もある。王には現世の力だけでなく、前王のカリスマ性を継承する儀式が是非とも必要であったのであろう。それが巨大な前方後円墳を造営させる力だったのではないか。

四世紀後半から五世紀の古墳中期には、大王の古墳が突出して巨大になる。定型化した前方後円墳は、九州から関東に至る全国各地に広がり、同じ形式で規模を縮小して築くことになる、副葬品に鉄製甲冑や武器が見られ、「武人的首長」になる。けれども前方後円墳によって前代に王のカリスマ性を継承した王である。実際に戦いも行なわれたのだろうが、地方豪族は服属する関係を示すことになる。

四世紀の国内の状況を窺わせる直接の史料がないが、朝鮮半島では高句麗が三一三年に楽浪郡を滅ぼす。四世紀中葉には百済、ついで新羅が建国している。そして四世紀末には倭の軍隊が朝鮮に渡って、百済・新羅を破ったが、四〇〇年には高句麗に敗れたことが「好太王碑文」にある。

朝鮮に進出したのは、鉄資源の確保を目指してであるが、その前に国内の支配を確立していたはずである。四世紀後半にはヤマト王権が確立していたと考えられる。

五世紀になると河内に超巨大な古墳が造営される。仁徳天皇陵とされる大仙陵古墳は、全長４８６メートルに及び、面積は世界最大の墓である。そして五世紀初期、西暦四二一年から中国の宋に遣使を遣わす倭の五王が登場する。仁徳もこの中に数えられるが、確実なのは最後の「武」である。四七八年の倭王武の上表文では、「東は毛人を征すること五十五国、西は衆夷を服すること六十六国、渡りて海北を平ぐること九十五国」と奏して「安東大将軍、倭王」に任命されている。宋の皇帝から冊封を受けることで、朝鮮の支配権を強化しようとしたのであろう。

その直前には、関東の古墳―埼玉県行田市の稲荷山古墳と北部九州―熊本市の江田船山古墳から出土した二つの鉄剣に、「獲加多支鹵大王」の名が象嵌されている。ヤマト大王が全国を支配下に置いていたことを文字で確認されるのである。

宋に遣使を送った倭王武が、鉄剣に「ワカタケル」大王と刻された王であり、『古事記』『日本書紀』では第二十一代「雄略天皇」にあたるとされている。後の『万葉集』は雄略天皇の歌から始まる。先史時代から歴史時代に移っていくのである。

9. 日本文化に対する見方―「内と外と」

本章では、日本の風土を見た後、縄文時代から、弥生時代、古墳時代でヤマト王権の成立まで考えた。万物に霊的なものを見出すアニミズム的な発想があり、「もの送り」で自然の恵みが与えられるように祈ること、死者の霊は身近に感じ取ること、山や岩、木などに聖なるものを見出すなど、すでに今日につながる発想が多く見られる。稲作が始まる弥生文化においては農耕儀礼が重要となり、田起こしの祭りから収穫祭まで一年の行事が決まり、豊穣を祈る共同体の祭祀が重要で、シャーマン的な人物も現われる。また縄文文化も持続しつつ底流で残るのである。弥生時代には戦いが激しくなって、「クニ」が形成されていくが、その際にも完全に征服するというのではなかったようである。古墳時代、地方の首長は、それぞれに古墳を築造し依然として地方を掌握する力を有しながらも、前方後円墳の形式を受容することで、カリスマ性を継承したヤマトの大王に服属することを示している。カリスマ性の継承は「天孫降臨」の神話によって強化されるし、他方、外国の先進文化に使者を遣わして称号を得て、また下賜された貴重品を分配することによって自らの政権を強化することもしている。弥生、古墳時代から、対外関係が国内を治める上でも大きな意味を持っていたのである。

次章からは、文字や記録の残る歴史時代に入るが、以後も上に見たように内では底流で受け継がれているものにも注意を払っていく。その都度外から新しいものを受け入れて、表面的には大きく革新しているように見えながら、底流では持続しているものがある。そうした「内と外と」の視点を持って、日本文化と思想がどのように展開していったかを考えていくことにする。

参考文献

1. 勅使河原彰『縄文時代史』（新泉社・二〇一六）
2. 山田康弘『縄文時代の歴史』（講談社現代新書・二〇一九）
3. 国立民俗博物館編『再考！縄文と弥生―日本先史文化の再構築』（吉川弘文館・二〇一九）
4. ＮＨＫスペシャル「日本人」プロジェクト編『日本人はるかな旅』第５集　そして〝日本人〟が生まれた（ＮＨＫ出版・二〇〇二）
5. 朝日百科『日本の歴史』原始・古代③「火と石と土の語る文化」（朝日新聞社・二〇〇三）
6. 朝日百科『日本の歴史』原始・古代⑦「稲の金属器」（朝日新聞社・二〇〇三）
7. 朝日百科『日本の歴史』原始・古代⑩「墳墓　死と再生の儀礼」（朝日新聞社・二〇〇三）
8. 石川日出志『農耕社会の成立』（シリーズ日本古代史①・岩波新書・二〇一〇）
9. 吉村武彦『ヤマト王権』（シリーズ日本古代史②・岩波新書・二〇一〇）
10. 松本直子「縄文の思想から弥生の思想へ」『日本思想史講座』１古代（ぺりかん社・二〇一二）
11. 仁藤敦史『卑弥呼と台与』（日本史リブレット・山川出版社・二〇〇九）

2 日本文化の基盤形成─仏教伝来、天皇中心の国家体制、日本神話（飛鳥・白鳳時代）

【要旨とポイント】

六世紀後半、東アジア全域で大きな激動があった。それに応じて日本でも大和政権は、朝鮮半島や中国大陸から仏教、さらに律令制度を導入して、文化と社会の文明化を図った。六世紀末から聖徳太子（厩戸皇子）を主導とする改革が始まり、七世紀初頭遣隋使を派遣して本格的な導入が始まる。聖徳太子は『三経義疏』を著し、『法華経』を重視し、在家を中心とする日本仏教の基盤を形成した。改革の第二段階は、六四五年の大化の改新である。蘇我氏を倒して国家体制を強化したが、六六〇年代には朝鮮半島では新羅・唐の連合軍が百済を滅亡させた。日本は救援の大軍を送ったが大敗し、さらに高句麗も滅亡した。大和政権は侵攻される危機の中で大量の亡命渡来人を用いて国家体制を整備した。第三段階は、六七二年の壬申の乱に勝利して即位した天武天皇が天皇中心の日本的な国家体制の構築を図ったことである。乱の中で旧来の貴族は多く滅ぼされたので、八色の姓を制定して貴族を再編成し、自ら「天皇」と称し始めた。官寺を大規模に建立するとともに、伊勢神宮の社殿を建てた。その体制を神話的にも基礎づけるために、天地初発から国造り、天孫降臨により支配が全国に及ぶ過程の神話と歴史の編纂を命じた。天武の死後、后が継いで持統天皇となったが、令を施行し、大規模な藤原京を造営した。薬師寺など寺院を造営し、初唐の清新な白鳳仏が展開する。寺院に影響されて神社が生まれ、伊勢神宮の遷宮も制度化された。七〇一年大宝律令が完成して、日本的な律令制が完成し、翌年に三十三年ぶりに遣唐使を派遣し、対外的に「日本」を称するようになる。『古事記』などで、神話や古い歴史の記録や歌の記載も始まった。この時代に「内と外と」が同時的に進行して日本文化の基盤が形成されたのである。

【キーワード】　仏教伝来、聖徳太子、天皇、神社、日本、日本の神話、『古事記』

1. 激動する東アジア

六世紀中葉から、東アジアは激動の時代に入った。朝鮮半島では、新羅（しらぎ）が急速に国力をつけて、北部の高句麗（こうくり）と戦い、次いで中央部の百済（くだら）とも戦って、中国に対する黄海海岸部も占領するようになった。半島南部で倭国と関係が深かった伽耶（かや）諸国は五五六年に滅ぼされた。

さらに中国大陸では、南北朝の対立が続いていたが、北朝では五八一年に隋が建国したので、高句麗と百済はすぐに、新羅も三年後に遣使を送って冊封を受けた。隋は五八九年には南朝の陳を滅ぼして統一して、四百年ぶりに中国全土を覆う大帝国を建設した。高句麗は、冊封を受けても隋と国境を接するので警戒を強めていた。百済も、高句麗も倭国との連携を求めていたため、仏教などの文化を伝えてきたのである。

倭国でも、百済・高句麗から派遣された人たちや渡来人たちを登用して、漢字を受容するとともに、儒教、仏教、統治制度なども導入して急速に文明化を図るのである。東アジアの国際関係が緊張する中で、氏族社会にあった日本は、文明化を急いでより強い国家体制を築くことが課題となったのである。

2. 仏教伝来

五五二年に百済の聖明王から欽明天皇に仏像と経典が贈られたと『日本書紀』は記す。同じことを『元興寺縁起』は五三八年と記している。中国の南朝・梁（りょう）の武帝が仏教振興策を取っており、百済は梁の年号を冠した寺院を建立して仏教を外交に積極的に活用していたが、梁は五四九年に突如崩壊したことから考えて、五三八年の方が有力である。けれども『日本書紀』が記す五五二年が後へ大きな影響を及ぼすことになる（二百年後に大仏造立、五百年後に日本では末法に入るとされる）。欽明天皇は大いに喜び、「仏の相貌瑞厳し。全ら未だ嘗て有らず。礼ふべきや否や」と臣下に問うた。渡来系氏族を束ねる大臣の蘇我氏は諸国が皆礼うので、日本だけが独り反することは出来ないと賛成したが、大連の物部氏や祭祀を担当する中臣氏は、天皇は百八十万の神々を崇拝して治めておられるのに、「今改めて蕃神を拝みなば、恐らくは国神の怒を致したまはむ」と反対した。仏教は外国の神と受け取られ、在来の神との関係が問題となって、仏教を取り入れる崇仏派と、神の祟りを恐れる廃仏派に分かれたのである。天皇は蘇我氏に試しに拝ませたが、国中に疫病が流行って多くの人が死んだので、物部氏は神の祟りだとして、仏像を流し捨てさせ、寺を焼いた。ところが風も雲もなかったのに、皇居の大殿にわかに火災が起きた。これは仏教の教えとは関係がないが、祟りと捉えられたのである。

最初から教えではなく「瑞厳し」い仏像が大きな驚きであった。日本では従来神を像として表わすことはなかったからである。仏教は国家を守る強力なもので、諸国が一致して尊崇する普遍的なものである。国全体を守る強い呪力を期待して、仏教は受容された。それは、従来の神を否定するものではなく、国全体を守ってくれる大きな力を持つものとして尊崇されたのである。しかも仏像を拝むことによって、その不思議な呪力を得られるのであるから、立派な仏像を造ることが大事なことになる。すでに国家を鎮護する役割を期待され、後に国を守る巨大な仏像を造ることになる発想の基が見られる。

とはいえ、仏教は外国からもたらされた先進の文明であったので、はるかに長く続いた神祇信仰から抵抗は大きかった。蘇我氏と物部氏の権力争いも絡んで、戦争になり、五八七年に物部氏が滅ぼされてから仏教の本格的な受容が始まる。

翌年、蘇我氏は百済から工人多数を招いて八年かけて法興寺（飛鳥寺）を完成した、それまでの古墳に代わって礎石に柱を立て瓦葺きの建物で五重の塔を三つの金堂が取り囲む寺院だった。

3. 推古朝での改革―遣隋使と制度改革

五九二年に推古天皇が即位した。翌年、甥の聖徳太子が摂政となり、大臣の蘇我馬子と共に改革を行なっていく。聖徳太子とは後からの尊称で、用明天皇と蘇我氏系の母から生まれた厩戸皇子(うまやどのみこ)である。後から付加された虚像は排さなければならないが、日本思想史では聖徳太子と呼ばれてきたので、ここでは聖徳太子と呼ぶことにする。

聖徳太子は、幼時から聡明で、高句麗の僧慧慈(えじ)などを家庭教師として英才教育を受けていた。仏教尊崇の念が篤く、物部氏との戦争に際しても勝てば寺を建立すると誓っていたので、勝利の後、四天王寺を建てたと言われる。

五九四年に仏法興隆の詔が発せられたので、豪族たちも盛んに寺院を建立する。

六〇〇年に隋に遣使を送ったことが、『隋書』に見られる。使者は官位を問われて答えられなかった。使者は「倭王は天を以て兄と為し、日を以て弟と為す」として、天が明ける前に政務をとり、日が出ると弟に任せて政務を停めると言ったので、隋の皇帝が訓令して改めさせたと『隋書』は記している。訳に問題があって誤解されたようだが、この遣使は失敗だったので『日本書紀』に一切記載されないが、この遣使の失敗の衝撃から、倭国では後の諸制度の整備が急がれたと考えられる。

六〇三年、冠位十二階を定め、翌年正月に官位を授けている。これまでのような生まれによるのではなく、個人の能力を認める制度で画期的であった。

「憲法十七条」

『日本書紀』は、六〇四年四月「皇太子、親(みずか)ら肇(はじ)めて憲法十七条を作る」として、解説文も含めて全文を載せている。これが太子作というのを疑う説があるが、第一条「和を以て貴しとなし、忤ふること無きを宗となせ」の「忤ふるなし」という言葉は六世紀の中国の南朝の僧の伝記によく出てくる用語で、後の時代には使われない語なので、当時のものだと言える。第二条の「篤く三宝を敬へ。三宝とは仏・法・僧なり」も仏教興隆の詔に通じている。これが先に掲げられるのは、後の律令が成立以後にはあり得ない。第三条「詔を承りては必ず謹め」と天皇の命に従うことを求めている。「群卿百寮」（四条）、「国司、国造」（十二条）の文字が、大化以後の用語とされ、後の作とする論拠にされているが、それ以前の用例がある。内容は役人たちに礼を求め、地方豪族が百姓をおさめとることを禁じている。職掌を知れ（七条）、朝早く出て、遅く退かでよ（八条）、嫉妬あることなかれ（十四条）、私を背きて公に向くのが臣の道（十五条）と、具体的に高い倫理を言う。最後の「夫れ事は独り断むべからず。必ず衆と宜しく論ふべし」（十七条）は、最初の「和を以て貴しとなし」に呼応している。役人や地方豪族たちに向けた訓戒だが、初めての成文法として大きな意味を及ぼすことになる。解説も含めて、仏教や儒教、法家の思想も踏まえて語られたものであり、太子自作と考えられる。

遣隋使の派遣

六〇五年には飛鳥寺に金銅の大きな仏像（飛鳥大仏）を造らせたが、高句麗が黄金を送って祝ってきた。翌年には、聖徳太子が推古天皇に『勝鬘経』を講じ、『法華経』も講じたと『日本書紀』にある。太子が経典を講じたのは、遣隋使を派遣する前提として、日本でも仏教が盛んなことを示す外交的な目的もあったと思われる。

六〇七年に小野妹子を大使として遣隋使を派遣した。正式な官位（大徳）を持った大使が、皇帝に「聞く、海西の菩薩天子、重ねて仏法を興すと。故に遣はして朝拝せしめ、兼ねて沙門数十人、来たりて仏法を学ぶ」と奏した。「菩薩天子」は仏教に帰依した皇帝という意味であり、留学生を送って仏教を学ばせたいと申し出たので、皇帝の煬帝（ようだい）は気をよくしたが、国書を見て驚いた。「日出る処の天子、書を日没する処の天子に致す、恙（つつが）なきや」とあったからである。「日出る処」「日没する処」は仏書の『大智度論』にある東と西の意味で問題はなかったが、倭王が「天子」と名乗ったので怒ったのである。使者の言葉も国書の文言も聖徳太子が入念に準備したものと思われる。仏教の普遍主義に立つと、大国中国とも同じ立場だとして「天子」と名乗ったのであろう。国書の言葉は、使者の言葉と合わせて理解すべきで、いきなり対等外交を求めたわけではないが、中国の臣下として冊封には入らないことを示した意義は大きい。また多数の留学生を派遣することを申し出て認められたことも重要である。翌年の遣隋使には僧旻や高向玄理（たかむこのくろまろ）などの留学生を伴い、彼らは中国で長年学んで、大化の改新の後に活躍することになる。

4.『三経義疏』と天皇記・国記の作成

奈良時代以来、聖徳太子作と伝えられてきた『三経義疏』は、二十世紀になって太子作を疑う説が出された（津田左右吉『日本上代史研究』一九三〇）。『日本書紀』が聖徳太子を捏造したという説まであるが、改めて当時の状況と諸資料を総合して精査する必要がある。当時、仏教が外交手段であったという歴史学の最新の研究がある（河上麻衣子『古代日中関係史』二〇一九）。仏教学の石井公成氏は、『三経義疏』の内容・用語・語法を精査すると、隋より前の梁時代の注釈書に拠りながら、時にその注釈書に疑問を呈して大胆に自らの説を、日本風の変格漢文体で書いているので、聖徳太子作と考えるのが妥当と論じている（『聖徳太子』二〇一六）。聖徳太子自筆とする『法華義疏』の四巻が法隆寺に伝わり、二〇二一年の聖徳太子展で展示されたが、七世紀前半の紙で質素な作りでヘラで罫線を引いて書かれ、異字・誤字が多数あり、書き換えた箇所も多く、所により、運筆の違いが顕著で考えながら書いたようで、著者自身の筆だと思われる。巻頭に「此是　大委国上宮私集、非海彼本」という短冊状の紙が貼り付けられている。これは「上宮私集」すなわち聖徳太子が私に著した本で、「海彼」外国の本ではないと断る。「大委国」は日本の意味だが七世紀末までの記述法である。歴史学の東野治之氏も『法華義疏』は聖徳太子の著作で、その自筆原稿と見るのが一番妥当だと論じている（『聖徳太子』二〇一七）。

『日本書紀』は、六〇六年に太子が推古天皇に『勝鬘経』を三日かけて講じたと記す。『勝鬘経』は、三、四世紀の中期の大乗仏典で、王妃の勝鬘夫人がすべての人には成仏する「如来蔵（にょらいぞう）」があると説き、それを釈迦が認める経典である。女性が語る仏典は珍しく、大乗仏教の教えの要点が簡潔に説かれることから、女性の推古天皇に講じたと考えられる。『日本書紀』は、太子が『法華経』を講じたので褒美として播磨に所領が与えられたとも記すが、播磨に斑鳩（いかるが）の地がある。『維摩経』を講じた記事はないが、『維摩経』は、初期の大乗仏典で、在家の維摩が仏弟子や文殊菩薩と問答をして、彼らを凌駕する「空」の理解を示すので、在家の太子が語るのに相応しいものと思われる。

隋の前の南朝の梁の武帝が、自ら経典を講じ、注釈書も著したのに倣おうとしたと考えられる。太子は、梁の三大法師とされた僧旻の『勝鬘経義疏』、僧肇の『維摩詰経』、法雲の『法華義記』の注釈を基に、高句麗の慧慈などの解説も聞きながら、三経の注釈に取り組んだと考えられる。『上宮聖徳太子伝補闕記』によれば、六〇九年から『勝鬘経義疏』一巻を、六一一年から『維摩経義疏』三巻を、六一四年から『法華義疏』四巻を、それぞれ一年半以上かけて著したとある。太子独自の解釈が随所に見られ、『法華義疏』では、「私に釈すらく」とか「私意、少し異なれり」、さらに「本義は・・・。而れども私意は少しく安らかなるなり」と書いている。『維摩経義疏』では、修行について十の問いを立て、自ら答えている。三経でも『法華経』は、最も有名で代表的な大乗経典で、二十七品（提婆達多品はない）の大部であるが、『法華義疏』は、最初の三品を二巻で詳しく説き、四品を一巻、最後の巻は二十品を説く。最初が大事なことと、慧慈が六一五年に急遽高句麗に呼び戻されることになって完成を急いだのでアンバランスになったと考えられる。聖徳太子は、『法華経』の要旨は、昔の「声聞・縁覚・菩薩」の「三乗教」は人々を教化するための「方便」なので廃して、今、真実の「一乗経」を顕示することだと書いている。太子は「一大乗」という独自の言葉を使って、出家者による小乗仏教ではなく、大乗仏教の一乗思想を強調している。安楽行品の「静かな場所における修禅」に「親近すべきだ」という箇所を、「常に坐禅を好む禅師に親近するな。・・・それならどうしてこの経を世間に広める暇があろうか」と逆の主張をしている。当時、隋では、天台智顗（ちぎ）が、『法華経』の解釈から「一念三千」という独創的な哲学を講じて流行していたが、太子はそれ以前の注釈に拠って経典を深く読み、自ら考えていた。仏教の専門家の細かい註釈ではなく、普遍的な真理を掴もうとする意欲が強く、出家しなくても実践的に真理を得ようとした。聖徳太子において仏教の本格的な理解が生まれていたと言える。

太子が『三経義疏』を著していた間、隋は高句麗に三度大軍の遠征軍を送って敗れた。六一八年には国内の反乱があって隋が滅んだ報せが高句麗の使者によって伝えられた。遣使を朝鮮から隋へ変える政策転換を主導した太子には衝撃で、政治的にも立場が悪くなったはずであり、大国隋が一挙に滅んだので、日本の国の行く末も案じたことであろう。『日本書紀』は六二〇年に蘇我馬子と「共に議して、天皇記及び国記や臣・連・伴造・国造・百八十部等の本記を録す」とある。天皇家と国の歴史、膨大な臣下の歴史をまとめようとしたのである。これらは、六四五年の蘇我本宗家滅亡の際に焼かれるが、国記は取り出されたとある。天皇記の写しや国記は、『古事記』などの材料となったと考えられる。太子は、日本の歴史を記録する基盤も作っていたのである。

六二二年太子は四十九歳で病没した。正妻の橘大郎女（たちばなのおおいらつめ）が太子供養のため制作した『天寿国繍帳』には、太子は「世間虚仮、唯真是仏」と語ったとされる。没後二十二年には嫡男の山背大兄一族が滅ぼされて、その血統は絶える悲劇も加わるので、法隆寺を中心に太子信仰が盛んになる。八世紀初期の『日本書紀』には聖人としての顕彰が顕著である。

聖徳太子は、釈迦が太子だったことと重ね合わせて「日本の釈迦」と仰がれ、多くの伝記と絵伝が作られる。法隆寺に等身大の秘仏救世観音像があるので、太子は「救世観音の現われ」と言われて、太子信仰は深まり、後代に大きな影響を及ぼした。太子が『法華経』を第一とする理解は、日本仏教の伝統となる。

5．大化の改新と朝鮮情勢に応じた大改革

蘇我入鹿が山背大兄王の一族を襲って滅したのに、危機感を持った中大兄皇子らが中心となって、六四五年に蘇我入鹿を太極殿で暗殺した。父親の蘇我蝦夷は邸に火を放って自害した（乙巳の変）。六世紀初め以来、大きな権勢であった蘇我本宗家は滅んだ。太子の上宮家と蘇我本宗家の莫大な財産が新政権に渡った。以後、仏教は天皇家が中心の国家仏教へ展開する。

孝徳天皇が即位し、初めて大化という年号を定め、大化の改新が始まる。都を難波に移し、翌年改新の詔が出される。皇族が持っていた屯倉や豪族が持つ部民を天皇に奉らせて、公地公民とした。戸籍を作り班田収授の法を造れとあるが、実施は出来なかった。遣隋使で渡って以来、二十四年、三十二年も学んで帰国した僧旻と高向玄理が国博士となって唐に倣った「八省百官」を敷き、全国に行政区の評をおいて、中央集権化を図った。東北へ遠征軍を送り、秋田・青森までをヤマト政権の版図に入れた。

しかし、朝鮮情勢が急転換し、六六〇年に百済が唐と新羅の連合軍によって滅ぼされた。日本は百済の再興を目指して朝鮮に大軍を送ったが、六六三年朝鮮の白村江で大敗した（図2-1参照）。

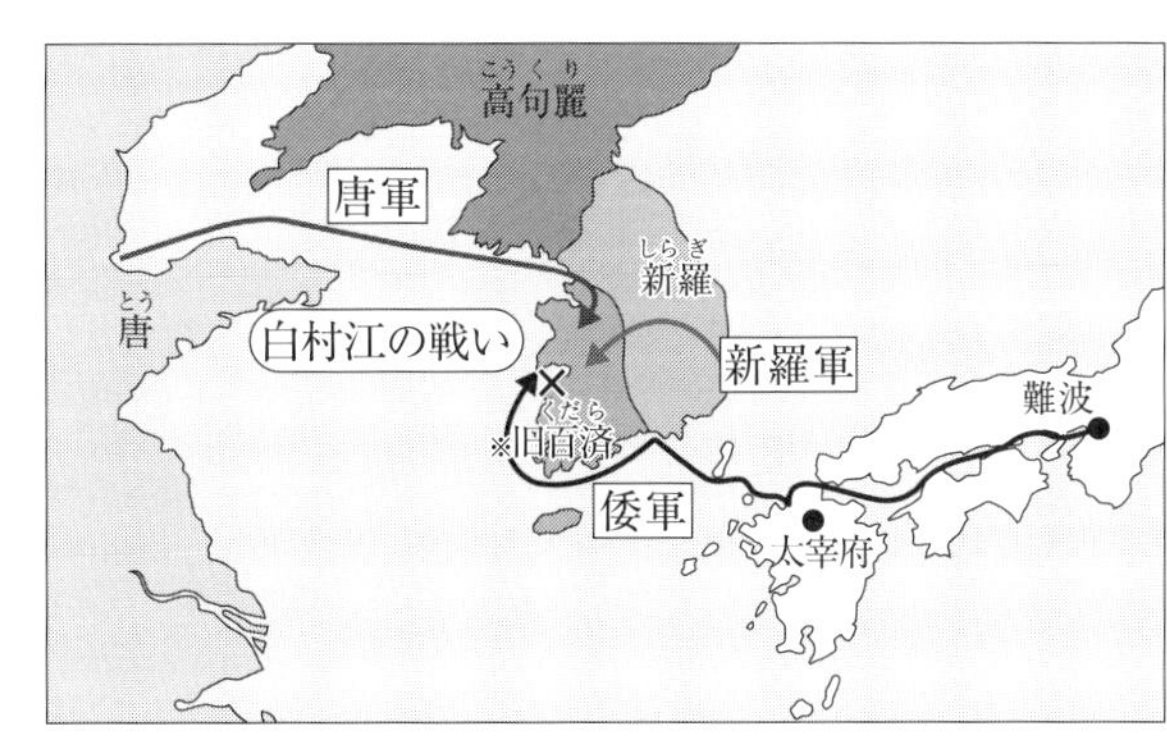

図2－1　白村江の戦い（663年）
※旧百済：660年滅亡以前の領地（魚住孝至作図）

この危機に直面して改革は急を要した。翌年対馬・壱岐・筑紫に防人を置き、筑紫に水城を築き、瀬戸内にも朝鮮式山城を築いた。次の年から二年おきに三度も遣唐使を派遣している。飛鳥から琵琶湖に面した近江京に遷都した後、実権を握っていた中大兄皇子が天智天皇として即位した。六六八年に高句麗が滅ぼされる。百済に続いて高句麗からも支配階級や知識人を含む大量の亡命渡来人がやって来た。近江の地に多く住み、関東各地にも移住した。朝廷は、彼らの力を使って臨戦態勢の中、中央集権化を急いだ。藤原鎌足を中心に近江令が編纂され施行された。庚午年籍で、各階層でほぼ全国にわたる戸籍が初めて作られた。六七一年、天智天皇は没し、息子の大友皇子が継いだ。

6. 天皇中心の国家体制―壬申の乱と天武天皇

六七二年、近江京から吉野に逃げていた大海人皇子は東国の軍勢を味方につけて、天智の息子大友皇子の近江朝廷軍と戦って勝利した。古代史上最大の内乱の壬申の乱である。

翌年飛鳥浄御原宮で天武天皇として即位した。壬申の乱によって、近江朝についた旧来の豪族の多くが没落して、天皇中心の官僚体制が構築された。「大王」に代えて「天皇」という称号が用いられるようになったのは、天武朝からである。

この頃、朝鮮半島では新羅が半島を統一した後、唐の軍勢と戦って破り、六七六年には唐の勢力を半島から追い出した。日本は新羅と関係を結んで、国内体制の再構築に力を集中することが出来た。壬申の乱以降、中央集権化は飛躍的に高まり、日本の統治制度も文化基盤も形成されたのである。

天武天皇は、飛鳥浄御原令の編纂を命じ、八色（やくさ）の姓（かばね）を制定、国史の編纂を指示している。『古事記』『日本書紀』の編纂作業はここに始まる。六八六年に天武が没すると、四年の称制を置いて天智天皇の娘の皇后が持統天皇として即位した。三年後に飛鳥浄御原令を施行させた。六九四年には今までにない条坊制を敷く大規模な都・藤原京に遷都した。藤原京には大官大寺や薬師寺が建立されたが、持統朝では、伊勢神宮の遷宮制も始まっている。また柿本人麻呂を登用して天皇賛歌や皇子の挽歌などの長歌を作らせて、『万葉集』の基になる部分が出来ている。七〇一年には大宝律令が完成している。六七二年の壬申の乱から七一〇年の平城京遷都までを、文化史上で白鳳時代と呼ぶが、政治体制においても白鳳時代として区別した方がよいと思われる。

7. 神道の基盤と神社創建

仏教は外から導入された普遍宗教であり、高度な文化・美術を伴っていたが、それに刺激されて、在来の神道もまた形成されていた。『日本書紀』では、聖徳太子の父の用明天皇について「仏教を信じ神道を尊ぶ」とあり、仏法興隆の詔を発した推古天皇も遣隋使派遣の直前に「神祇を祭祀するに、豈怠（あにおこた）りあらんや」と述べ、臣下に神祇を拝するように命じたという。大化の改新後、孝徳天皇は大化の年号の制定を「天地神祇に告」げている。

壬申の乱後、天武天皇は、即位後初めて全国の新穀を象徴的に食べる大嘗祭を始め、稲の他にも全国各地の贄（にえ）が指定されて持って来させることで、在地首長の服属儀礼を象徴的に行なうようになる。また朝廷から、畿内・諸国の主な諸神に幣を奉献することや、諸部族の服属儀礼として大祓も合わせて行ない、以後に受け継がれることになる。

昔の神祭りは、神奈備とされる山の磐座（いわくら）や四方に柱を廻らした神籬（ひもろぎ）に神を招いたが、神は「畏れ多い」存在ゆえ、祭りが終われば祭場は撤去されて、常設の宮はなかった。弥生から古墳時代にかけて、高床式の倉庫が神聖な祭りの場とされていたが、飛鳥時代から寺院に刺激を受けて、周りに柵もつけた神社を建設し始めたようである。伊勢の神明造と出雲の大社造では、平入（正面に入り口）と妻入（側面に入り口）で、対称的であるが、このような社殿が造られたのは七世紀後半であり、白鳳期には確立していたと思われる。伊勢と出雲は、仏教建築に比肩する固有の建造物として大和朝廷が創建したと言われている。

伊勢神宮の始まりは、内宮は、代々宮中に祭ってきた八咫鏡（やたのかがみ）を崇神天皇の時に大和の笠縫邑（かさぬいむら）に移し、皇女トヨスキイリヒメノミコトが天照大神（アマテラスオオミカミ）を祭り、さらに垂仁天皇の時に五十鈴川上流の現在の伊勢の地に鎮まっていた。天武天皇は、天照大神を皇祖として祭り、皇女を遣わして斎宮を復活させている。持統天皇時代から、二十年に一度の遷宮が制度化された。社殿は土に穴を掘って建てる掘立て柱であるので、二十年もすれば土に埋められた部分は腐ってしまう。そこで社殿は建て替えて、霊力も新たに賦活（ふかつ）する。常若（とこわか）の思想である。

飛鳥以前には、それぞれの地にそれぞれに八百万の神々が存在していたが、白鳳時代に、天皇家の天つ神を中心として、地の神を序列化して神々の体系化を図ったと見られる。その体系化が『古事記』、『日本書紀』に語られて、これが日本の神話として、これ以後神道が形成されることになる。

8.『古事記』に語られる日本神話

『古事記』は、天武天皇の命により、稗田阿礼（ひえだのあれ）が誦習して、それを太安麻呂（おおのやすまろ）が筆録した最初の書で、成立は七一二年である。言霊への信仰があり、神の名前や伝承されてきた歌謡は、正確な音で伝えようとする思いが強かったので、これらは、記述する時には、漢字の音を借りて、基本的に一音一字で記す万葉仮名のやり方で記されることになる。

『古事記』の記述には、天武天皇から始まった天皇の支配を正当化して理論付けるために、手を加えられた部分も多くあると思われるが、基本的には古墳から弥生、さらに縄文に遡る起源を持つ神話が語られていると見られ、以降の日本の歴史でも生じる祖形が表わされていると思われる部分も多い。そのため、その特徴的な点に絞って内容を見ておくことにする。

(1) 国生み

上巻は神代の巻で、「天地初発（あめつちのはじめ）」は「高天原（たかまがはら）」で天之御中主神（あめのみなかぬしのかみ）、高御産巣日神（たかみむすびのかみ）、神産巣日神の名が挙げられるが、独り神で隠れてしまう。「次に国稚（わか）く」「ただよえる」様だったので、天つ神が、イザナギ、イザナミの二神に「修理固成（つくろひかためなせ）」と命じたので、二神は聖なる結婚をして交わり（「みとのまぐはひ」）がなされ、国生みがなされる。日本の国土を表わす本州など八つの島を生み、さらに土・岩・風・海・山・野などの神々も生む。

以上を見ただけでも、日本の神話の特異性は際立っている。創造神などはなく、最初に「天之御中主神」はまさに活動の場を開き、「むすび」を核とするすべてを生む力そのものというべき神が現われては隠れている。隠れるというのは表立たないが、以降のすべてを生む根源になる。

そしてイザナギ・イザナミという男女二神の交わりによって、国土が生まれるというのは、世界中の神話でも他に類を見ないことである。生殖に自然の大いなる力を見出していた縄文以来の意識によるものと考えられる。江戸時代の国学者の本居宣長が、国生みを陰と陽、理と気などの理論化して論じるのでなく、交わりとするところに、中国的な「漢意」に汚されぬ素朴な思いが表わされており、むしろ男女の交わりによって命が生まれるという不思議さに改めて思いを致すべきであると論じることになる（『直毘霊』）。二神の交わりで国土が生まれたとなれば、その国を生んだ神々の子孫が支配することを正当化する理論になる。

(2) アマテラスとスサノオ

イザナミは最後に火の神を生み、焼かれて死んでしまう。悲しんだイザナギは地下の黄泉の国に行き、イザナミに還るべく乞う。イザナミはすでに黄泉の物を食べたので還れないが黄泉の神と交渉してみるので、姿を決して見てはならないと言い置く。イザナギはあまりに久しく待たされている内、禁を破って火を灯してイザナミの姿を見ると、その体にはウジがたかり、全身に八つの雷が居た。イザナミは醜い姿を見られたと怒って追手を向け、自らも追いかけてきたが、イザナギは何とか逃げて黄泉津平坂を石で塞ぐ。かくてこの世と黄泉の国が分かれるが、イザナミは人草（人）を一日に千人殺すと言うのに対して、イザナギは一日に千五百人を生もうという。自然の中で人間の生と死が語られている。

その後、イザナギは日向のあはき原で禊をして、そこからも数々の神々が生まれるが、最後に天照大御神（以下アマテラス）、月読命、須佐之男命（以下スサノオ）の三貴神が生まれ、それぞれ高天原、夜の国、海原を治めるように命じられる。アマテラスは女性、スサノオは男性と描かれている。禊は日本の神道で最も重視される儀式であるが、そこから実質的にこの世を成り立たせる太陽や月、海の神が生まれるというのも日本独特な神話である。

アマテラスは父神の命にしたがうが、スサノオは「妣が国の根の堅州国」に行きたいと泣き喚いたので追放される。スサノオは追放される前にアマテラスに別れを告げんと高天原に上って来るが、あまりの勢いにアマテラスは攻めて来たと誤解して武装して身構える。スサノオは邪心がないことを誓約する。アマテラスはスサノオの剣を三つに折って三女神を生むが、スサノオはアマテラスの勾玉を噛み砕いて五男神を生む。かくてスサノオが勝ち、その「清く赤き心」が証明される。スサノオは勝ちすさびをして高天原で狼藉を働いたので、アマテラスは岩屋に隠れる。天下が暗黒になって災害が生じたので八百万の神々が集まって相談をしたが、アメノウズメが神憑かりして踊り、神々がどっと笑いどよめいたので、アマテラスは何事かと思って岩を少し開け、鏡に映った自分の姿を見て、自分よりも貴い神かと思って驚く間に、手力男命が天の岩戸を投げ飛ばし、世に光が戻った。スサノオは、地上の出雲へと追放される。

(3) 国譲りと天孫降臨

出雲に降ったスサノオは、八つの頭と尾を持つ大蛇のヤマタオロチを退治して土地のクシナダヒメと結婚をする。スサノオの六代後の子孫が大国主神である。最初オオアナムヂと呼ばれる。

オオアナムヂは、八十神の兄弟がいるが、稲羽（因幡）の素兎を助けて、八上姫と結婚するが、兄神たちの嫉妬を受けて二度殺されるが、母神により復活し、迫害を逃れるために、根の堅州国に行く。そこにはスサノオが住んでいるが、その娘のスセリビメが迎えて「目合し」て結婚する。父のスサノオは、蛇が棲む部屋に寝かせ、ムカデや蜂の室に入れ、野原では火を放つなど、次々と難題を出す。スセリビメの助けによって、これらを克服し、ついにスセリビメを背負って太刀や弓矢、琴を持って地上に戻ってくる。スサノオは追いかけるが、最後に大国主神となれと祝福の言葉をかける。

大国主神は地上に戻って、スクナビコナの神の協力を得て出雲の国づくりに成功する。その時になってアマテラスは、地上の葦原中国も自分の子孫が統治すべきだと考えて、高天原から子を降そうとするが、その子供、つまり天孫が降ることになる。

アマテラスは出雲に使いを遣わして交渉するが、三度目に降った使者のタケミカヅチが、大国主神の息子のタケミナカタに対して圧倒的な力を見せ、タケミナカタは諏訪に退避してしまったので、大国主神は大きな社を築いて祭られることを条件に「国譲り」をすることに同意する。これが出雲大社の起源とされている。

かくて天孫ニニギノミコトが葦原中国へと降臨してくる。ニニギは山の神の娘と結婚し、三人の子が生まれるが、その内のホオリノミコトが海の神の娘と結婚して、その霊力も得た子が地上の世界を支配することになる。それが天皇とされる。

ここには、天皇の支配を神話的に基礎づけようとする、白鳳から奈良時代の編集意識を感じざるを得ない。けれども敵を滅ぼすのではなく、祭ることを条件に「国譲り」で平和的に支配されていることは注目に値する。日本は、異民族の支配がなく、敗者の神も祭られることで、融和的に支配が展開するのは、これまでの歴史でもあったことであるし、以後の歴史でも武士が支配しても天皇を滅ぼさず、また武士は大政奉還して内戦を回避して将軍は殺されなかったことは、この祖形の繰り返しと考えられる。

（４）国の統一過程─神武天皇とヤマトタケルの像

中巻になって人代となる。降臨した天孫の孫で初代の神武天皇は、日向から東征して瀬戸内海を東上するが、難波で大きな抵抗にあったので、紀伊半島を迂回して熊野から近畿に入るが、その軍勢が地の神に眠らされた危機に高天原から剣が下され、その剣で神武は覚醒して地の神を追い散らして、飛鳥に至る。

神武の後、系譜のみで物語がない八代をはさんで、第十二代景行天皇は皇子のヤマトタケルを派遣して熊襲や出雲を征伐し、さらに東国にも派遣して征服を図る。ヤマトタケルは、日本統一を達成した英雄であるが、武力で征服するのではなく、九州南部のクマソタケル兄弟の許へ少女の姿で近づいて討ち、出雲のイズモタケルとは偽の刀と交換してだまし討ちをしている。数々の苦難をして西国遠征から帰るや、すぐに東国遠征を命ぜられたので、「天皇すでに吾を死ねと思ほすか」と伊勢にいる姨のヤマトヒメに訴えている。駿河の焼津で豪族に焼き殺されかけたが、姨から授けられた草薙の剣で周りの草を刈って火打ち石で向かえ火をして苦難を脱する。走水（浦賀水道）から房総半島に渡ろうとして暴風雨に阻まれた時に、后のオトタチバナヒメが歌を詠んで入水して鎮めた。時々に歌を詠む。

最後に伊吹の山の神にやられて死ぬが、その直前に故郷を偲んで詠んだ歌が印象的である。

〈倭は国のまほろば　たたなずく青垣　山隠れる倭し美し〉

亡くなると皇后や御子たちが御陵を造って歌うが、その霊は白鳥になって飛んで行ったとされる。若い時代は負けることを知らないが、人生の終わりには敗れ、孤独に死んでいく。ヤマトタケルは、「歌心ある武人」として以後、日本的な英雄の理想像ともなる。

中国の歴史書では歌謡を含めることは稀であるのに対して、日本の『古事記』では英雄的な行為を讃える時や高揚した場面では歌が詠まれている。言葉に霊力を認める言霊信仰があったことによって、神の名とともに古来からの歌は音を正確に伝えようと記されたのである。これ以後も、物語の中の要で歌を挿入する手法は日本文学の伝統となる。

歌を大切に伝える思いから、飛鳥時代からの多くの歌が『万葉集』に編集され残されることになる。

参考文献

1. 吉川真司『飛鳥の都』（シリーズ日本古代史③・岩波新書・二〇一一）
2. 『日本書紀』①〜③ 小島憲之・直木孝次郎他校注・訳（新編日本古典文学全集・小学館・一九九七）
3. 河上麻由子『古代日中関係史』（中公新書・二〇一九）
4. 石井公成『聖徳太子 実像と伝説の間』（春秋社・二〇一六）
5. 東野治之『聖徳太子 ほんとうの姿を求めて』（岩波ジュニア新書・二〇一七）
6. 中村元編『聖徳太子』（日本の名著22・中央公論社・一九七〇）
7. 『法華義疏』上・下巻 花山信勝校訳・解説（岩波文庫・一九七五）
8. 中村元編『大乗仏典』（『維摩経』『法華経』『勝鬘経』等現代語訳）（筑摩書房・一九七四）
9. 国学院大学日本文化研究所編『縮刷版 神道事典』（弘文堂・一九九九）
10. 『古事記』山口佳紀・神野志隆光校注・訳（新編日本古典文学全集・小学館・一九九七）

3　古代の国家と古典―律令制国家、鎮護国家、『万葉集』（奈良時代）

【要旨とポイント】

八世紀初頭、平城京に遷都して奈良時代が始まる。律令体制が整備され、全国に中央集権体制が敷かれて、国家の枠組みが決まった。『古事記』と『日本書紀』には神話も含む歴史が記録された。遣唐使を通じて唐の先進文化が一気に流入することになる。大蔵経がもたらされ、南都六宗で本格的な仏教研究が始まる。けれども律令制でも唐にはない神祇官を置き、神祇令が設けられていた。八世紀中葉には災害や疫病に反乱もあったので、聖武天皇は国家を鎮護するために諸国に国分寺・国分尼寺を建立する詔を出し、さらにそれらを統べる東大寺の大仏造立の詔も出した。大仏造立は国家を挙げた大プロジェクトであったが、民間僧の行基らの協力を得ながら、七五二年に大仏の開眼供養が行なわれた。

翌年、中国から鑑真が大変な苦難を超えて来日、初めて正式な戒律に拠る僧侶が誕生することになった。同時に在家向けの戒律を聖武上皇、孝謙天皇にも授けるとともに、天台宗も伝えている。聖武天皇の没後、遺愛の品は正倉院に収められた。中国や西域の文物が有名であるが、高い技術の国産品が圧倒的に多い。ここでも内と外とが見える。大仏造立の際には宇佐八幡宮の神が協力するとの託宣があり、神仏習合の形がこの頃から出てくる。百年近くにわたりほぼ五段階で編纂された『万葉集』には、四千五百首余りの歌が集められ、飛鳥時代以来、百三十年にわたる有名歌人だけでなく、伝承歌謡や無名の者、敗者、地方の者や防人の歌を今に伝えている。そこには仏教的な発想はほとんど表現されていない。長歌も含めて多様な形式で、宮廷の歌から民間のより素朴で素直な庶民の歌まで、基本的に一音一字の漢字の万葉仮名で表記された。

【キーワード】　平城京、律令制、『日本書紀』、聖武天皇、東大寺、大仏、正倉院、『万葉集』

1. 平城京の造営

大宝律令が制定された七〇一年の元日の朝賀は国家の威儀を示すべく盛大に催され、「文物の儀、是に於いて備われり」（『続日本紀』）と記されている。翌年三十四年ぶりに遣唐使が派遣され、国号を「日本」と称することが中国にも認められた。この使節の報告により藤原京の形式が唐の都長安とは大きく異なっていることが判明した。都城を改めて長安をモデルとしてその四分の一の大きさで、平城京を建設して七一〇年に遷都した。奈良時代の始まりである。

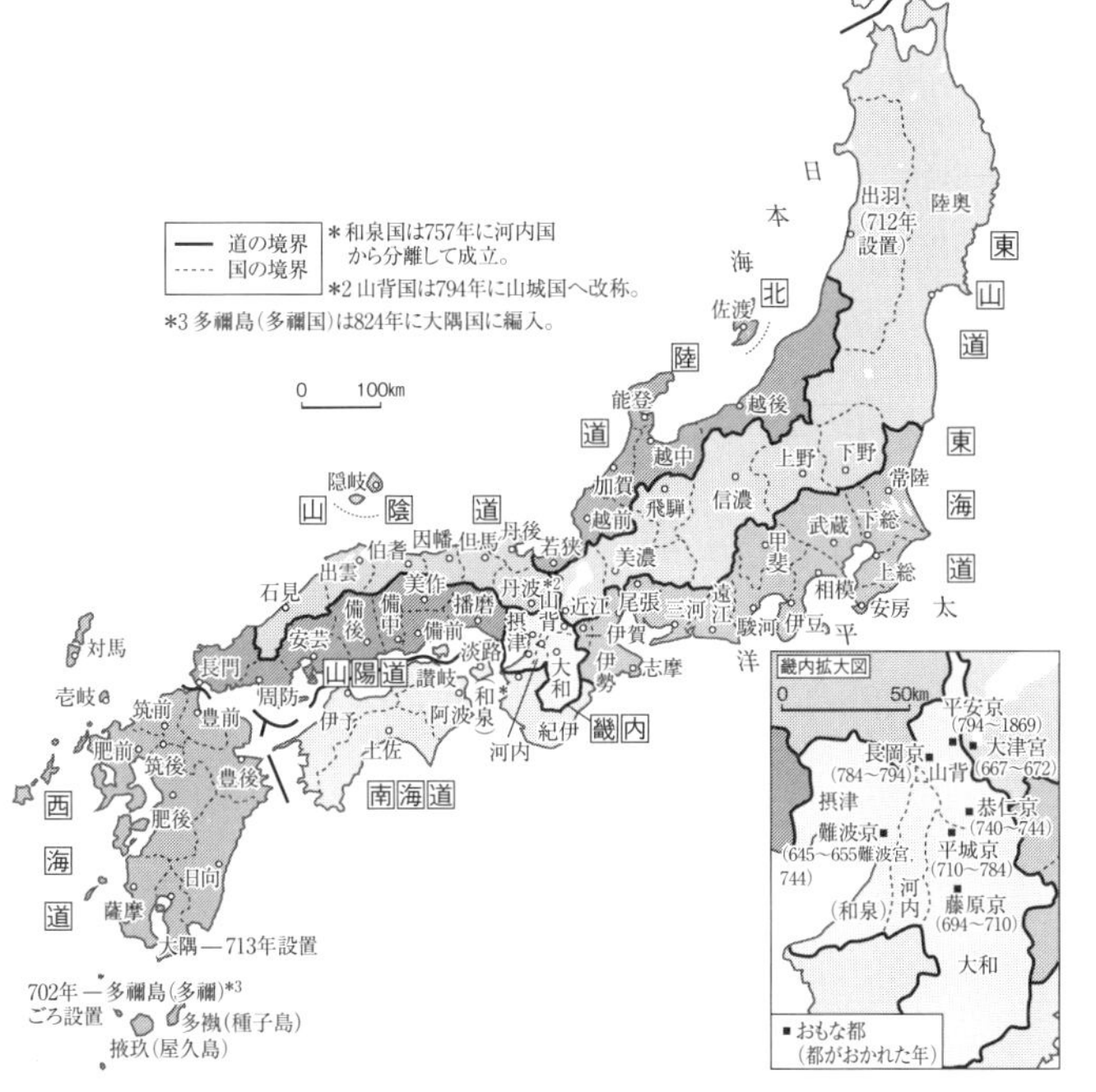

図3-1　古代の行政区分（帝国書院『図説日本史通覧』による）

律令によって中央集権体制が整えられた。太政官と神祇官の二官の下に宮内・大蔵・刑部・兵部・中務・式部・治部・民部の八省が置かれて中央官制が整った。全国を畿内と七道（西には山陽道、山陰道、南海道、西海道、東には東海道、東山道、北陸道）に分けられ、六十六ヶ国の国名が決められた（この国名は以後、江戸時代まで続くことになる）。

諸国には国衙を置いて、中央から国司など官人を派遣する。また九州の大宰府には政庁を置き、博多に外交使節を接待する鴻臚館が設けられ、東北には多賀城に鎮守府を置く。九州から東北までが日本の範囲で、これは江戸時代まで続くことになる。

都には、正一位から従五位までの十段階で大極殿に昇殿を許された殿上人（貴族）と、正六位から少初位まで上下で細分された十六段階の下級官人、さらに無位の官人が大量にいた。官人は一万人以上で、平城京は十万人以上の人口であったと見られる。京には労働に動員された多くの人々や地方からの庸・調を運脚で持ってきた人々も集まった。各官庁には、長官・次官・判官・主典がおり、それぞれ統括・補佐・文書審査・文書作成にあたった。地方では国司の守・介・掾・目が、この四等官となった。文書は木簡に漢字で記された。

公民には口分田が支給され、租・庸・調などの税を徴収された。官人と公民、官庁に所属する雑色人までが良民である。賤民として官の雑役をする官戸や貴族・寺社の私有の家人にも口分田が班給されたが、最下層には売買もされる公と私の奴婢もいた。戸籍や税負担などから推定して、当時の全国人口は六百万から六百五十万人前後であったらしい。

対外外交が盛んで、遣唐使は、四隻で五百人ほどの使節が七五二年まで十五年から二十年ごとに四回も派遣されて、唐の高度な文化を直接学んだ。留学した玄昉や吉備真備らは、帰国後、聖武天皇の時代に活躍する。朝鮮の新羅との間は、日本が朝貢の形を採らせようとして関係が悪化したが、私貿易は盛んで、新羅商人が都にも来て唐のものも輸入していた。また大陸東北部の渤海との使節の交換も盛んであった。

律令制は基本的に唐の律令制に倣ったものであったが、太政官に並べて神祇官を置き、神祇令を定めるなど日本に合わせた違いもあった。また律令で規定されていても、奈良時代には多分に理念的なものであり、実質的な実施が地方まで浸透していくのは、平安時代まで時間がかかったことにも注意しておく必要がある。

2.『古事記』と『日本書紀』

『古事記』の序文によると、天武天皇が命じて「帝皇日継（すめらみことのひつぎ）」と「先代旧辞（さきつよのふるごと）」、すなわち皇統譜と神話伝承の類を、稗田阿礼に誦習させていたが、七一一年に元明（げんめい）天皇が太安麻呂に撰録を命じて、翌年に完成する。

『古事記』は、最初に記述された日本の神話や伝承であり、稗田阿礼が誦習してきたものを正確に伝えようとして漢文としては変体的なものとなったが、物語的な要素が強く文学書としての性格が強い。天皇家とその周辺の神話的な記述をまとめることを第一として、国内向けの編纂であった。『古事記』は、伝承された範囲が限られ、音訓が正確に読めなくなり、しかも変体漢文であったので、江戸時代に国学で研究されるまでほとんど読まれていなかった。本居宣長が十八世紀後半、三十三年もかかって全文の訓読と注釈をした。これ以降、日本の古代の固有の心を知る最重要文献として大きく扱われるようになったのである。

これに対して八年後に完成した『日本書紀』は、舎人親王を中心として二十人もの舎人（太安麻呂も含む）によって、歴史書として編纂されている。全三十巻で、巻一、二が神代であり、巻三から巻三十は、初代神武天皇から第四十一代持統天皇までを編年式で編纂している。対外的にも示せる日本の正史を作る意識があり、出来るだけ正式の漢文の表現形式にしている。中国や朝鮮の歴史書や氏族や寺院の資料も合わせ、本文に「一書に曰く」として異伝も列挙する。中には『古事記』と共通する資料もあるが、叙述は異なり、印象もかなり違うものが多い。歴史書としての性格が強く、対外的に正史として示す意識が強い。『日本書紀』は、日本の歴史の初めの書とされて、以降、重視され、読み継がれていった。

なお、七一三年には、『風土記』として、諸国の土地の状況や地名の由来、地誌を書き上げることを命じた詔が出された。そうした由来と地誌を知ることは、その地を統治することになる。今日完本として残るのは『出雲国』だけだが、『常陸』、『播磨』、『豊後』、『肥前』の各国の風土記は一部欠損のある本が現存している。その他、約五十か国の風土記の逸文がある。風土記は『古事記』や『日本書紀』にはない神名や伝承が記録されていて貴重である。

3. 聖武天皇と光明皇后

平城京に移った時には元明、元正（げんしょう）と二代の女帝が続いた。これは天武と持統の息子の草壁皇子の息子の文武天皇が若くして亡くなったので、まだ七歳だった首皇子（おびとのみこ）を確実に天皇に即位させるため、文武の母・元明、そして姉・元正と二代がつなぎの女帝となった。皇位を継ぐ資格を持つ皇子が多くいた中で、直系が継ぐべき「不改常典」があったと強調して、藤原不比等（ふひと）の強力な後押しで成立していた。その首皇子が成長してやっと七二四年に二十五歳で聖武天皇として即位した。藤原氏は聖武天皇の許に娘の光明子（こうみょうし）を入れ、一年後待望の皇子が生まれるや、三か月で皇太子とした。皇太子は五十年前の壬申の乱以降、二十代半ば以上であったが、生まれてすぐの立皇太子は初めてであった。けれどもこの基王が一歳に満たずして没して、権力基盤が危うくなると、藤原氏は光明子を皇后とすることに反対していた高市皇子の子で左大臣の長屋王を、「左道を学び国家を傾けんとした」との誣告（ぶこく）を受けて、長屋王の屋敷を軍で取り囲み、王とその妃、皇太子の候補でもあったその皇子を自害させた。ただそれ以外の関係者は全く処分されていない。帝位をめぐって血の争いは凄惨であった。

長屋王の変が起こった七二九年に天平と改元され、光明子は皇后となった。天平年間はその名とは裏腹に旱魃・地震・流星など天変地異が相継ぎ、疫病の流行、凶作などで社会不安が高まっていた。さらに天平五年から七年にかけて天然痘が大流行して、左大臣武智麻呂をはじめ権力を握っていた藤原四子が相継いで病死した。

このような社会状況にくわえて近親者の死去が、天皇・皇后の仏教への傾倒を進めることになった。仏教は導入の時から、国王が正法を行なえば四天王が守護すると説く「金光明王経」や「仁王経」、さらに「法華経」が護国経典として重んじられていたが、七三五年には「金光明経」の最新の義浄訳の『金光明最勝王経』が伝えられると直ちにそれを写経・読経するように命じた。七三八年には娘の阿倍内親王を史上初の女性皇太子とした。皇后もすでに三十八歳となり、皇子の誕生は絶望的な中で、他の夫人に生まれた皇子の皇太子を避けるためであった。未婚の女子の皇太子は先例がなく、次の皇位が問題となるにもかかわらず、この強引な措置に、これを認めない皇族もいた。さらに七四〇年に大宰府少弐の藤原広嗣が失政と天地の災異を挙げて乱を起した。広嗣は皇后の甥にあたる。

聖武天皇は大変なショックを受けて、伊勢へ行幸し、以後五年間宮都も、恭仁京（くにきょう）、紫香楽宮（しがらきのみや）、難波京（なにわきょう）と三都を次々と彷徨することになる。しかもこの間に諸国に国分寺・国分尼寺を造立する詔を出し、律令制の公地公民の原則を根底から揺るがせる墾田永年私財法、さらに大仏造立の詔などを発する。七四五年にようやく平城京に戻り、大仏も平城京に造立することになった。聖武天皇が目指したのは、中央の東大寺と諸国の国分寺・国分尼寺を結んで、日本全国を護国経典の読誦や法会の威力によって守護されることであった。

大仏には、当時中国史で唯一の女性の皇帝の則天武后が雲崗に大きな石仏を建立していたことも影響していた。

4. 奈良仏教の性格と東大寺の建立

平城京には、藤原京にあった大官大寺や薬師寺を移築した他、観世音寺、西大寺、元興寺などの官寺があり、藤原氏の興福寺の他、紀寺や菅原寺など有力貴族の氏寺があった。

奈良仏教は、官寺で中国の唐の仏教の移植が図られた。当時中国でも漢訳仏典を網羅した大蔵経が整理されたばかりであったが、七三五年に早くも入唐僧によってもたらされ、東大寺に写経所をおいて、国家事業として大規模な写経が行なわれた。聖徳太子は『三経義疏』で独自の解釈をしていたが、約百年後の奈良時代にはインドから中国に伝えられた膨大な経典が平城京の大寺院で本格的に研究されるようになる。

南都六宗と総称されるが、倶舎(くしゃ)宗、成実(じょうじつ)宗、律(りつ)宗は、インド以来の出家者による仏教を研究し、法(ほっ)相(そう)宗は玄奘三蔵が伝えた唯識論を弟子の窺基(きき)が整えたもので興福寺で展開し、三論(さんろん)宗は龍樹の「空」の思想を隋から唐の吉蔵が大成したものであり、華厳(けごん)宗は唐で展開した最新の学派で東大寺で展開していたものであった。南都六宗は護国を担う意識で協同して展開していた。彼らは国家から許された官僧で官寺に住んだが、それ以外に民間には私度僧が大量にいた。律令制の負担から逃れるため出家した者もかなりの数いた。政府はそれを厳しく禁じていたが、なかなか取り締まることは出来なかった。

行基は正式に受戒して飛鳥寺で教学を学んだが、山林修行を行ない、やがて生駒山麓の房を拠点に布教するようになった。農民や下級官人や本貫地に帰れなくなった浮浪人など多くが集まるとして政府は禁じたが、行基は土木工事の技術を持った渡来人たちに支持され、灌漑や架橋なども行なった。七四一年には聖武天皇自ら架橋に伴って設置された院を訪れ、行基に会ったという。その後行基の弟子七百五十人の一斉得度が許されたという。

その七四一年に出された国分寺・国分尼寺建立の詔は、広嗣の乱のショックで諸国にくまなく仏寺を建てることで国家鎮護を願ったが、すでに地方は疲弊しており、建立の催促の詔が再三出された。

東大寺の大仏はそうした中で、造仏司に造東大寺司の二つの部局を設けて推進した。聖武天皇は政治への関心を失い専らこれに集中していたようである。大仏造立は国家事業だったが、広く民衆にも喜捨を呼びかけ、また民衆から絶大な信頼を得ていた行基も協力させて推進された。

大仏は、約15メートルの金銅仏で三年間にわたり八回に分けて約五百トンもの大量の銅を用いて作られた。諸国で銅、水銀、白錫、鉄、顔料などの資源が開発された。盧遮那仏で宇宙の中心で輝くので全身を金で鍍金する必要があったが、当時金は日本では出土しないとされていたのが、陸奥国から出土して献上されたので天皇は狂喜した。ただ金はそれでも必要量の一割ほどだったので、新羅からの輸入に頼ったようである。

七五二年、つまり仏教の公伝から二百年後には、中国にもなかった巨大な金銅仏の大仏（毘盧遮那仏）の開眼供養が、外国人僧も招いて盛大に催された。聖武上皇、光明皇太后、孝謙天皇をはじめ一万人の僧が参列し、華やかに供養が催された。現在の大仏と大仏殿は、江戸時代に再建されたものであるが、台座の線刻に描かれた当初の大仏の顔と姿は、よりスマートであり、大仏殿は現在は正面七間（57メートル）であるが、当初は十一間（88メートル）もある巨大なものであった。

空前絶後の世界一の金銅仏であった。それは国力を超えるものであったが、行基などの聖を介して民間の協力を得たので、仏教が民衆に近づくことにもなった。仏教の在家の修行者とされた優婆塞（うばそく）・優婆夷（うばい）が存在していたことも注目される。すでにこの時期から山林修行者がおり、白鳳時代から修験道の開祖とされる役小角（えんのおづぬ）（役行者）も現われている。

大仏の建立に際しては九州・大分の宇佐社の神が協力するとの神託があったとされ、平城京の手向山に八幡神が祭られることになる。国家に公認されて神仏習合が始まることを象徴するものであった。

5. 鑑真の来日

奈良時代には仏教はかくも盛んで、多くの寺院が建てられ、大量の官僧がいたが、実は国際的には正式の僧侶とは認められないものであった。というのは、原始仏教以来、正式な僧伽（サンガ）に入るためには、二百五十戒の具足戒を正式な僧侶から授戒され、三人の師と七人の証人（三師七証）に認められなければならなかったからである。初期の上座部仏教から中国の仏教でもそうであった。けれども日本には授戒できる戒師はおらず、証人もいなかった。そこで七三四年の遣唐使に加わった普照・栄叡には中国から戒師を招く使命が与えられた。二人は中国で高僧を何人も訪ねたが、いずれも断られた。中国で弟子もいて名高い僧侶に命がけで日本に来てほしいという要請には無理があった。

けれども七年後に揚州の鑑真に依頼すると、弟子に往く者はいないか聞いたが誰もいないのを見た鑑真は自らが行くことを宣言した。『唐大和上東征伝』によると、「昔聞く、南嶽慧思（なんがくえし）禅師、遷化の後、倭国の王子に託生して仏法を興隆し、衆生を済度せると」と語ったと言う。鑑真の師の師匠の慧思が日本の皇子に生まれ変わって仏教を広めたと聞いたというのだが、聖徳太子伝説がこうした形で中国で広まっていたことが、鑑真が日本に渡航しようと決意した基にあったようである。鑑真一人ではなく、弟子たちや仏像を作る工人たちも引き連れた大掛かりなものとなる。中国皇帝はその渡航を許可しなかった。船で渡航を試みるが、難破して失敗。また密告により失敗、渡航を試みるも、またも嵐にあって海南島まで流されたという。かくて十二年の苦闘で栄叡は病没し、鑑真も失明した。ようやく七五三年の遣唐使の帰国船に乗って鑑真ら二十四名は九州に到着した。翌年平城京に着き、東大寺の大仏の前に戒壇を設けて、鑑真は聖武上皇、光明皇太后、孝謙天皇に『梵網経』の戒を授けた。また僧侶には二百五十戒の具足戒を授け同行の弟子たちが証人となってようやく正式な僧侶が誕生した。以降、東大寺の戒壇で授戒されて正式な僧侶が誕生することになる。鑑真は来日時すでに六十四歳であったので、やがて唐招提寺を与えられて戒について広く教えることになる。鑑真は同時に天台智顗（ちぎ）の論書も伝えた。これらは後に最澄が学ぶことになる。鑑真が亡くなる夢をみた弟子が申し出て等身大の乾漆の鑑真像が制作された。その像は今も大切に尊崇されている。七六三年の没後、一緒に来た工人が仏像を中国では石像であったのを、木造で作り、以降金銅に代わって木造の仏像が制作されることになる。鑑真の来日によって、日本仏教は新たな段階に達したのである。

6．神祇信仰と神仏習合の始まり

奈良時代には仏教の進展が顕著であるが、律令制によって神祇信仰も展開していたことに注意しておくべきである。七〇一年の『大宝律令』には唐令にはない「神祇令」の規定があった。中国の皇帝が天をまつる「郊祀」とは違って、豊作を祈る予祝と収穫後の新穀を祝う祭祀が大きな柱であった。十三種で十九度の国家的な祭祀が規定され、二月の祈年祭と六月と十二月の月次祭には諸国の官社の祝部（ほうりべ）たちが中央に集められて、朝廷から幣帛（へいはく）が分かち与えられる班幣（はんぺい）の儀式が実施された。月次祭では、天皇が天照大神を勧請して食を供え、共食、共寝する神今食（じんこんじき）も実施されたので、天皇の神聖性と諸国の神々を掌握する理念が明白にあった。また大祓も規定されており、穢れを排除することも重視されていた。この律令祭祀によって後に神道となる第一段階が形成されたと言える。

他方、この時代は国分寺・国分尼寺が建立され、聖武天皇が出家して「三宝の奴」を自任する時代でもあったので、諸国の神社に神宮寺を建てる例が見られ、神前読経が実施されるようになる。それは、神が宿業のために神となってしまった苦悩を仏法に帰依することによって救済されたいという「神身離脱」があるとされ、仏法によって救われれば仏教の守り神となるという「護法善神」の思想があったからである。これも中国ですでにそうした思想があって、それが導入されたものとされる。こうした形で神仏習合が始まっていたのである。

7. 初の漢詩集『懐風藻』

七五一年に漢詩集『懐風藻』が成立している。近江京から平城京までに中国に倣って作られた六十四人百二十篇の漢詩集である。第一首は、天智天皇の皇子である大友皇子は唐の使者にも立派だと評された人物だったが、壬申の乱で亡くなり「天命を遂げず」と紹介した上で、近江京の詩の宴で詠んだその漢詩を載せる。

訓読すれば、「皇明日月と光らひ　帝徳天地と載せたまふ
三才並泰昌　万国臣義を表す」

訳せば、「天皇の御威光は日と月のごとく照りわたり　天皇の徳は天地が万物を載せるごとく広大である　天地人の三才はすべて安らかで盛んであり、万国は来りて臣下としての礼を表す」

皇族・貴族の男性が、中国の『文選』などに倣って、五言の四句、八句の詩を作っている。長屋王邸での宴での三首や、謀反の疑いで殺される大津皇子の辞世の漢詩が載せられているのが、注目される。彼らを鎮魂するために詩が載せられているようである。

大津皇子の辞世の詩を訓読すれば、

「金烏　西舎に臨み　鼓声　短命を催す
泉路　賓主無し　此の夕　家を離りて向かふ」

「金烏」は太陽、「泉路」は黄泉の道の意味なので、詩を訳せば

「太陽は西に傾き、夕べの鐘に短い命が身に沁みる
黄泉路の旅の一人旅、この夕べに自分は家を離れて独り死出の旅路に向かう」

実は『万葉集』にも大津皇子の辞世が、死を悼む挽歌として載せられている。邸があった「磐余の池の阪にして涕を流して作りませる歌」という詞書で、

ももづたふ　磐余の池に鳴く鴨を　今日のみ見てや　雲隠りなむ（巻三・四一六）

やはり和歌の方が、直接的に悲しみが伝わってくる。

8.『万葉集』の歌

奈良時代の文学としては『万葉集』が代表的なものである。古くからの伝承歌謡もあるが、記載された歌は七世紀半ばから八世紀半ばで、天皇から宮廷歌人、貴族、僧侶、官人から、防人やその家族、東歌として東国の庶民の歌、詠み人知らずの歌まで集録されている。二十巻で約四千五百首に上る大きな和歌集である。記載は基本的には一音を一字の漢字に移す万葉仮名なので大変な作業である。

『万葉集』の成立過程は、かなり複雑なものであったが、伊藤博（『萬葉集釋注』）の説によれば、ほぼ五段階の編集があったようである。

① 巻一の五十三首までは、天皇家の歌が中心で、持統上皇の時代（七〇二年）までには出来ていた。

② 元明天皇の時代（七〇七～一五年）に、巻一に後半の歌を加え、巻二として相聞歌・挽歌を編集して、巻一には雑歌の名を付けて、巻一、巻二が成立したらしい。

③ 巻三、四は拾遺的な続編、巻五、六の奈良時代に入ってからの歌が追加された。特に巻五は、大伴旅人や山上憶良らの筑紫歌壇の歌である。

④ 巻七と巻八、巻九と巻十は、三部立と四季に分けた同じ分類で、「詠み人知らず」の無名歌と記名

の歌を集めている。巻十一と巻十二は相聞歌で無名の集、巻十三は長歌集で、巻十四が東歌（あずまうた）で無名である。巻十五は羈旅歌（きりょか）、巻十六はさまざまな歌で、以上が一まとまりである。元正上皇（七二四～四八）の内意で、大伴家持も編纂に関わっていたらしい。

⑤　巻十七以下、巻二十までは、大伴家持周辺に限られた歌日記の趣である。巻十七には最初に初期の歌が載せられているが、家持は越中守となった七四六年から旺盛に歌を作っている。巻二十には、家持が採集して防人（さきもり）の歌も収められている。最終の歌は、七五九年の家持の歌であるが、その後も家持の下で編纂されていたらしい。下限は家持が没した七八五年である。

『万葉集』公開までの過程　大伴家持は没した直後に藤原種継暗殺事件に連座したとして罰せられ、『万葉集』は官に没収されたようである。二十年後に家持の罪が許された後に、平城上皇の手で公開されたようである。『古今和歌集』の真名序が「昔、平城天子侍臣に詔して、万葉集を撰ばしむ」と書いているのは、そのことに拠るようである。

以上を見ても、三人の女性上皇の内意から編集されて大きくなり、政治的には不遇だった大伴家持が受け継いで編集して出来上がったようである。家持が罰せられて没収されていたのを公開したのは、平安京より平城京を慕った平城上皇だったようである。唐風の漢詩に対して、古くからの日本の歌をどうしても残しておかなければ、という強い思いによって成立した歌集だったことが分かる。

学部専門科目『文学・芸術・武道にみる日本文化（'19）』で、『万葉集』を四期に分けて歌を幾つか紹介したので、ここでは根本の性格を見た上で、最後を除いて別の歌を見ておくことにする。

『万葉集』の巻頭は雄略天皇の歌である（原文は漢字のみの万葉仮名だが、平仮名交じりに直して記載）。

〈籠（こ）もよ　み籠持ち　掘串（ふくし）もよ　み掘串持ち　この丘に　菜摘ます子

家聞かな　名告(の)らさね　そらにみつ　大和の国は　おしなべて　われこそ居(を)れ
しきなべて　われこそ座(ま)せ　われこそは　告らめ　家をも名をも〉（巻一・一）

大意「かごを持ち、土をほる串を持って、この丘で若菜をお摘みの乙女よ　あなたの家を聞かせよ。名をおっしゃい。この大和の国はすべて私が治めているのだ。私から名乗ろう。家をも名をも」

名を聞くことは求婚することであり、求婚は大地の精に対して実りを生む呪術的な意味も持っていた。春のはじめに行われる若菜摘みの儀礼の場での大和の王者による求婚の歌である。歌が元来は男女の求婚の歌垣(うたがき)に発することを象徴するとともに、大和の王者の威風を示している。古代を代表する雄略天皇の歌とされる。

これに続いて第二首は、舒明天皇の国見の歌である。一部を引けば、

〈国原(くにはら)は　煙立ち立つ　海原は　鷗(かまめ)立ち立つ　うまし国ぞ　あきつ島　大和の国は〉

あちこちから竈(かまど)の煙りが立ち、鷗も飛び交っている、素晴らしい国だ、実り豊かであれと予祝(よしゅく)する歌である。冒頭の二首は、天皇が国が実り豊かであれと歌に籠もる霊力を呼び起こそうと国讃(くにぼ)めすることも示している。

巻二の最初は仁徳天皇の后の磐姫皇后(いわのひめのおおきさき)の四首が載せられる。

〈ありつつも　君をば待たむ　うちなびく　わが黒髪の霜の置くまで〉（巻二・八七）

この歌は、「或る本の歌」として載せる〈居明かして君をば待たむ　ぬばたまの　わが黒髪に霜はふるとも〉（同・八九）、夜明かしに黒髪に霜が降ってもお待ちしようという伝承の恋歌を、少し変えて黒髪が白くなろうといつまでもあなたを待っているという意味に替えて、仁徳天皇が他の姫に行くのに嫉妬したとして有名な后の歌としているのである。

『万葉集』の歌の分類—部立(ぶだて)は、宮廷において詠まれた「雑歌(ぞうか)」、恋歌の「相聞(そうもん)」、死者におくる「挽(ばん)

歌」である。以上で、雑歌と相聞を見たので、挽歌を見ておく。

柿本人麻呂は、天武天皇と持統天皇の皇子草壁皇子の挽歌を作る時から登用されている。ここでは妻を亡くして詠んだ「泣血哀慟して作る歌」を見ておく。

「・・・入日なす隠りにしかば　我妹子が　形見に置けるみどり子の　乞ひ泣くごとに
取り与ふる物しなければ　男じもの　わきばさみ持ち　我妹子と二人わが寝し枕づく
妻屋の内に　昼はも　うらさび暮し　夜はも息づき明し　嘆けども　せんすべ知らに
恋ふれども　会ふ由も無み　大鳥の　羽易の山に　わが恋ふる妹はいますと　人の言へば
岩根さくみて　なづみ来し　よけくもぞ無き　うつせみと　思ひし妹が　玉かぎる
ほのかにだにも　見えぬ思へば」（巻二・二一〇）

妻を亡くした思いが切々と詠まれるが、亡き魂は身近な山にいると言われるままに訪ねても、見えることはなかったというのである。当時の霊魂観を見る上でも興味深い歌である。

『万葉集』は、巻三と巻五には、九州大宰府に赴任した大伴旅人と筑紫の国司の山上憶良らの歌が多く載せられている。大宰府は外交上も、軍事上も重要拠点であるが、参議で朝廷の政治を担っていた六十四歳の旅人の赴任は、明らかに藤原氏の策謀による左遷である。赴任早々に旅人の妻が亡くなっている。後に都に戻ってからだが、以下のように詠んでいる。

〈人もなき　むなしき家は草枕　旅にまさりて　苦しかりける〉（巻三・四五一）

大宰府では、その苦しさを酒に紛らわせた。旅人の「酒を讃る歌」十三首は、悲痛な思いが底流にある。

〈賢しみと　もの言ふよりは　酒飲みて酔ひ泣きするし　優りたるらし〉（巻三・三四四）

天平二年（七二〇）正月十三日に旅人の邸に三十二人の官人や僧侶が集まって歌の宴が持たれた。

「令和」の元号の出典となったのがこの時の「梅花の歌」の序文である。

「時に初春の令月にして、気淑く風和ぎ、梅は鏡前に粉を披き、蘭は珮後の香を薫らす」

という詞書の、「令月」よき月の「令」と「和」から取られたものが「令和」である。

三十二首が並ぶが、その中の「筑前守山上太夫」が山上憶良である。

〈春されば　まづ咲く宿の梅の花　ひとり見つつや　春日暮さむ〉（巻五・八一八）

憶良は、主人の旅人の孤独を思いやりつつ詠んだのである。

〈わが園に梅の花散る　ひさかたの天より雪の流れ来るかも〉（巻五・八二二）

直前の歌が、楽しく飲んだら花は散ってしまってもよい、というのを受けて、主人の旅人は梅の花が散るのを、雪が流れ来るのに見紛うばかりだと受けているのである。

山上憶良は、渡来人出身で、遣唐使で中国に渡ったこともあるので、社会批判をする漢詩の風に倣った長歌も作っている。有名な「貧窮問答歌」は、憶良が都に帰ってから地方の惨状を朝廷に訴えるために作った長歌である。

「・・・伏廬の　曲廬の内に　直土に　藁解き敷きて　父母は　枕の方に　妻子どもは　足の方に
囲み居て　憂へ吟ひ　竈には　火気吹き立てず　甑には　蜘蛛の巣かきて　飯炊く
ことも忘れて　ぬえ鳥の　呻吟ひ居るに　「いとのきて　短き物を　端切る」と
言へるがごとく　楚取る　里長が声は　寝屋処まで　来立ち呼ばひぬ　かくばかり
すべなきものか　世間の道」（巻五・八九二）

訳せば、傾いだ小屋の中に地べたに藁を敷いて、父母と妻子は身を寄せ合っているが、かまどには煙も立たず、こしきには蜘蛛が巣をかけるほどで、飯を炊くことも忘れて呻いているのに、「特別に短い物の端を切る」ごとくに、むちを持った里長が寝ている処まで来て呼び立てる。こんなにも何とも仕方ないものか、世の中の道というものは―というものである。

〈あおによし　奈良の都は　咲く花の薫ふがごとく　今盛りなり〉（巻三・三二八）

は、大宰府から小野老が華やかで全盛の都を憧れて謳った歌であるが、実はこうした地方の公民の困窮の上に立っていたことを伝えている。

さて、旅人の息子大伴家持は当時十二歳の少年であったが、大宰府の歌壇を知っていたことは重要で、旅人や憶良の歌集を編集してここに入れたのは家持だと思われる。

家持は、それから二十年後には、大伴家の当主となり、越中国守に赴任している。国守として国讃めの歌を作っている。

〈立山に　降り置ける雪を　常夏に見れども飽かず　神からならし〉（巻十七・四〇〇一）

任地で長年居た時に、都から妻が来て詠んだ折の歌

〈春の苑　紅にほふ梅の花　下照る道に出で立つ少女〉（巻十九・四一三九）

家持はその後、都に帰ったが、藤原氏が権力を振るう中、鬱々としていた。

〈うらうらに照れる春日にひばり上がり　心悲しもひとりし思へば〉（巻十九・四三一六）

には、「悽惆の意（痛む心）、歌に非ずば拂ひ難し」と左注が付いている。歌を詠んで鬱屈した思いを晴らすしかないのである。この歌が詠まれたのは、七五三年春、つまり大仏開眼供養が盛大に催された翌年の春だった。

翌年、家持は防人のことも扱う役職に就いたので、難波津に出掛けて東国から筑紫に送られる防人の歌を採取している。

〈唐衣裾に取りつき泣く子らを　置きてぞ来ぬや　母なしにして〉（巻二十・四四〇一）

母もいない幼子を置いて、任期三年の防人に徴集された農民の深い嘆きを伝えている。

『万葉集』の最後の歌は、家持が因幡(いなば)の国守となって任地で七五九年の正月を迎えた時の歌である。

〈新しき年の初めの初春の　今日降る雪のいやしけ吉事(よごと)〉(巻二十・四五一六)

『万葉集』は、新年の吉事を予祝する歌で終わっているのである。

『万葉集』には、異性を思い、家族を思い、故郷を思う歌が多い。宮廷での栄華を寿ぐ歌も多いが、自身の栄えを表わす歌は稀で、政治的な敗者の歌が多く載せられていて、よほど印象が強い。社会のことを詠むのは、遣唐使で中国の詩になじんだ山上憶良らの例外のようである。仏教は導入されても、その教えは浸透しておらず、この世を越える意識は希薄で、時の流れ行くのを悲しんでいる。『万葉集』は、古代人の思いを知ることが出来る宝庫である。奈良時代は、東大寺の大仏や諸国の国分寺などや正倉院を見ると、いかにも外来の仏教文化が盛んであったように思われるが、『万葉集』を見ると、人々の意識は仏教にはほとんど影響されずに、内の生活に則したさまざまな思いを抱いて生きていたことが知られるのである。

ただ万葉仮名の読みが難しかったために、平安前期の九五一年に天皇の命により源順(みなもとのしたごう)らの「梨壺の五人」によって約九割の歌に訓が付けられた。これが「古点」と呼ばれるが、不明のものもあったので、その後、平安中・後期に何人もの人が訓を付けた(「次点」)。さらに鎌倉時代には仙覚が多くの写本を調べて校訂してすべての歌に訓を付けた(「新点」)。全文の解読が知られるようになるには江戸中期からの国学、契沖の『万葉代匠記』、そして賀茂真淵『万葉集』研究を待たなければならなかった。そのため平安時代から江戸初期までは『万葉集』はごく限られた範囲でしか読まれず、歌の道の形成は十世紀初頭の勅撰和歌集の『古今集』によった。けれども近代になると、『古今集』に代わって『万葉集』が大変重視されるようになる。今日、和歌、短歌を詠む上でも、『万葉集』はよく読まれているのである。日本文化が歌につながる伝統の重さを考えさせられる。

参考文献

1. 坂上康俊『平城京の時代』（シリーズ日本古代史④・岩波新書・二〇一一）
2. 週刊朝日百科『日本の歴史』50・古代⑩「大仏建立と八幡神」（朝日新聞社・二〇〇三）
3. 凝念大徳『八宗綱要』鎌田茂雄全訳注（講談社学術文庫・一九八一）
4. 三橋正「神祇信仰の展開」（『日本思想史講座1』ぺりかん社・二〇一二所収）
5. 「唐大和上東征伝」（『日本の名著2　聖徳太子集』（中央公論社・一九七〇所収）
6. 『懐風藻　文華秀麗集　本朝文粋』（日本古典文学大系69・岩波書店・一九六四）
7. 『万葉集』上・中・下巻　桜井満訳注（旺文社文庫・一九七四）
8. 『万葉集』4巻　小島憲之・木下正俊・東野治之校注（新日本古典文学全集・小学館・一九九四～九六）
9. 伊藤博『萬葉集釋注』全十巻（集英社・一九九五～九八）
10. 伊藤博『萬葉集のあゆみ』（塙新書・一九八三）

4 日本化の始まり——平安遷都、日本仏教の形成、神道の成立（平安初期）

【要旨とポイント】

八世紀末、平安京に遷都し、平安時代が展開する。初期には律令制の建て直しが図られたが、律令外の官職も多く設けられ日本化が進んだ。平安京は、以後江戸時代末に至るまで千年の都となる。

仏教では、山林修行をした最澄と空海が八〇四年に遣唐使で中国に渡り、天台宗と密教の真言宗を伝える。最澄は『法華経』の一乗思想を展開するが、小乗仏教に由来する二百五十戒ではなく、大乗仏教には菩薩戒五十八戒が相応しいので、比叡山に僧侶となれる戒壇を認めるよう求めた。それが彼の死後認められ、比叡山は奈良仏教から独立して仏教を総合的に学ぶセンターとなる。他方、空海は最新の密教を学び、密教経典・曼荼羅・法具を持ち帰る。空海は朝廷に認められ、都の東寺を与えられ宮中や貴族に加持祈禱を行ない、別に高野山に修行場を設ける。空海は、儒教・道教・仏教各派を総合した『秘密曼荼羅十住心論』をまとめ、「即身成仏」も語った。寺院が山中に建てられ、木造の仏像が造られ、仏を体系的に図像で示した曼荼羅が制作された。また山林修行が修験道となり、律令制の神祇令によって神社の国家的な整備も進んだ。怨霊への恐怖から鎮魂して幸いを得ようとする御霊信仰や天神信仰も始まった。

中国の唐朝の衰えに伴い、九世紀前半で遣唐使は最後となり、末には廃止が決定されて、文化も国風化していく一つの機縁となった。国際認識も、仏典の影響で、インド・中国・日本として、朝鮮を抜いた三国世界観が以後長く持たれるようになる。

【キーワード】 平安京、怨霊、最澄、空海、神仏習合、律令神祇、修験道、即身成仏、草木成仏

1. 平安初期——日本化の始まり

　奈良末期は重祚した称徳天皇が、病を治した僧道鏡を寵愛して混乱したが、七七〇年に亡くなった。そのため天智天皇の孫で、すでに四十五歳であったが、聖武天皇の娘を正妻とし皇子もいた光仁天皇が継ぐことになった。光仁天皇は道鏡を下野に左遷した。翌年皇后と皇太子が自らを呪詛したとして井上皇后を幽閉し他戸皇太子を廃した。代わったのが、渡来人系の母を持つ皇子であり、後を継いで桓武天皇となる。桓武天皇は仏教勢力の力が強い平城京から長岡京へ遷都しようとしたが、進まない中、責任者の藤原種継が暗殺された。この暗殺に関係したとして桓武の弟の早良親王は皇太子を廃されて淡路島に配流されることになった。早良親王は無実を訴え自ら食を断って恨みを抱いて亡くなった。長岡京が水害にもあったので、結局、都は京都に決められた。渡来人系秦氏が開発した地であり、賀茂神社や松尾大社に位階を授与して移ることになる。京都は山に囲まれ川が流れて風水的にもよいとされた。七九四年に遷都した。

　その後、桓武天皇の母や重臣が死に、悪疫が流行し、皇太子も病気になるなど不吉なことが続いたので、占わせたところ、早良親王の祟りと出た。以降怨霊を鎮めるために、崇道天皇と追号し、淡路から大和へ移葬した。以降怨霊をいかに鎮魂するかが大きな問題になる。

　桓武天皇は、貴族や寺院勢力を排除し、律令体制の現状に合った形で再建しようとした。平安京には寺院は東寺、西寺だけとし、仏教勢力を排除し、鬼門の北東は比叡山を守りとした。この時に諸国の律令軍団は東北諸国と大宰府を除いて取り止め、地方の郡司や有位者の子弟を健児として軍務につかせることになった。

　律令制度も日本の実情に合わせた令外官が重要なポストとして次々に新設される。中央では、東北地方に坂上田村麻呂を派遣して蝦夷征討が進められていたが、遠方なので軍の命令権を持った「征夷大将軍」が設置された。嵯峨期になると、天皇の内覧する文書を扱う蔵人頭（くろうどのとう）が置かれた。藤原冬嗣が長官になって、大きな権限を揮うようになる。さらに検非違使は警察権になるが、武士が任命されて、一世紀余り後に出来る追捕使とともに武士が公の官職に就く職になる。

律令の補助法となる格式が、九世紀初期の弘仁格式から、後期の貞観格式、十世紀初期の延喜格式と補遺や改訂されていくことになる。十世紀半ばまでが律令制の建て直しが試みられた時期であり、以降に平安初期である。国風化が顕著に進行するようになるのは、次の平安中期になるが、初期の段階で、平安展開する芽はすべて出ている。仏教は、平城京の大寺院で経典が研究されていたが、平安時代からは寺院が山の中に造られ、山での修行も取り入れて、実践的な行が重視されるようになる。最澄と空海が出て、東アジアでも独自な日本仏教の基盤が形成される。密教は即身成仏を言い、山岳宗教の修験道も展開するのである。仏教は、鎮護国家から、次第に天皇や貴族が救いを求めるものとなるようになる。

2. 最澄による仏教革新―「一乗思想」と大乗戒

最澄は、近江の生まれで、十九歳で東大寺において正式な僧侶になったが、その直後に生地近くの比叡山に籠った。『願文』には、無常観が強く、自省して「愚が中の極愚」で「塵のように最低」だが、自ら悟るだけでなく、衆生の救済の仏事を行いたいと誓って、十二年間は比叡山で修行をした。この間、天台智顗（ちぎ）を知って涙を流し、鑑真が請来した智顗の書を写すことが出来た。二十二歳の時、智顗の天台宗の書に触発されて「一乗止観院」を建て、灯明を点した。六年後平安遷都の際には、ここで桓武天皇の御願の供養会が催された。比叡山が平安京の北東で鬼門にあたったので、都の守りとしたのである。三年後には内供奉（ないぐぶ）十禅師となり桓武天皇に近侍することになる。以降、桓武は新たな仏教を求めて最澄を積極的に支援するようになる。

最澄は、八〇四年に遣唐使に加えられ、唐に渡った。天台宗を本格的に学び、大乗戒を受けた。さらに、戒律、禅、密教も学んで、翌年帰国した。ただ天台山を目指したので訪れたのは南の揚州周辺であり、都の長安には行っていない。天台宗は隋代に盛んであったが、唐では密教が流行していた上、都からすれば地方であって当時の最新の仏教事情を知った訳ではなかった。特に密教は本格的なものではなかった。最澄は、帰国後二年には平城京（南都）の華厳・律・三論・法相の四つの宗派に加えて、天台宗にも年分度者（朝廷から正式に許可される官僧）が認められたが、天台一名、密教一名とされたので、最澄は密教に本格的に取り組む必要が出来て、後に空海に経典を借り、さらには灌頂を受けることになる。比叡山では後に円仁・円珍が唐に留学して本格的な密教を学ぶことになる。ただこの年に桓武天皇が崩御してから、最澄に対する南都からの論争が始まる。特に南都から東北経営で会津に移っていた法相宗の徳一との論争は最澄が亡くなる一年前まで続く厳しいものであった。

最澄は『法華経』に従った天台の教えで、すべての人が同じように悟りを得られるとする「一乗思想」を説いたのに対して、法相宗は唐の玄奘（げんじょう）が持ち帰った唯識に基づくので、声聞（仏の教えを聞いて悟る出家者）と縁覚（自ら悟る出家者）と大乗仏教が説く菩薩（在家も含む）はそれぞれ別であるとする「三乗思想」の対立であった。実は原始仏教に由来する上座部仏教をどう位置づけるかによる論争であるが、中国では玄奘が直接インドから持ち帰った唯識説に由来して三乗思想が見直された経緯もあって、十分に決着がついていなかった問題が、最澄と徳一の間で議論になったのである。その後も論争は最澄の継承者によって受け継がれ、最終的には源信が『一乗要訣』（一〇〇六）で総まとめをして、日本では一乗説が日本仏教の伝統となることになる。

最澄が信奉した天台教学は、漢訳された諸経典の違いを釈迦の教えの時期による相違だと捉えて、

「五時八教」を説いていた。釈迦が悟った直後の華厳経の時、説法し始めた阿含経の時期、大乗の初期経典を説く時期、般若経で「空」を説く時期、最後に『法華経』『涅槃経』を説く時期で、それまでの仏教の教えを包含しながら『法華経』が完全なる教え（円教）として最高の真理を示すとしていた。それゆえ、比叡山において、天台を中心に戒・禅・密教を総合する道を開いたのである。

最澄はこの論争と並行して戒に関しても、大乗仏教では戒律は従来の『四分律』の二百五十戒ではなく、『梵網経』が説く十重四十八軽戒の菩薩戒によるべきだと主張し、南都六宗とは厳しく対立した。鑑真が戒師として日本に『四分律』を伝えて、初めて正式な僧侶が誕生したことは第3章で見た。鑑真は同時に『梵網経』の戒も授戒したが、これは在家に対してであった。最澄は、『山家学生式』（八一八）で大乗仏教の精神は出家者と在家者と区別することなく「真俗一貫」であるべきとし、戒においても『四分律』の二百五十戒は「小乗」仏教のものであり、大乗の僧の戒は「十重四十八軽戒」によるべきだと説いた。ただし僧としては比叡山の「清浄な結界」を出ることなく十二年間は比叡山で修行すべきであり、他を利する菩薩の精神で人々に尽くすことを求めた。その後、行業も言説も立派な人は「国宝」として比叡山に残って指導者になるべきだが、言説は立派だが行業が及ばぬ者は「国師」になり、行業は立派だが言説が及ばぬ者は社会事業を行なうべきだと論じている。

これは仏教の戒律を大きく変える主張であり、南都の僧侶から厳しい批判が寄せられた。最澄は、これこそが大乗仏教の立場だと反論した。最澄の主張は朝廷から認められなかったが、八二二年の最澄の死後一週間に認められることになった。これによって比叡山に大乗戒壇を設けて僧侶となることが認められたので、比叡山は奈良仏教から独立を果たすことになった。後に鎌倉新仏教の祖師たちは皆比叡山で僧侶となり、仏教諸学を総合的に学んでから、新たな宗派を立てることになるのである。

戒律が比叡山系諸宗派では元来は在家のための戒律による故、インドや東南アジア、さらに中国や朝鮮と異なる日本仏教の僧侶のあり方となるのである。

3. 空海による密教の導入

空海は、四国の讃岐の生まれで、十五歳で上京して、桓武天皇の皇子の家庭教師であった母方の伯父について儒教を学んで、十八歳で官僚を養成する大学に入った。けれども仏教に惹かれて翌年大学を中退して、私度僧となって吉野や四国の山林や洞窟で修行をした。『三教指帰』の序に「阿国（阿波）大滝の岳にのぼりよじ、土州（土佐）室戸の崎に勤念す。谷響を惜しまず、明星来影す」と書いている。室戸の洞窟に籠って空と海を見詰めて行じる内に、明星が自らの体に入って来るという神秘体験も経験していたのである。

二十四歳で著した『三教指帰』は、それまでの自身の思想遍歴を決算する書とも言える。戯曲構成で、言うことを聞かない若者に、儒教の師がまず説教をし、次いで道教の師が説き、最後に仏教の師が説く。仏教の立場で「無常を観ずる賦」や「生死海の賦」も入れて、最後に「三教を詠ずる詩」で仏教が最も優れたものであるとする。スケールの大きな比較思想論を、四六騈儷体の見事な漢文で書くことが出来たのである。

その後、南都で法相宗、華厳宗などを学んだが、密教の『大日経』を読んで、今までにない統合する経だと思い、これを学ぶべく唐へ渡ろうと決意したと言われる。八〇四年三十一歳の空海も遣唐使に加えられ唐に渡った。漂着した地は中国南部で役人は遣唐使であることが分からなかったが、空海が詩を書くやたちまち高い教養を持った使節であることが認められたという。そして都の長安にまで送り届けられた。長安でインド人僧にサンスクリット語（梵字）を学んだ後、唐の皇帝の国師でもあった恵果阿闍梨に参じた。恵果は「我、先より汝が来ることを知りて待つこと久し。今日相見ること大いに好し」

と言い、空海は多くの弟子を差し置いて最新の密教をすべて受け継ぐことになる。

密教は、四、五世紀頃から、インドで展開した。真言や陀羅尼を唱えたり、伝授を証する水を灌ぐ灌頂法などが説かれていた（「雑密」と呼ばれる）。それが七世紀になって大日如来が直接に教えを説いた『大日経』と「金剛頂経」が生まれて「純密」に進化していた。両経は伝来系統は異なる。中国には七一六年に長安に着いた善無畏が『大日経』を伝えた。唐の僧一行が『大日経疏』を著し、その思想を解明した。少し遅れて七二〇年にインド人僧金剛智が『金剛頂経』を伝えた。この系統では不空が出てセイロンに渡って多数の経典を請来した。恵果は、不空の弟子であるが、両系統を統合していた。その最新の密教を、空海は恵果から直接に受け継ぐことが出来たのである。

恵果は、密教の教えを図で示した曼荼羅（両系統で胎蔵界と金剛界の両部がある）と法具を譲り整えさせて、早期に帰国して法を広めるように促した。恵果はこの年十二月に亡くなったので、空海は本来二十年間唐で学ぶ留学僧であったが、八〇六年に多くの請来物を持って帰国した。

密教は、インド仏教の最後に成立し、中国で展開したもので、宇宙大の真理そのものの法身仏の大日如来が、理解できる少数の者にだけ秘密に説いた教えであり、経典に説かれたこれまでの顕教とは異なると『弁顕密二教論』で主張する。これまでに説かれた仏や菩薩の他、仏教を守護するものとして多くの民間の神々も明王や諸天として取り入れ、いずれも大日如来の現われだとした。諸仏諸菩薩や諸王諸天が一体となっている様を直感的に表わす曼荼羅を念じ、火を焚く護摩を修し、諸仏諸尊を召喚する真言陀羅尼を誦し、印契を結んで、真理と一体となるとする。そのため密教儀礼が行なわれるが、諸仏の世界を凝縮した曼荼羅が描かれ、さまざまな仏や菩薩がさまざまに変化した像や諸王、諸天の像、また儀式に使う多種類の独鈷や鈴など法具が作られることになる。それらの教えを説いた『大日経』や『金剛頂経』などが持ち帰られた。これまでも変化仏や仏教を守護する四天王などもあったが、それらとは違って、大乗仏教の「空」の思想に基づき諸仏諸天を体系的に位置づけた思想であり、雑密に対して純密として区別した。

帰国直後、空海は、恵果から相承を授けられた次第を書くとともに日本に持ち帰った文物の一覧を『請来目録（しょうらいもくろく）』として朝廷に提出した。それには、新訳などの経典、梵字の真言や讃文など、経典の注釈書など、合計二百十六部四百六十一巻、曼荼羅や画像十幅、密教法具九種、恵果から授かった代々の品十三種などが記載される。空海は早期に帰国した罪を問われるところ、四年後嵯峨天皇の即位後、密教の膨大な請来物と知識故に許され、都に密教を広めることになる。当時は都では薬子の変、東北では蝦夷の反乱が起こり、疫病も流行して社会不安が大きかったが、空海は嵯峨天皇の命により、鎮護国家の修法を度々行なっている。八一六年には空海は高野山を根本道場とすることを願い出て許しを得た。千メートル級の山々に囲まれ、古来山中他界で水源信仰もあった聖地に、密教の堂を建て拠点としたのである。その七年後には嵯峨天皇は都の東寺を空海に託して鎮護国家の根拠地とせよと命じた。空海は、東寺講堂に、五智如来を中心に、右に五大菩薩、左に五大明王、まわりを四天王と梵天と帝釈天と、二十一の仏像を配して曼荼羅を立体的に表わした。

密教の到来によって寺は山中に建てられるようになり、仏像も多様なものが造られるようになる。すでに奈良後期から金銅仏や脱乾漆仏は廃れて木造の仏像が多くなっていたが、木に霊力を見る古来からの信仰によって、ほとんどが木造の仏像になった。十一面観音などの変化仏のほか、諸王や諸天はさまざまな姿で現わされる。とりわけ広く流布したのが不動明王像である。忿怒の形相で右手に剣、左手に綱を持ち、人々の煩悩や迷いを打ち破る姿で、炎を背負っている。その他、四天王や帝釈天、吉祥天、十二神将、八部衆など多様な仏像が造られることになった。

これらの図像を用い、また儀礼を通じて身・口・意で法身仏との一体を念じて「即身成仏」となることを目指した。仏の慈悲が衆生に加わり感応して衆生の中にある仏性に目覚めさせる「加持祈禱」で人々にも福利をもたらすことを目指した。それは天皇や貴族にとっては、怨霊を封じ、現世的な利益をもたらすことと受け取られた。空海は満濃池の開削とか、さまざまな事業も行なっている。空海が若い頃に山林修行で各地を歩いたことと合わさって、弘法大師信仰が全国に広まるようになる。

4.『秘密曼荼羅十住心論』

各宗派の教義を提出せよという勅命により、八三〇年に、空海は『秘密曼荼羅十住心論』十巻と『秘蔵宝鑰』三巻を提出した。『十住心論』は経典の引用が六百ヶ所に及ぶ大部なものなので、引用を省いて要点を示したのが『秘蔵宝鑰』であるが、両著は、儒教、道教、仏教の初期からのあらゆる思想を段階的に体系化し、密教の真言宗がすべてを包摂する教えであることを論述している。【以下、放送教材（ラジオ）では、吉村均氏に、『十住心論』を解説していただいたので、是非お聴き下さい。】

（１）異生羝羊心　〈本能のままに生きる凡夫の心〉

異生は異なった生を受ける者の意で、羝羊は雄羊で、ただ性と食に対する欲望をもって生きていることを喩える。地獄・餓鬼・畜生・阿修羅・人間・天という「六道」とよばれる迷いの世界に輪廻転生する。

（２）愚童持斎心　〈人倫に目覚めて、道徳に従って生きる心〉　儒教

愚童は愚かな少年。持斎は、節食して他の者におのれの食物を施すことを意味する。施与の行為が人倫の道のはじまりである。儒教道徳、仏教の戒の実践が、この住心の主題をなすのであるが、十善、あるいは十悪を行なった者の果報、さらに正治、不正治の国王の統治のあり様まで述べられている。

（３）嬰童無畏心　〈神や天を仰いで生きていく心〉　道教

道徳、倫理を超え、宗教的な理想の世界に生まれることを願う住心である。

（4）唯蘊無我心　〈小乗仏教の声聞乗の心〉　四諦　我の否定

自我の実体視を否定するために、自我は色・受・想・行・識の五つの存在要素（五蘊）が仮に和合したものにすぎないとする。仏教に入る初門で、声聞のさまざまな実践修行の階梯が説かれる。

（5）抜業因種心　〈小乗仏教の縁覚乗の心〉　十二縁起、業の否定

業と煩悩の根本の無明は十二因縁によって生起するが、縁覚はその根本を断って、新しい業が生起するのを完全に除く。しかし、自我の実体視を否定しても、すべての存在の構成要素である法を固定的な実体とする執われがあり、自己の修行に終始するだけで、他を利益する大悲のはたらきを欠く。

（6）他縁大乗心　〈大乗仏教の法相宗の心〉　唯識

実体のように映っている対象はすべて心の中の現われで、心のみが真実とする唯識で、法相宗の立場である。自他の区別が失くなると、自分だけでなく、一切衆生を苦しみから解放しようという大乗の菩薩の立場である。

（7）覚心不生心　〈三論宗の心〉　中観

三論宗や中観の「空」の立場で、『般若心経』で言えば、「色即是空、空即是色」の立場である。実体視から解放され、空の境地を生きる。

（8）一道無為心　（如実一道心）　〈天台宗の心〉

一道は一仏乗で、『法華経』の一乗思想、無為は悟りの真実の世界を意味し、天台宗に当てはめられる。止観を修して、「境即ち般若、般若即ち境」であり、あるがままに自身を知るのであり、悟りだとする。

（9）極無自性心（ごくむじしょうしん）〈華厳宗の心〉

釈迦が悟りを開いてあまりに理解を絶するので説法をしなかった境地で、華厳宗の心である。あらゆる事象が互いに縁となり、自在に融合し合っている。一切即一、一即一切で、一と多が相入し、理と事が相通じ、重々無礙（むげ）（とらわれなく自在）であることを示す。

（10）秘密荘厳心〈密教の心〉

言葉を超えた悟りの境地が直接示される段階で、密教の心である。第一から第九までの住心はそれ自体ではない無自性で、各々が次の段階の因になっていた。この第十の密教は最も勝れた真である。我々の身心には、あらゆる徳が円満に具わっているので、修行や体験を通してこの事実を確認すれば、この荘厳の仏を体現することも出来るとする。

以上の十住心は、段階的に顕教から密教へ高まる階梯と見ることが出来る（九顕一密）が、より深く解すれば、第一段階から第九段階までの顕教も、それぞれの段階での密教の現われだとも言える（九顕十密）。

『三教指帰』を超えて、いまや仏教思想全体を位置づけ、密教が最深最高の教えであることを示したのである。この時点ですべての仏教を統合した理論体系を示している。

5. 「即身成仏」という思想

では、空海は密教の具体的なあり様をどう説いたのか。それを示すのが『即身成仏儀』である。

インドの初期仏教では出家して修行し何世もかかって悟りを得るとされていた。釈迦も過去世で修行を積んでいた故に成道したとされた。大乗仏教になると、衆生の中に仏となる種子の「仏性」があると言われるが、煩悩に囚われているので厳しい修行を続けて初めて成道するとされていた。それなのに、なぜ「即身成仏」を言うのかと自ら問い、証拠として『金剛頂経』と『大日経』と『菩提心論』から八箇の文を引用する。『大日経』以外は、空海が初めてもたらした密教経論の文である。そこでは「現に・・・証す」「現世に・・・成ず」「我、金剛の身と成る」など、この身が「昼夜四時に修すれば」「この勝義に依って修すれば」と行法を実地に修して、「仏の菩提を成ず」「速やかに大覚の位を証す」とする。経典を学習する顕教ではなく、密教の真言や行法、曼荼羅などの法具を用いた儀礼を修し、すでに成道を達した阿闍梨から伝えられる。そうして達せられる即身成仏は、経典で証される最奥の真理だというのである。

そして「即身成仏の偈頌」を掲げて、それを空海自身、逐一解説している。

「六大　無礙にして常に瑜伽(ゆが)なり　（体）
四種　曼荼羅　各々離れず　（相）
三蜜　加持(かじ)して速疾(そくしつ)に顕わる　（用）
重々帝網(たいもう)なるを即身と名づく　（無礙）」

「六大」は、世界を構成する「地・水・火・風・空」の「五大」に、「識」を加えたもので、物質的な要素に精神的な要素を合わせて総合的に言う。「瑜伽」は相応するという意味で、世界は六大から構成され、我も六大から構成され、ともにすべて法身の大日如来という真理に包まれており、常に相応している。それが「体」、本体である。

本体は直接捉えられないので、象徴的に表現したのが曼荼羅である。曼荼羅は大日如来が中央で、諸仏、諸菩薩、諸天、諸王が周りに描かれているが、それらが大日如来の変化であることを表わす。通常の仏の図像だけでなく、法具や梵字、その働きによって表わした四種の曼荼羅は、それぞれ離れることなく一体のものである。それが「相」、様相だとする。

「三蜜」は密教で伝わる身・口・意の行法で、印契を結び、真言を唱え、心を三昧とすると、「加持」、つまり仏の力が我々に働きかけてきて、行ずる者に速やかに悟りが現われる。それが「用」、働きである。

以上のように、世界と我の本体と曼荼羅の相と身・口・意の働きが、幾重にも重なり合って、帝釈天の首飾りの無数の珠が映り合って渾然一体となっているようになるのを「即身」と名付ける。この身のままで悟りであり、「無礙」、さわりなしである。

その「即身」の境地が、後半の四行に描かれる。意訳だけを載せておく。

「おのづから自然のままに完全な知恵を身に着け
心の作用も心の本体も無限にわたり
仏の五つの知恵と限りない知恵を具えている
全てを映す鏡の如き力を持つ故、あるがままに悟る知恵である。「成仏」悟りである。」

以上が「即身成仏」の思想であるが、世界と我々が相応して成仏する本体と、「三密」を修して「速疾に顕わる」ことの次元の違いに注意しておくべきである。空海は、山林修行し、経典に通じ、阿闍梨から密教行法を相承したことは、まさに天才による奇跡であった。ところが本体から「即身成仏」と強調することは、厳しい修行を看過することになりかねない。実際、同様に「即身成仏」を言うことになる天台本覚論ではそのままで本覚だとすると、なぜ修する必要があるかが問題になる。空海が仏教のこれまでの展開を踏まえて体系化して、密教を最上として、経典での学習と修行を顕教としたことは、厳しい修学や修行をややもすれば看過して、現実を肯定する風潮をもたらすことになる。しかも後援する皇族・貴族にとって、密教の加持祈禱は、悟りへの道でなく、除災招福の儀式として受け止められるようにもなった。

空海の「十住心論」の体系化は他宗から批判されるが、やがて顕密八宗体制が定着する基盤となり、「即身成仏」の思想は問題を含みながら日本仏教の伝統となっていくのである。

6. 修験道と神道の成立

最澄や空海も若い時期に山に籠り、山林を歩いて修行していた。山や森は昔から聖地とされており、特に滝に打たれて身を清め、大峰山などの奥地に踏み入ったり、洞窟に籠ったりすることは、特別な「験力（げんりき）」を修行者に与えるとされていた。この山岳信仰と密教の行法とが集合して山伏の修験道が成立した。飛鳥時代に葛城山や大峰山を開いて修行して役小角（役行者）が開祖とされた。霊場は他に、紀伊の熊野山、伊予の石槌山、豊後の彦山、加賀の白山、信濃の戸隠山、出羽三山など全国に及ぶ。いずれも古くから神体山とされていた山である。

平安時代には、神社での祭祀の方法も国家的に再整備されている。八世紀末には早良親王の怨霊を鎮めるため、御霊社が創祀されたが、その後も政治的な敗者が非業の死を遂げると祟りをなすという怨霊への恐れから六所御霊が設けられ、御霊会が盛大に営まれて、地方にも広がった。

また九世紀初期の「弘仁式」では、忌むべきものが具体的に挙げられ、死や産は「穢れ」として禁忌の期間が細かく規定されている。穢れに触れると祟りがあるという思想が強まって、これ以後、死や死後の世界は仏教に委ねられることになる。神事と仏事を分けて、使い分ける日本的な信仰のあり様がこの頃から明瞭になる。

また十世紀頃からは、物忌みや方違（かたたが）えなどで、不浄や不吉を避けることが貴族の間では盛んに行なわれ、安倍清明など陰陽師に災厄を除去してもらうようにもなる。

また神社に幣が奉げられるが、その格が決められるようになる。弘仁式や貞観式は残っていないが、それを改訂した十世紀初期の「延喜式」（九二七年完成）には、全国の三千百三十二の神社の神名と諸国の一之宮が載せられている。伊勢神宮など十六社には朝廷から定期的に奉幣するようになった。

「延喜式」では、一年間の儀礼が確立する。二月の祈年祭、九月の神嘗祭、十一月の新嘗祭、月次祭、また風神祭、鎮火祭、鎮魂祭、また天皇即位の大嘗祭などがある。また奏上する祝詞の形式が決められる。六月の大晦の大祓などの儀礼や言葉が決まっている。

十一世紀後半には二十二社の体制となって以後続くことになる。神社に対する扱いの国家的な再整備の中で、神社の神を信仰する神道が確立したと言ってよいであろう。

7. 漢詩文と六国史の編纂

奈良時代には、律令制が整って、それに従った運用がされていた。遣唐使は、二十年に一度は派遣されていて、その都度の唐の文化を吸収していた。大学には明経道、明法道、紀伝道という儒教・律令・文章を学ぶ科に、算道があり、有力貴族は大学に入れるために大学別曹（弘文院（和気氏）、勧学院（藤原氏）など）を設けていた。八世紀末期、若き空海は大学に学びながら、退学して仏教に転換して山林修行を始めた。けれども空海は遣唐使の使節に入って、中国人を驚かせる漢文を書き、達意の筆法も評価された。中国語もバイリンガルで使えたであろう。平安初期でも公文書は漢文であり、勅撰漢詩集が『凌雲集』（八一四年）、『文華秀麗集』（八一八年）、『経国集』（八二七年）と続き、『経国集』は二十巻で奈良朝以来の百七十八人の千編あまりの詩と文を載せて漢詩文全盛時代を示している。空海も『文鏡秘府論』『性霊集』などを著している。日本の歴史書も、奈良時代の『日本書紀』に続いて、『続日本紀』（七九七年）、『日本後紀』（八四〇年）、『続日本後紀』（八六九年）、『日本文徳天皇実録』（八七九年）、『日本三代実録』（九〇一年）が編纂され、やがて合わせて六国史と呼ばれるようになる。

けれども同時期に、印度・中国・日本の仏教説話を書いた『日本霊異記』は変体漢文、日本語風の漢文である。また詔や祝詞が宣命体、すなわち漢字表記だが、用言の語尾や助詞・助動詞は万葉仮名で小書きする、日本語式になっていることも注目される。文においても日本化が始まっていたのである。『六国史』でも、『続日本紀』以降、詔は宣命書きで載せられ、海外に示す意識は後退している。

8. 律令制の変容、菅原道真の業績、遣唐使の廃止

平安時代も初期には律令制への再建が目指されていたが、令外官が次第に重要な職を占めるようになり、政治も大きく変わっていった。八五八年はわずか九歳の清和天皇が即位したが、歴史上初めての幼帝であり、外祖父の藤原良房が事実上の摂政の任にあたった。しかも八年後の応天門の変で大納言伴善男らが配流されたので、良房は皇族ではない初めての摂政となった。八八四年には良房を継いだ基経が事実上の関白になり、三年後には正式の関白の詔を受けた。摂関政治の基礎がすでに築かれていたのである。

けれどもまだ摂関政治への流れを止めようとする努力がなされていた。宇多天皇は、藤原氏を抑えるために、文章博士で漢学に優れた菅原道真を重用した。道真は、公的な六国史の最後の『日本三代実録』を編纂するとともに、六国史の内容別に分類した『類聚国史』を編纂した。これは六国史の膨大な記述を、二十項目前後の大項目で二百巻にわたって分類して、これまでの歴史を体系的に捉え直したものである。律令国家は先例を尊重して運営されていたので、この書は官僚にとって座右の書となっていた。道真は『菅家文章』十二巻に自らの漢詩と漢文をまとめている。

ただこうして制度も日本化し、国内で詩文も歴史書も積み重ねられるようになると、留学して外来文化に直接触れなくても支障なく行なえるようになった。遣唐使は四隻で出発するが、全部が中国に着い

たのは十五回の内一回だけという危険な旅であった。しかも八三八年に第十五回が送られてから、五十年以上も送られていなかった。八九四年に五十七年ぶりに派遣が企画されたが、大使に任じられた道真は、在唐の僧が唐の衰えを詳細に記した報告書を添えて中止を建議して認められ、遣唐使の中止が正式に宣せられた。遣唐使廃止は、以降の国風文化が展開する大きなきっかけとなった。廃止以降、外国に関する意識は抽象的なものとなり、仏典などによるものの影響が強くて、天竺（インド）、震旦（中国）、日本として三国世界観が以降、長く持たれることになる。

9．菅原道真の怨霊と平将門の乱

菅原道真は右大臣にまでなったが、醍醐天皇に代わってから、九〇一年に大宰府に左遷され、一族は離散させられ、二年後に無念の内に死んだ。その没後から、都で疫病が流行り、道真を左遷した左大臣藤原時平とその一族が相次いで病死し、九三〇年には内裏の清涼殿に落雷があって、廷臣が死傷し、醍醐天皇自身も翌月に発病し、二か月後には崩御した。人々はこれらは道真の怨霊によるものだと噂して、大変に怖れられた。ついには醍醐帝が地獄に堕ちて苦しんでいるのを見たとする書まで作られた。

こうした怨霊の恐怖も、社会の大きな変容を示している、実際この直後には律令国家を直接に揺るがす事件も起きている。

九三五年、東国で平将門の乱が生じた。当初は一族の内紛であったが、九三九年には将門は常陸・上野・下野の国府を襲い、さらには巫女の託宣により「新皇」を称するに至った。この時に武の神八幡神と道真の霊魂が兵を興す際の正当化に用いられた。

同じ年、瀬戸内海では藤原純友が海賊たちを率いて讃岐の国府を襲い、さらに大宰府を攻撃した。

結局、朝廷は、将門に対しては、常陸掾・平貞盛、下野押領使・藤原秀郷、武蔵介・源経基らによって、純友に対しては、追捕使・小野好古や源経基によって鎮圧した。二つの乱は平定されたが、国家に対する公然たる反乱が生じた衝撃は大きかった。

この乱の鎮圧に活躍した者たちの子孫は、後に乱や合戦が起こるたびに動員された。それが武士の棟梁を生むことになる。平貞盛の系統の六代目に清盛が出る。源経基は清和源氏であり、八代目が頼朝である。藤原秀郷の子孫は奥州藤原氏となる。

十世紀後半になると社会は大きく変容した。そうした中で、菅原道真の怨霊が天神として祭られるようになった経緯だけを見ておくことにする。

藤原氏でも菅原道真と良好な関係だった時平の弟忠平の子師輔（もろすけ）は、道真の霊を祭るため民間の手で建てられていた北野社に、新築の自邸を社殿として奉納し、摂関家の繁栄を守護してほしいという祭文を捧げた。師輔の子が兼家、孫が道長であるが、この後彼らが摂関政治を展開していくことになる。

朝廷でも、内裏が七年間に三度も焼失することもあったので、十世紀末に「北野天満宮天神」の勅号を贈り、大宰府の道真の墓所に勅使を立てて正一位太政大臣を追贈した。すると天神は満足して、王権の守神となると約束する漢詩を下したという。

怨霊は祭られて鎮まると、祭る者に福をもたらすとする御霊信仰は、平安初頭の早良親王の祟りからあったが、道真に対する処遇で決定的となった。天満宮は平安中期に出来た神社であるが、朝廷から奉幣を受ける二十二社に入れられた。道真は学問に優れていたので、天満宮は「学問の神様」として、全国で祭られることになる。

参考文献

1. 川尻秋生『平安京遷都』（シリーズ日本古代史⑤岩波新書・二〇一一）
2. 渡辺照宏編『最澄・空海集』日本の思想１（筑摩書房・一九六九）
3. 上原雅文『最澄再考―日本仏教の光源』（ぺりかん社・二〇〇四）
4. 宮坂宥勝監修『空海コレクション』１～４（ちくま学芸文庫・二〇〇四～一三）
5. 『空海「秘蔵宝鑰」』加藤純隆・精一訳（角川ソフィア文庫・二〇一〇）
6. 加藤精一『空海入門』（角川ソフィア文庫・二〇一二）
7. 吉村均『空海に学ぶ仏教入門』（ちくま新書・二〇一七）
8. 末木文美士『仏典をよむ―死からはじまる仏教史』（新潮文庫・二〇一四）
9. 岡田荘司編『日本神道史』（吉川弘文館・二〇一〇）
10. 義江彰夫『神仏習合』（岩波新書・一九九六）

5　国風文化の展開―仮名と和歌、摂関制と物語、末法思想と浄土教（平安中期）

【要旨とポイント】

九世紀後半から、平仮名、片仮名が成立して日本語の表記が容易になり、国風文化の基礎が出来た。十世紀初頭、勅撰の『古今和歌集』が誕生したことは、和歌と平仮名が公的に認められたことであり、大きな文化史的意味を持っていた。仮名序で日本的な美意識が語られた。四季の移り行きと恋が歌の中心的な柱となる。和歌は貴族層に限られていたが、「雅（みやび）」が以後、規範的な美意識となるようになる。

十世紀後半から、藤原氏が他氏を排除して権力を独占するようになり、摂政・関白が常置されて摂関制度が確立した。摂関制において、藤原氏内部の権力争いとなり、天皇の后に入内する女性の教養を高めるため有能な女房たちが集められ、彼女たちが和歌を中心として、日記、随筆、物語などを書くようになる。十一世紀初頭に成立した『源氏物語』は、宮廷に仕える女房が、最上級の貴族の華やかな表面とその内部の影に立ち入って、男女の微妙な心理やそれぞれの宿命が織り成す「もののあはれ」を描いており、王朝文学を代表するものとなる。この時代の貴族は、外国はもとより、地方にもほとんど行くことがなくなり、朝廷を取り巻く人間関係の中で自閉していた。けれども末法が迫って世も不穏であった。比叡山の横川にいた源信は浄土経典や論書を踏まえて『往生要集』を著し、現世を厭うて浄土へ往生することを勧めた。地獄のあり様や、往生する様を具体的に叙述したので、後に地獄絵や、来迎図が描かれることになる。源信は浄土を観想する念仏を説き、造寺造仏も功徳があるとしたので、貴族は来世の救済を願って浄土信仰にのめり込み、浄土芸術の阿弥陀堂を建立した。

【キーワード】　『古今和歌集』、摂関制、『源氏物語』、大和絵、末法思想、『往生要集』

1. 国風化への流れと仮名の成立

平安京に移って、九世紀前半には律令制も重要な令外官が新設されて変容していた。藤原氏が一層力を持ってきて天皇もその力を抑えることが困難になってきていた。宗教でも仏教においては南都六宗に天台宗と真言宗が加わって顕密八宗体制が確立した。鎮護国家の仏教から、天皇や貴族を怨霊から守る加持祈禱を盛んにするように変容していた。九世紀末には遣唐使が廃止され、国風化が大きく進むことになる。

この時代の文化的な大きな出来事は、平仮名、片仮名の成立である。『万葉集』では、歌の音を基本的に一音一字で漢字で表記する万葉仮名が用いられた。表記する漢字のさまざまな崩し方は、やがて簡単に書ける字形に次第に収斂していき、一音一字で特定の字形に固定化して、九世紀後半には平仮名が形成された。平仮名を使うと、漢字を本格的に教育されなかった女性でも容易に読み、書くことが出来た。平仮名によって、日本語表記がはるかに容易になり、和歌が書かれ、日本語の文章が飛躍的に発展することになる。他方、経典などの漢文を日本語に訓読する中で、漢字の偏画の一部を表記する片仮名も使われるようになった。

公的文書や男性官人の日記は漢文表記であったが、私的には仮名も使われていた。この時代は貴族は妻問い婚だったが、交際はまず私的な和歌の贈答から始まるが、そこで平仮名が用いられた。平仮名は、女文字とも言われ、漢字（真名）に対して劣るものとされていた。

こうした状況を大きく変革したのが、天皇の命による勅撰和歌集の編纂である。それまで勅撰は漢詩集であったが、『古今和歌集』が編纂され、しかも平仮名が用いられたことは、平仮名も公的に認められたということであり、以後の日本の文学の発展の基盤になる。

2.『古今和歌集』の誕生

『古今集』は、延喜五年（九〇五）に初めて勅撰で編纂された和歌集である。漢詩・漢文が正式なもので、和歌は私的なものであり、しかも平仮名は女文字で教養ないものとされていたのを逆転した歴史的意味は大きい。その勅撰の和歌集を編纂するように命じられたのは、紀貫之（つらゆき）、紀友則、凡河内躬恒（おおしこうちのみつね）、壬生忠岑（ただみね）らで、官位は四位と五位であったが、「貫之らが、この世に同じく生まれて、この事の時に逢へるをなむ喜びぬる」。完璧で他から非難されずに後世に残るものを作ろうとする意気込みと高揚感は大変なものであった。

仮名序

『古今集』は巻頭に仮名序があり、和歌が中国の漢詩に対しても立派な文芸であることを主張する。「やまと歌は、人の心を糧として、よろづの言の葉とぞなれりける。世の中にある人、ことわざ繁きものなれば、心の思ふことを、見るもの聞くものにつけて、言ひ出せるなり。花に鳴く鶯（うぐひす）、水に住む蛙（かはづ）の声を聞けば、生きとし生けるもの、いづれか歌を詠まざりける。

力をも入れずして天地（あめつち）を動かし、目に見えぬ鬼神（おにがみ）をもあはれと思はせ、男女の中をもやはらげ、たけき武士（もののふ）の心をも慰むるは歌なり。」

和歌は人間の心の働きから生まれるが、それを詞にうまく表現しなければならない。「花に鳴く鶯、水に住む蛙の声」のように、生きとし生けるものすべてに通じる自然の営みだが、うまく歌になれば、力を入れずして天地を動かし、目に見えぬ鬼神にもあはれと思わせ、男女の仲をも打ち解けさせ、猛々しい武士の心をも和やかにさせるというのである。

実は仮名序は、中国の『詩経』「大序」を踏まえて書かれている。

「詩ハ志ノ之ク所也。心ニ在ルヲ志ト為シ、言ニ発スルヲ詩ト為ス。情中ニ動キテ、言ニ形ハル、之ヲ言ウテ足ラズ、故ニ之ヲ嗟嘆シテ足ラズ、故ニ之ヲ永歌ス。」として詩は感情の表われとするが、「治世ノ音ハ安クシテ以テ楽ム」、「乱世ノ音ハ怨ンデ以テ怒ル」、「亡国ノ音ハ哀ンデ以テ思フ」と政治に拠って反映されるとする。「故ニ得失ヲ正シ、天地ヲ動カシ、鬼神ヲ感ゼシムル、詩ヨリ近キハナシ。先王是ヲ以テ夫婦ヲ経シ、孝敬ヲ成シ、人倫ヲ厚ウシ、教化ヲ美トシ、風俗ヲ移ス」として、政治的な教化の性格を述べているのである。

これに対して、仮名序は心が自然に応じて動いて、それが歌になるとする。「天地を動かし、鬼神を感じしめる」の言葉を踏まえながら、政治とは関係なく、「あはれ」なるもので、男女の仲を取り持つもの、武士をも和らげると、あわれさの感情に歌の効用を語るのである。

そして「この歌、天地開け始まりける時よりいできにけり」とし、記紀神話によりながら、「神代には歌の文字も定まらず」だったが、「人の世になりて、素戔嗚尊よりぞ三十文字あまり一文字は詠みける」と述べる。記紀にあるスサノオの歌「八雲立つ出雲八重垣妻籠みに　八重垣つくるその八重垣を」の歌を根拠に、和歌が古来三十一文字であったとする。

このように日本の神話に基づけることで、和歌は神代から受け継がれてきた神聖なものだとする。漢詩が正式で和歌など私的なものとする当時の常識に対して、和歌こそ天地開闢以来のものであるとの主張である。しかも神話時代から三十一文字の短歌だったとして、『古今集』では基本的にはこれを短歌のみにする根拠とする。『万葉集』には多くあった長歌や、旋頭歌、仏足跡歌など多様な形式は採らないのである。

次いで「歌の六義」六体を和歌によって例示しているのも、『詩経』大序にならったものであり、和歌が普遍的な詩であることを示す意図がある。

では、どのようなことを歌に詠むのか。

「また春の朝に、花の散るを見、秋の夕暮に木の葉の落つるを聞き、あるは年ごとに鏡に影を見ゆる雪と波を嘆き、草の露、水の泡を見て我が身を驚き、あるは昨日は栄えおごりて、時を失ひ、世にわび、親しくも疎くなり、・・・歌にのみぞ心を慰めける。」

要するに、四季と人間において見られる時の移ろいとそれがもたらす変化への嘆きを主としたテーマとするのである。中国の漢詩が政治的な性格を持っていたのに対して、和歌の主調は時の移り行きをあはれとして詠むのである。

「仮名序」は次に和歌の歴史を述べる。『万葉集』の柿本人麻呂や山辺赤人を高く評価した後、九世紀半ばに摂関政治が展開する頃から、よく歌を詠んだ者として在原業平や小野小町ら六歌仙の歌を挙げて簡単に批評をする。特に業平は「心あまりて詞足りず」と評しており、『古今集』の中でも詞書が長くて印象的な歌を多く載せている。そして今上天皇は「古のことをも忘れじ、・・・今もみそなはし、後の世にも伝われ」とこの歌集を奉るように命じられた。撰者たちは、時代による和歌の変遷と六歌仙の歌の批評をした上で、この歌集に載せる歌を撰んだのである。

歌の選定

『古今集』は、二十巻千百首である。『古今集』で記名の歌は貴族階級に限られ、それも下級貴族と女性、僧侶の歌が中心である。歌数を多い順に数えると、撰者たちの歌が多くを占め、貫之百二、躬恒六十、友則四十六、素性三十六、業平三十、忠岑三十六、伊勢二十二などとなる。三分の一ある読み人知らずの歌にも撰者の大幅な手が加わっているとみられる。『古今集』調になっている。

『古今集』の部立（ぶだて）

『古今集』は、最初に春（上下）・夏・秋（上下）・冬の歌を六巻置く。季節の順で、春は花、秋は紅葉を詠む歌が多い。続いて、賀歌（老齢を祝う歌など）、離別歌（官人の地方赴任に際しての送別の歌など）、羇旅歌（きりょか）（官人の旅中の歌が中心、業平の東下りが有名）、物名（もののな）（物の名を詠み込んだ歌）を置いている。集の後半には恋の一～五の五巻を据える。恋の後には、哀傷歌（人の死を悲しむ歌）、そして雑上下（老齢や無常を嘆く歌が中心）、雑躰（長歌、旋頭歌、誹諧歌〈滑稽諧謔味のある歌〉）、大歌所御歌・神遊びの歌（宮廷の儀式歌）・東歌を置く。

巻末に漢文の真名序があり、仮名序とほぼ同様の主張を漢文で記すのである。

個々の歌は、時代も作者の別も無視して、この部立と時間の流れに従って並べられる。後続の勅撰集もまた私撰集の部立もほぼこれに則った後の展開を考えると、ここで撰者たちが選び並べた基準の影響は後世に計り知れない影響をもつものであった。

『古今集』の歌

では、『古今集』は、実際にどのような歌を載せるのか。春下には「花」として桜が詠まれているが、満開よりも、散ることを歌うものが多い。

久方の光のどけき春の日に　しづ心なく花の散るらむ　紀　友則（八四）

春ののどけさと対照して、あわただしく散っていく桜にあはれさを感じている。

桜花　散りぬる風のなごりには　水なき空に波ぞ立ちける　紀　貫之（八九）

歌合の歌で、水もない大空の海に桜の花びらの余波が立つ如くだとする、理知的に作られた幻想的な歌である。

羇旅歌には、東下りをした在原業平の歌が、そのまま『伊勢物語』に展開するごとき長い詞書を付して載せられている。

名にしおはば　いざ言問はむ　都鳥　我が思ふ人はありやなしやと（四一一）

隅田川で見慣れぬ鳥の名を聞くと、船頭は都鳥と答えたので、思わず都に残した妻のことを思って歌った歌である。

後半の恋歌は、恋一は噂に聞くばかりの恋、一目見た人を恋うる歌など、恋二も逢わぬ恋だが逢瀬を求める思いが高ぶる。恋三は初めての逢瀬前後だが、喜びより、逢瀬の儚さを詠む。ほぼ真ん中には、

秋の夜も　名のみなりけり　逢ふといへば　ことぞもなく　明けぬるものを　小野小町（六三五）

がある。恋四は恋人の心変わりが予感され、恋五では失われた恋を愛惜する歌である。やはり時の移り行きのあはれさが基調である。

「哀傷歌」にある業平の歌、

つひにゆく道とはかねて聞きしかど　昨日今日とは思はざりしを（八六一）

は、『古今集』の死生観を代表するものである。

『古今集』の影響

平安朝の貴族の間では、男性が女性に歌を送り、女性が即座に歌を返すところから恋は始まる。男性が女性の許を訪ねる妻問い婚なので、男性も女性も優美で上品な歌を見事な書で書くことが求められた。『古今集』が成立するや、これが歌を作る手本となり、『古今集』に載る歌を踏まえて歌が詠まれたから、それが分からないと教養ないものとして、恋も成就しないので、男女ともいっそう『古今集』の歌を学ぶことになった。『古今集』にある季節の類型的なイメージが出来、その時期に詠むべき情趣あ

る花鳥風月が固定化される。現実に直接ふれるものよりも、ここで示された花鳥風月のイメージによって見ることになる。恋の表現も『古今集』にあるものがモデルとされる。さらに地方についても、貴族は都あたりに留まっていて、ほぼ旅行しなくなったので、地方については歌枕として古歌に詠まれたものからの連想や地名の響きでイメージすることになる。

3．摂関政治への移行と王朝文学の成立

十世紀後半から藤原氏が権力を独占して、以降摂政・関白が常置されるようになり、政治体制は律令制から摂関制に移行する。藤原氏は娘を天皇の后に入内させ、その皇子が生まれると、幼くして天皇として、その外戚として摂政となり、天皇が長ずると関白となって、政治全般に権力を揮うようになった。天皇は文化的な権威の象徴となり、政治的実権は摂関家が握るというのは、日本独特の政治制度である。

経済面では、私的所有地の荘園が広がり、十一世紀頃からは地方の土地所有者が租税や国衙からの圧力を免れるために、中央の有力貴族や寺社に寄進する荘園が広がった。中流貴族は受領として地方に赴任したが、中央への貢納以外は自由な裁量が与えられていたので、蓄財して経済的な余裕も出来たが、国司への猟官運動で権力者の藤原氏に寄進する荘園や貢物が多くなった。

摂関家が藤原氏北家に独占され、貴族の位階や格式も固定化するなかで、個々の家の地位や役割が固定化して、貴族は都に留まり、年中行事や和歌を中心とする雅の文化に集中することになる。

宮中の後宮の文化が発展し、有能な女房が集められて競う中で、和歌や日記、随筆、物語など王朝文学が展開することになる。

『古今集』以後、半世紀後に勅撰第二番目の『後撰和歌集』が編纂され、一世紀後には第三の『拾遺

和歌集』が編まれ、合わせて三代集と言われる。集の名前からも『古今集』の影響が強い和歌集である。それらの編集に際しては、個人の秀歌を集めた私撰集が大量に編まれて撰者の下に届けられることになったので、膨大な歌が残って、和歌は日本の文化の持続を担う重要なものとなった。後続の勅撰集でも私撰集でも基本的に『古今集』と同じ部立が踏襲され、歌の内容も優美さと時の移ろいへのあわれさを主調とすることになる。

十世紀後半から十一世紀にかけて、歌合（うたあわせ）が盛んになった。村上天皇の天徳四年（九六〇）の歌合で番った歌が、ともに『百人一首』に掲載される、次の歌である。

しのぶれど色に出でにけりわが恋は　ものや思ふと人の問ふまで　平　兼盛（『拾遺集』六二〇）

恋すてふ　わが名はまだき立ちにけり　人知れずこそ思ひ染しか　壬生忠見（同　六二一）

判者となった藤原実頼も甲乙つけがたく、天皇が兼盛の歌を口づさむ気配だったので、兼盛の勝ちとしたが、負けとされた忠見は鬱になってついに死んでしまった（『沙石集』）という。

また歌を核にして日記や歌物語、随筆、そして物語など女房文学が展開する。

書では、和様の三蹟（小野道風・藤原佐理（すけまさ）・藤原行成）が現われ、絵では、唐絵にかわる大和絵が発達し、題材や描法において日本的な美意識が発達し、これが寝殿造の部屋を仕切る屏風に多数描かれた。貴族の衣装も男性は衣冠で女性は十二単衣が正装とされ、季節に合わせた年中行事が執り行なわれた。また定朝によって寄木造りの和様の仏像が完成された。宮中の華やかな貴族の生活が文学や絵画に描かれ、高度で優美な古典文化が成立した。

4. 漢詩を踏まえた日本的情趣――『和漢朗詠集』と『枕草子』の季節感

十一世紀には、日本語に読み下された漢詩の二連と和歌を並べた『和漢朗詠集』が成立している。撰者の藤原公任は高い位の貴族の家に生まれながら、兼家から道長が権力を握る中で不遇で、道長に取り入る形で大納言になったが、晩年は隠棲して文学に打ち込んだ。『和漢朗詠集』は、漢詩五百八十八と和歌二百十六首を、『古今集』に倣って春夏秋冬などの部立で並べている。朗詠とあるように、朗々と節をつけて歌われていたようである。「立秋」の題に載せられた漢詩と和歌を見ておく。

「蕭颯たる涼風と悴鬢と、誰か計会して一時に秋ならしむる　白　二〇四」

『白氏文集』に載る七言絶句の後の連で、物寂しい音をたてて涼風が吹いて季節は秋となったが、私の鬢髪もすっかり衰えて人生の秋を迎えた。涼しい風と我が身の老いが一時に秋を感じさせるように誰が計らったことだろうか、と詠んでいる。

この詩に並べたのが、『古今集』秋上の巻頭の歌である。

秋きぬと　目にはさやかにみえねども　風のおとにぞ　おどろかれぬる　敏行　二〇六

この和歌があったので、それに合わせて『白氏文集』から先の漢詩を選んできたというのが実状であろう。和歌の情趣に合わせて、漢詩は二連だけが載せられる。漢詩といっても、白居易が百三十九篇も選ばれているが、中国人の漢詩は次に多い人が十一篇であり、李白や杜甫の詩はない。日本人作の漢詩が三百五十四篇もある。漢詩と言っても日本人の好みにあったものに限られているのである。しかも『白氏文集』であっても長恨歌の百二十行もあるが、書き抜かれるのは二連だけである。日本人の好みの漢詩を、日本の部立に合わせて、漢詩を日本的に受容した典型と言うことが出来るであろう。それでも漢詩と漢文の教養が尊ばれるとともに、和歌にはない漢詩の語彙とリズムが好まれて、和文や和歌だけに限定されることがなかったのである。

日本的な季節観の形成にとって重要なのが、『枕草子』冒頭の段である。

「春は曙。やうやうしろくなり行く山際少しあかりて、紫立ちたる雲のほそくたなびきたる。

夏は夜。月の頃はさら也。闇もなを、ほたるの多く飛びちがひたる。又、ただ一つ二つなど、ほのかにひかりて行くもおかし。雨など降るも、おかし。

秋は夕暮。夕日のさして山のは、いとちかうなりたるに、からすの寝所へ行くとて、三つ、四つ、二つ三つなど、とびいそぐさへあはれなれ。まいて雁などのつらねたるが、いとちいさく見ゆるは、いとおかし。日入りはてて、風の音、虫の音（ね）などいとあはれなり。

冬はつとめて。雪の降りたるは言ふべきにあらず。霜のいとしろきも、またさらでも、いと寒きに、火などいそぎおこして、炭みてわたるもいとつきづきし。昼になりて、ぬるくゆるびもていけば、火桶の火もしろく灰がちになりて、わろし」

作者清少納言の見事な感覚が簡潔に書き著されている。清少納言は、漢学の家の出で『後撰集』の撰者の一人の清原元輔の娘で和漢の教養を持って中宮定子に仕えた。九九三年から一〇〇〇年の間、宮廷で男性貴族と対等に交際していたが、『古今和歌集』の部立で磨かれた季節への繊細な感受性が、和漢の教養での才気煥発の風を基にして随筆の形で示されている。情趣の典型を集約する景を切り取って、体言止めで言い切るところに、漢詩文の趣きがある。しかもそれを叙述する時には感傷的なあはれさへと向かう傾きがある。

5.『源氏物語』の世界

『源氏物語』は平安中期、一〇〇〇年頃に紫式部が著した長編の物語である。フィクションであるが、華やかな貴族の生活の表と裏を物語り、当時からよく読まれ、後に絵巻物が作られ、また能楽などでも作品化され、後代では内容も知らずとも平安貴族のあり様を示した代表作ともなっている。

作者の紫式部は、中流貴族の藤原為時の娘であるが、本名は不明で父の官職が式部であり、『源氏物語』が紫の物語と呼ばれたところから、紫式部と呼ばれている。二十七歳位の時、二十歳以上も年上の藤原宣孝と結婚して、翌年には娘の賢子（大弐三位）が生まれたが、その二年後、流行した疫病で夫と死別している。寡婦となった式部は三十歳前後から『源氏物語』を執筆したようである。光の君と呼ばれる類稀な美しい皇子が臣下に下って源氏となって多くの女性遍歴を重ね、地方へ下る苦労もするが栄華を極めるという物語が評判になり、藤原道長に才を認められて、一〇〇六年の年末から、その娘の中宮彰子に仕えることになった。宮仕えを始めてから、物語の続きを書くように求められて、光源氏の後半生からその子・孫をめぐる話にまで至る長編になっていったようである。一条天皇もこの『源氏物語』を読んで、作者は『日本紀』（『日本書紀』）に精通しているに違いないと感想を漏らしたとされる。当時から宮廷で大きな評判であったことが分かる。

『源氏物語』の構成と主題

『源氏物語』は五十四帖で、主人公の光源氏の一代記とその死後に子や孫の世代にわたる長編物語である。物語には、その内容からも明確な区分が認められる。光源氏が誕生する第一帖桐壺から始まり、成長するとともに、多くの女性と関わって、とりわけ母と似ているとして慕っていた中宮との間では密通を犯すことになってしまい、皇子が生まれた。父の帝が亡くなると、一時須磨・明石に逼塞も経験したが、かの皇子が帝位に就くと、秘密を知って密かに優遇したので、源氏は三十九歳で准太政天皇として栄華を極める。この第三十三帖藤裏葉までが第一部である。源氏が四十歳になって異母兄の娘の女三の宮と結婚する第三十四帖若菜上から、その栄華の秩序が次第に崩れていき、その死に向かう第四十一帖幻までの第二部、その死後、嗣子薫と孫の匂宮が登場し、宇治を舞台に三人の姫との関係を描くのが第三部である。

長編の物語で作者は何を語ろうとしたのか。物語について、源氏の言葉として次のように語る。『日本書紀』などは、歴史書であっても、そのほんの片端にすぎないものだと言う。対して物語は、「その人の上とて、ありのままに言ひ出づることこそなけれ、よきもあしきも、世に経る人の有様の、見るにもあかず、聞くにもあまることを、後の世にもいひ伝へさせまほしきふしぶしを、心にこめがたく言ひおきはじめたるなり」（「蛍」）、つまりありのままに書くのではないが、見るに見飽きることなく、聞くに聞き流しに出来ないことを、心に包みきれずに言っておこうという物語論を語っている。

おそらく紫式部も、最初は身分が低い母から生まれた皇子が苦難を経て栄華に至る話を語ろうとしたのだろう。幼くして生き別れた母に似て慕っていた中宮との密通という不義を犯して皇子が誕生したが、当時の結婚事情からあり得ないことではなく、しかも歴史書のように年代を追って書いたので、リアリティを持って受け止められた。けれども不義が当人たちの心にどういう悩みをもたらすのかは、第一部ではほとんど深刻に語られなかった。その後、紫式部が宮仕えして宮廷世界を知って、自らも道長の訪れの体験をして、強引に迫られる姫君や別の女性が出来て愛の行方を深刻に考えざるを得ない女性の立場になって、第二部を書いたとすれば、それらの人物は自らが置かれた立場にも通じるところがあり、事態から必然的に辿っていく心理を深く探求せざるを得なかったのではないか。この物語には、どこにも超人間的な救済はない。人間としての運命を深く考えざるを得ないテーマであった。

第二部になって、光源氏自身が四十歳で若い女三の宮と結婚することになるが、留守中に彼女が若い貴公子に迫られて、結局源氏は不義の子である薫をわが子として抱いて初めて、父の院も実はこうした苦しい思いを隠しておられたかと思いやる。仰ぎ見る天皇や隔絶した理想的な皇子であっても、その内に深い苦悩が隠されている。恵まれている紫の上にしても、自らの子供は生まれず、源氏との仲も女三の宮の思わざる降嫁によって愛憎の世界に生きざるを得ず、それを超えんとして出家を願っても許されない。生まれから特別であった源氏も、最愛の紫の上と死別し、自らの死を見据えて出家を準備していくところで、光源氏の物語は終わる。

第三部になると、薫は臣下の列にあり、不義の子である影をどこかで感じており、最初から暗さを持つ。源氏の孫で皇子の匂宮は匂う美質を持った東宮ではあるが、宮廷ではなく、宇治の地に隠棲した源氏の異母弟の八の宮の姫やその縁の浮舟を相手の色好みであって、源氏のような貴種流離で在地の生命力を得るわけでもない。そして浮舟は、憂き舟で大波に翻弄されながら、出家して自らを葬って生きる。光も救いもなく、宿世のつたなさを歎く生き方のようである。後に『源氏物語』を詳しく論じた本居宣長は、次のように述べている「大よそ此物語五十四帖は、物のあはれをしるといふ一言にてつきぬべし」。「物語は、・・・見る人に物のあはれをしらするものなるに、此の好色のすぢならでは、人情のふかくこまやかなる事、物のあはれのしのびがたく、ねんごろなる所のくわしき意味かきいだしがたし」。「よろづの事、わがみにひきあてて見るときは、ことに物の哀れふかき物也」（『本居宣長全集』第四巻『紫文要領』）。

6. 末法思想と浄土教—空也から『往生要集』へ

十世紀後半は、末法思想が流布して社会不安が高まった時期であった。日本で末法は、後に一〇五二年と言われるようになるが、まだ確定しておらず、漠然と恐れられていた。末法思想は、釈迦が入滅後、千年はその教・行（実践）・証（悟り）が残るが、次の千年には証が欠け、さらに末法に入ると行も証もなくなり、世界は衰滅していくという思想である。承平・天慶の乱後、都でも群盗が横行、東大寺と興福寺の荘園をめぐる乱闘も起きた。僧兵が横暴となり、修行や悟りが失われる末法が近いと感じられた。そうした中、空也は「口に常に弥陀仏を唱え」「市中に住して仏事を作(な)し」、「市聖(いちひじり)」と呼ばれた。野に捨てられた遺骸を茶毘に付したりもしたらしいが、「その後世を挙げて念仏を事とせり」（『日本往生極楽記』）という。口称念仏の最初であり、都の人々に広めたことが注目される。

比叡山で念仏が盛んな横川にいた源信は、九八五年に『往生要集』を著した。実は大乗仏教には現世を穢土として否定して、彼岸の浄土を求める思想があり、『阿弥陀経』や『大無量寿経』など、多数の浄土教の経論があった。源信は百六十部ものそれらの経論の中から要文を選んで引用している。「厭離穢土」「欣求浄土」を説くために、地獄と浄土を具体的で鮮明なイメージとなるように描き出した。生前の罪によって地獄に堕ちた罪人たちは、その罪に応じて、獄卒の鬼たちによって、火に焼かれたり、金棒で叩かれたり、あるいは嘴鋭く炎を吐く悪鳥にくわえられて空高くから石の地に落とされて百分に砕かれる。鋭い刀の道で足が割け、炎の歯の狗に身を齧られるなど、きわめて具体的にイメージされる。対して浄土は、色、音、香、味などの感覚的な喜びに満ち溢れた世界であり、阿弥陀仏の導きを受けて修行して成仏する。極楽の有様を一つひとつ具体的に観想していく念仏が求められる。観想の助けとして造寺造仏などの諸行の功徳が位置づけられ、口称念仏は、観想のできない劣った機根の者が救済される行としていた。さらに最後の「問答料簡」においては、観想であれ口称であれ具体的な浄土を想定する念仏は有相業とし、それらの本質は空であると悟る無相業こそ「最上の三昧」とする。天台宗の立場からであるが、浄土教もまさに大乗仏教の根本に基づいているのである。『往生要集』は中国にももたらされて「日本教主源信大師」と讃えられたという。

十一世紀に入って末法が近づくにつれ、『往生要集』が描く地獄の世界に対する恐怖は高まり、極楽への往生を願う阿弥陀信仰はますます高まることになった。貴族の華やかな世界の底流には、将来の死後の世への暗い不安が渦巻いていた。貴族の慶滋保胤は、漢学者で有名であったが、若くから浄土信仰を持ち、勧学会という念仏結社の結成にも関わっていた。源信にも近づいて、日本の僧俗四十七人の臨終の際の奇瑞を往生として記した『日本往生極楽記』を著し、後に『往生伝』が流行する基となる。保胤は、出家して横川に住み、源信とともに二十五三昧会を結成して念仏に専念した。後に藤原道長が晩年に出家する際には戒を授けた。

7. 藤原道長と宇治の平等院

藤原道長は、源信の『往生要集』を愛読していた。吉野や高野山に参詣して、自ら書写した経典を埋めている。娘四人を中宮として絶頂を誇り、「この世をばわが世とぞ思ふ望月のかけたることもなしと思へば」と詠んだが、胸に痛みを覚えて苦しむようになった。翌年、道長は出家し、法成寺を建立して、『観無量寿経』に説かれた九品の浄土の九体の阿弥陀仏を制作させた。一〇二七年に法成寺で九体の阿弥陀仏の手に結んだ五色の糸を握って亡くなった。源信の教えの通りに臨終を迎えたのである。導師は上品上生の往生間違いなしと言ったが、娘威子は下品下生だったという夢を見たという。

息子の関白藤原頼通の娘にはついに皇子が生まれず、摂関制は途絶えることになる。頼通は六十歳を越え、末法に入るとされた一〇五二年に、救いを希求して、宇治の地に平等院を造営した。阿弥陀堂の鳳凰堂は、まわりの法華堂や多宝塔、宝蔵など多くの建物は焼失した中でも、奇跡的にほぼ完全な形で今日まで残っている。

【学部専門科目『文学・芸術・武道にみる日本文化』第六回で平等院をロケをしているので、御覧いただければ幸いです。堂内の阿弥陀仏や雲中供養菩薩は素晴らしいが、ミュージアムにある扉絵の「九品来迎図」の復元画像も見ていただきたい。】

平等院の「九品来迎図」は、最初期の大和絵で、山のかなたから阿弥陀仏が多くの聖衆を連れて亡くなる人の病床に来迎する姿や、魂を山の向こうに持って帰る姿が色鮮やかに描かれている。『観無量寿経』の「九品」では上・中・下品にそれぞれ上・中・下生が配されて各段階で来迎の仕方は異なり、下品下生は単に霊魂の乗り物だけが来ると記されているが、平等院の扉絵では下品でも阿弥陀仏が来迎しており、段階づけはなく、春夏秋冬の季節の違いを描いている。『観無量寿経』では生前の行ないによって分けられていたのが、段階づけはなく、季節によって変わるようになっている。阿弥陀仏たちが海や山のかなたからやって来て、そこへ帰っていくのも日本的なあの世観を示している。阿弥陀堂の内部は仏の空間で、ここに籠ると浄土が幻視されるように造られている。寺伝によれば、頼通は最晩年に出家して、ここに住んだが、最期は宇治の邸で迎えたらしい。阿弥陀仏の手に結んだ五色の糸を握って亡くなるのでなく、より自然な臨終を迎えたようである。

参考文献

1. 『古今和歌集』小沢正夫・松田成穂校注（新編日本古典文学全集・小学館・一九九四）
2. 梅原猛「日本の美意識の感情的構造」（『美と宗教の発見』ちくま学芸文庫・二〇〇二所収）
3. 『和漢朗詠集』川口久雄全訳注（講談社学術文庫・一九八二）
4. 『枕草子』松尾聰・永井和子校注（新編日本古典文学全集・小学館・一九九七）
5. 『源氏物語』1〜6　秋山虔・阿部秋生・今井源衛校注・訳（日本古典文学全集・小学館・一九七〇）
6. 本居宣長『源氏物語玉の小櫛』（『本居宣長全集』第4巻　筑摩書房・一九六九）
7. 『往生要集』石田瑞麿校注（上下巻・岩波文庫・一九九二）
8. 『日本往生極楽記』（『往生伝・法華験記』日本思想大系（岩波書店・一九七四所収）
9. 頼住光子『日本の仏教思想―原文で読む仏教入門』（北樹出版・二〇一〇）
10. 『平安色彩美への旅　よみがえる鳳凰堂の美』（平等院ミュージアム鳳翔館・二〇一四）

6 中世の始まり—隠者、『平家物語』、王朝古典主義（院政期・鎌倉初期）

【要旨とポイント】

十一世紀末から院政期に入る。院政は、天皇を早く譲位した上皇（院）が実質的に政治を動かしたが、二代で七十年も続いた。院が設けた北面の武士を足場に、武士が中央に進出する。一一五六年に起こった保元の乱以降、武士が権力を握る中世へと転換していく。院は造寺造仏を盛んにし、熊野詣もしてこの時期宗教熱が高まった。貴族では専門の職掌の家が固定化し、歌合などで「幽玄」という美的基準も次第に自覚されていった。一一八〇年に起こった源平合戦は、全国規模で武士同士で戦われ、庶民も含めて多くの殺戮があり、無数の悲劇が生まれた。非業の死を遂げた多くの人々の霊を慰めるために『平家物語』が作られた。文人貴族と語り芸の盲僧が合作で制作したと言われ、琵琶法師によって語られた平曲は中世の芸能の大きな源泉となっていく。この時代貴族でも武士でも出家・隠遁する者が相次いだ。西行は若くして隠遁したが、自分の心を見詰めて無常観を根底とした「侘びの美」を見出した。

十二世紀末、東大寺の大仏は再建された。源頼朝が新たな権力者として都に登場し、慈円は歴史を省みて「武者の世」に移った認識を固めた。鎌倉時代に入ってから『新古今和歌集』が成立した。その後、後鳥羽院は鎌倉幕府の内紛を見て幕府打倒の院宣を発したが、幕府は御家人たちを動員して承久の乱をたちまちに平定した。幕府は御成敗式目を制定して、改めて朝廷との二元政治を確立した。藤原定家は、王朝文学の古典を書写し、また『万葉集』以来の秀歌から精選した『百人一首』を後世に残した。

【キーワード】 源平合戦、西行、『平家物語』、藤原定家、『新古今和歌集』、王朝古典主義

1. 院政期の社会と文化

十一世紀末に、摂関政治から院政へと転換する。院政とは、天皇が自らの血筋を天皇にするために、早めに譲位して上皇、さらに出家して院となって、院庁で近臣を使って権力を揮う政治体制である。一〇八六年の白河上皇から始まるが、その院政は四十三年も続き、次の鳥羽上皇の院政も二十七年にわたる。人事権を握った院への寄進が盛んとなり、荘園は集積され、その財力によって貴族文化が爛熟することになる。

荘園では農民が年貢と公事を領主に収める荘園公領制が院政時代に成立し、そのシステムが応仁の乱まで継続するので、院政期を中世社会の成立期と捉える考え方が近年では有力となっている。

院が設けた北面の武士を足場に、武士が中央政界にも進出するようになる。武士は、地方で武士団を形成して力をつけてきた。平家は、西国で海賊などを追捕する守となって力をつけた。平清盛は、瀬戸内海の交通の要、安芸に厳島神社を造営し、日宋貿易で大きな利益を得るようになる。

対して源氏は東国で勢力を伸ばす。十一世紀後半、奥州で起こった前九年の役、後三年の役では、朝廷から「私戦」とされたので、源義家は動員された武士たちに自らの財力で給付をまかない、かえって関東武士団の結束を得ることになる。これ以後、鎌倉に本拠を築く。また奥州では奥州藤原氏が勢力を確立し、平泉を中心に東北での覇権を確立した。

鳥羽上皇の没後、一一五六年に起こった保元の乱は、天皇家と摂関家の後継者争いだったが、それぞれが招いた武士の武力により決したので、これより「武者の世」に入ると『愚管抄』は述べている。三年後に起こった平治の乱によって、平清盛の覇権が確立する。

清盛は、妻の妹を後白河院の后に入れて高倉天皇が生まれると、娘を高倉天皇の中宮とし、皇子が生まれると、三歳で安徳天皇として即位させた。藤原氏と同じように、天皇の外戚となって、清盛は太政大臣にまで上り詰める。平氏は貴族文化に憧れ、一門が多くの国守に任命されて、貴族化していった。

平氏政権時代の文化を象徴するのが、厳島神社であるが、そこに華やかな彩色の平家納経が奉納されているのも、貴族的な文化と浄土信仰を示す。京都の三十三間堂は、平清盛が後白河院に寄進したもので、千一体の観音像が並んだ、壮麗で贅を尽くした寺院であった。

2. 院政期の宗教熱—熊野詣・本地垂迹説・隠者と聖

末法に入って、社会は不穏となったので、白河院と鳥羽院は広大な庭園に寝殿、阿弥陀堂を配した鳥羽離宮を建て、六勝寺と呼ばれる六つの壮大な寺院を造営した。他にも院に寄進する造寺造仏が狂信的なほど盛んとなった。院は、仏教法会も盛んに行なうとともに、空海が奥の院に永遠に入定していると言い始められた高野山にも詣で、さらに浄土への入り口とされた熊野詣にも熱心となった。紀州路を下って辺境の熊野まで千人もの伴を連れた参詣を頻繁に行なった。かつて藤原道長は高野山に詣で、阿弥陀像からの糸を握って臨終を迎えたが、院の宗教熱も、浄土信仰がますます高まったからであった。

この時代に、源信周辺にいた鎮源の『日本国法華験記』から、大江匡房の『続本朝往生伝』、三善為康の『拾遺往生伝』など、往生伝で院政期を通じて編纂されている。また『地獄草紙』などの六道絵や、早越来迎や山越阿弥陀図などの多様な来迎図が鎌倉時代にかけて数多く描かれている。

また熊野詣には、神仏習合の本地垂迹説が典型的に表われている。第4章の空海のところで、密教が日本の神々も仏の世界に取り入れられたことに触れたが、それから発展して、個々の神の本地は○○仏であると言われ、逆に神は仏が仮に姿を取って現われた権現であると言われるようになっていた。それが本地垂迹説であるが、院政期から熊野以外の各地でも言われるようになった。

この時代に大寺院も寄進された大荘園を持って権門体制となり、僧侶の階層化が進み、門跡や貴族が上層を占める一方、下層には武装した僧兵も出現するようになる。他方、世俗化した僧侶の世界から隠遁して修行や自らの救いを希求する者がいた。下級貴族の知識人たちや武士からも隠遁する隠者が出るが、西行や鴨長明などがその典型である。またもっと下級で庶民へ念仏を広げる聖（ひじり）も大量にいて、末世の不穏な世の中で、庶民にも念仏が広まっていった。それが、全国にわたる合戦の経験を経て、やがて鎌倉時代に浄土宗が生まれる背景となることになる。

3. 貴族の古典主義──「歌の道」の形成

武士が台頭する時代の中で、朝廷や院、貴族たちは、王朝美を古典として文化的により強調するようになっていた。院政期には、和歌は「治天の君」が行なう文化事業として捉え直された。この頃には、貴族社会のあり様は変化して、歌道、楽道、書道、蹴鞠などは世襲の家々が担当するようになった。摂関期の後宮世界が廃れて女房文学の基盤が崩壊する。和歌も男性の専門歌人に担われるようになる。「数寄（すき）」として和歌に打ち込むことが称揚され、よい歌を詠むために心を澄ませ、絶えず修練していることが求められる。上流貴族はほとんど地方に行くことがなかったが、辺境には観念上の憧れがあり、歌枕として、地名や古歌に歌われたイメージから詠むことが盛んであった。

歌合は、予め歌の題が提示されており、それにさまざまなイメージを抱いて詠む題詠で、左右に分かれて百首歌を詠んで、その優劣が競われた。晴れの舞台での歌の勝負となって、主な歌人も、摂関期の女房から専門の知識を持った男性歌人へと変化している。歌合では、歌にかけて権威あるものが判者となり、どちらが勝ちか、あるいは引分け（持）かを判定する。判詞も書かれる。時にその判定に異議の申し立てもあった。こうなると、どこにも欠点がないように詠むことが主となる、また過去の歌をよく知っていることも重要で、些末なことも含む「歌学」が成立した。
院政期から和歌や有職故実など、専門の家職が成立した。和歌の家とされたのが、歌合で判者を務めた、源俊頼などの六条源家、藤原顕輔などの六条藤家、そして十二世紀末には、藤原俊成、定家などの御子左家などであった。

十二世紀後半の保元の乱、平治の乱以降、「武者の世」となっており、平氏全盛の世になるが、こうした時代になればこそ、貴族は自分たちの存在理由として、和歌の芸術化にますます熱心になるようになる。源平合戦の最中の一一八三年に後白河法皇は藤原俊成に勅撰和歌集の編集を下命している。俊成は五年後に第七番目の勅撰集『千載集』を完成したが、その序で「まことに鑽ればいよいよ堅く、仰げばいよいよ高きものはこの大和歌の道になむありける」と言っている。それは、貴族が衰えたように見える現状から本来あるべき正統なものの価値を回復することを求めるものであった。俊成は、「何となく艶にもあはれにも聞ゆる」ことを求めた。歌をいかに詠むべきかを説く『古来風体抄』では、『万葉集』から『千載集』までの和歌の風体を、それぞれの秀歌を抜き出して示している。俊成は、新奇な言葉や趣向の面白さを追求することを批判して、和歌本来の持つ抒情性を回復すべきことを説いた。また判詞で、「源氏見ざる歌詠みは遺恨のことなり」と、『源氏物語』を読むべきことを勧めている。俊成は九十一歳の長命を保ち、多くの歌合の判者を務めて宮廷和歌の第一人者となった。俊成が主導した王朝美の古典主義が『新古今集』の基調になる。

4. 中世の始まり―平氏政権から鎌倉幕府へ

中世の始まりを院政期とすることは、最近の歴史学で広く認められつつあるようである（『中世史講義』）。〈古代の氏（ウジ）から、中世の家（イエ）への転換〉が指摘される。院政は、天皇の地位を父から子への継承させることから始まる。一〇八六年の白河院政は、皇位を有力候補の弟を排除して、実子に継がせることから始まった。一一〇七年には天皇の外戚が摂政に就くことを否定して、藤原道長の嫡流の子孫が摂政・関白を父子で継承するようになった。貴族社会でも、家の職掌が専門化し、父から子へと継承されることが広がっていく。

こうなると排除された兄弟が不満を抱くことになる。一一五六年の保元の乱は、皇位をめぐって後白河天皇と兄の崇徳上皇との間で、摂関家をめぐって関白藤原忠通と弟の頼長との間の争いで、平清盛と源義朝を招いた天皇・関白側の勝利となった。武士の力で一気に勝敗が決したので、「武者の世」となったと言われる。保元の乱後、独裁的な信西（藤原通憲）に対して、三年後に後白河院の寵を得た藤原信頼が、源義朝と結んで、清盛が熊野詣に出掛けた隙に兵を興して、信西を自害させたが、清盛が戻って形勢が逆転して、清盛側の勝利となった。この平治の乱の翌年、平清盛が参議となって朝政を担う公卿になるや、七年後に太政大臣で最高位に昇り詰める。娘・徳子を高倉天皇の中宮とし、また別の娘・盛子を摂関家の正室とし、当主が若くして亡くなると盛子に代わって摂関系の荘園を実質的に手に入れた。一一七九年に盛子が亡くなって、後白河院が摂関家の所領の大部分を接収すると清盛は福原から数千の軍を引き連れてクーデターで院政を停止し、関白ら四十名近くを罷免し、平家一門の知行国を増大させた。ここに平氏政権が確立した。翌年徳子が生んだ皇子を三歳で安徳天皇として即位させたので、皇位継承の可能性が断たれた以仁王が源頼政の支援で反旗を翻し、全国の源氏に平家追討の令旨を送ることになる。かくて一一八〇年に源頼朝や木曽義仲らが立って、源平合戦となるのである。

平氏は西国の瀬戸内海を押さえて日宋貿易で莫大な利益を得ていたが、一門の知行国で全盛を築いたが、幽閉された後白河院や知行国を奪われた貴族たち、平家一門でない武士たちに平家への反感が高まり、頼政挙兵に連携の動きも見せた寺社の動きもあったので、清盛は福原への遷都を強行した。しかし高倉上皇も平家一門でも京都への帰還を望んだので、中止せざるを得なかった。源頼朝軍の鎮圧にも失敗して東国が独立する動きを見せる中、翌年閏二月に清盛が病死した。息子の宗盛は求心力を持ち得ず、木曽義仲が北方から攻め込み、比叡山も味方する情勢となると、八三年七月に平家は安徳天皇を伴って福原に拠点を移す（「都落ち」）。後白河院は、都で三歳の皇子を神器なきまま後鳥羽天皇として即位させた。

合戦で平家が敗れたのは、少数の平家一門や家人が指揮するのが、宣旨で動員された軍勢で戦闘意欲が高くなかったからである。他方、源頼朝側は反乱軍なので、勝てば敵方の所領を没収して味方に給付し、味方の所領を安堵したので、坂東武者は命懸けで勇猛に戦った。

頼朝は一一八〇年に富士川の戦いに勝ち、東国を事実上独立させた後、鎌倉に侍所を設置して御家人を管理した。八三年には入京した義仲軍の横暴に怒った後白河院が、頼朝に東国支配を承認して義仲追討を命じた。頼朝は弟・範頼と義経の討伐軍を派遣して、義仲を滅ぼし、八五年三月には平家も滅ぼした。直後、都に戻った義経に後白河院が頼朝の推挙なしに検非違使、左衛門尉に任じたので、義経は謀反を疑われた。義経は弁明が許されず、暗殺まで画されたので、頼朝追討を決意し、十月院に宣旨を出させたが、応じる武士がなく、逃げざるを得なかった。翌月頼朝は謀反人探索を理由に、守護・地頭を全国に置くことを院に認めさせた。膨大な平家没官領に加えて、守護・地頭として全国に御家人を配置した。前年に鎌倉に公文所（後、政所）と問注所を設置したので、ここに鎌倉幕府が確立した。頼朝は一一八九年には義経を匿っていた奥州藤原氏を滅ぼし、翌年右近衛大将となって朝廷における武門の最高官職に任じられた。一一九二年に征夷大将軍となり、幕府は名実ともに完成した。

5.『平家物語』の語り

『平家物語』は、平清盛を中心とする平家一門の栄華から滅亡までを描いた歴史物語で、古くは三巻ないし六巻ほどの規模と推定されているが、次第に増補されて、十三世紀中ごろに現存の十二巻の形に整えられたようである。作者についてはさまざまな伝えがあるが、『徒然草』（二二六段）によると、後鳥羽院の頃に、延暦寺の座主慈円の下に扶持されていた学才ある遁世者の信濃前司（しなののぜんじ）行長（ゆきなが）と、東国出身で芸能に堪能な盲人生仏（しょうぶつ）なる者が協力し合って作ったとしている。つまり仏教界の中心人物である慈円の下で、公家出身で隠者の行長と、東国の武士社会との関わりの深い語り芸の生仏が提携して作られた語り物ということになるが、他の古典作品とは異なる成り立ちの複雑さと多様さを持っている。

　和漢混淆体の文体で琵琶の伴奏によって語られる「語り物」で、耳から聞く文芸として文字の読めない多くの人々にも喜び迎えられた。全国規模で繰り広げられたさまざまな悲劇の語りが、民衆の台頭期である中世において、幅広い支持を得ることができた。琵琶法師とよばれる盲目の芸能者たちによる『平家物語』の語りのことを「平曲」というが、『平家物語』が語られた場所は、六道珍皇寺、千本閻魔堂、四条道場など京洛の寺堂であり、葬送の地であったという。貴族の邸宅でも持仏堂などで語られた。鎮魂を主とした物語であり、その霊が呼び出されて自ら語ることにより鎮まるのである。

「祇園精舎の鐘の声、諸行無常の響あり、沙羅双樹の花の色、盛者必衰の理（ことわり）をあらはす」という有名な序章から始まる。巻一は清盛の父・忠盛が初めて宮中への昇殿を許された時に公家に闇討ちされかけたが、模擬刀で威圧する話から始まり、清盛が保元・平治の乱によって権力を手中にする場面は飛ばして、清盛が太政大臣の栄位に上り、平家一門は栄華を極めるが、やがて清盛は世を世とも思わぬ悪行の限りを尽くすようになると語る。そうした平家の振る舞いは人々の反発を招き、その反感がやがて平家打倒の鹿ヶ谷陰謀となる。これは未然に潰されるが、その罪で島流しされた俊寛の話も詳しく語られる。そして源三位頼政の挙兵となるが、事前に発覚して失敗に終わるが、頼政の奉じた以仁王（もちひとおう）の令旨が諸国の源氏の決起を促し、源頼朝、木曽義仲の挙兵となる。平家は諸国の挙兵を鎮圧できず、騒然とした情勢の中で、清盛が熱病にかかって悶え死ぬところまでが、前半の六巻までに語られる。

巻七からの後半部は、源氏勢の進攻と源平合戦、そして平家の滅亡までを内容とする。信濃で兵をあげた木曽義仲が北陸から都に向かって快進撃を開始し、平家はついに都落ちをして福原へ逃れ去る。その慌しい中、平忠度（ただのり）は、当時勅撰集を編んでいた藤原俊成の邸に取って返して、自らの歌を届ける話も挟まれている。都入りした義仲はその勢威を維持することができず、後白河法皇は東国の頼朝に追討を命じ、義仲勢は東国勢の猛攻を受けてあえなく滅び去る。一方、木曽義仲を撃ち破った東国勢は、時を移さず一ノ谷に拠る平家の攻略に立ち向かう。源義経の軍略があって、一ノ谷の背後から襲われて平家は総崩れとなるが、海上の船へ逃げんとして馬を海に入れた武者に後ろを見せるなと呼び返した熊谷直実は、その武者を馬から落として組み敷くと、若い貴公子であったので、息子を思って逡巡するが、討ち取らねばならぬ武士の罪の深さに慄き、殺してもその菩提を弔う約束をする話もある。さらに屋島でも敗北を重ねた平家は長門の壇ノ浦に追い詰められる。この戦いの終末で、負けを自覚した平知盛は、「世の中は今はかうと見えて候。見苦しからん物共、みな海へいれさせ給へ」と御座所の船に報告し、母二位尼が孫である幼帝安徳天皇を抱いて入水した。それを見届けた知盛も「見るべき程の事は見つ。いまは自害せん」と続いて、一門の大半は自決して平家は滅亡するのである（巻十一）。

全国で未曽有の殺戮があったのであり、大量の無念と怨みが渦巻いていた。『平家物語』は、この後、捕虜となった宗盛や平家の遺児たちもすべて処刑され、最後に清盛の曾孫・六代の処刑を描いて、「それよりしてこそ平家の子孫は永く絶えにけれ」と結んでいる。

流布している覚一本系統の語り本では、巻十二「灌頂巻（かんじょうのまき）」があり、壇ノ浦で入水したが助けられた、清盛の娘で安徳天皇の生母で出家した建礼門院が、洛北の大原で平家一門の菩提を弔っていたが、そこへ後白河法皇が御幸して語らう、鎮魂の祈りで締め括っている。

『平家物語』が描き出しているのは、滅亡する平家の悲劇的な運命であったが、その叙述の基調となっているのは、序章「祇園精舎」に示されているように「盛者必衰の理」を踏まえての無常の思いで、それがこの物語に深い哀感をしみ込ませ、合戦を主題とする勇壮な軍記でありながら、きわめて陰影に富む「あわれの文学」として独自の趣をつくりだすことになっている。

6. 西行の隠遁と〈侘びの美〉

平家一門の繁栄と滅亡は、世の無常を端的に示すが、この無常観を根底において貴族とは別種の美を詠み始めたのが隠者の西行である。

西行は、一一一八年藤原秀郷の八代目という由緒ある武家の家に生まれ、鳥羽院の北面の武士となって前途有望と見られていたが、二十三歳で突然に出家—隠遁した。

身を捨つる人はまことに捨つるかは　捨てぬ人こそ捨つるなりけれ

の歌からは、世俗の思いを断ち切ることによってこそ、真の生き方ができようという気負いが感じられるが、西行は、自らの心を深くじっと見て、素直に平明に詠む。

西行の心の底には無常感があった。「諸行無常の心を」と題して、詠んでいる。

はかなくて過ぎにし方を思ふにも　今もさこそ朝顔の露

隠遁者は草庵で孤独に生活する。僧侶のように寺で共同で生活するのではなく、山林に侘しい小屋を囲って寂しさとともに生きる。そして時々各地に修行に出掛ける。

二十七歳頃に、みちのくにも行った能因法師を慕って、自らの遠縁にあたる奥州藤原氏を訪れたが、奥州から戻って高野山に草庵を結んで、二十年近く住んでいるが、時々は吉野や都にも出ていた。三十九歳の時、かつて仕えていた鳥羽法皇の葬送に参列したが、その直後に、保元の乱が起きる。この乱で敗れて仁和寺に身を潜めた崇徳上皇の許へ馳せ参じている。

かかる世に影も変らず澄む月を　見る我身さへ恨めしきかな

上皇が髪を下した姿を見て、同情しながら澄んだ月の下で冷静に事態を見ている。崇徳院は四国に流されたが、西行は以後も院に近侍する女房を通じて音信を交わしていた。十二年後には、恨みを呑んで没した崇徳院の怨霊を鎮めるために四国にまで出掛けている。

よしや君むかしの玉の床とても　かからむ後は何にかはせむ

敗者の無念の思いを汲みながら、その怨霊を鎮めるべく歌を奉ったのである。西行は花と月をよく詠んだが、それらの美しさではなく、それらに向かう自らの心のあり様を詠む。

世の中を思へばなべて散る花の　わが身をさてもいづちかもせむ

世の中に無常なるあはれさを見出しながら、わが身はこれからどうなることか、仏教の観念を言うことなく、あくまで自らの行末を見極めようとするのである。

一一八〇年、源平合戦が全国に広がる中で、六十三歳になる西行は、伊勢に庵を移した。西行は出家の身でありながら、伊勢神宮にも参詣している。

何事のおはしますをば知らねども　かたじけなさに涙こぼるる

源平合戦は、木曾義仲に続き、平家も滅亡する事態になっていた。「打ち続き人の死ぬる数きく夥し。まこととも覚えぬほどなり。こは何事の争いぞや」。元は武士なので、他人事ではなかった。

一一八六年、源平戦乱で焼けた東大寺の復興のために奥羽の藤原氏に勧進を頼みに、六十九歳の老躯をおして再度みちのくへ行っている。

この旅での歌を、「自讃歌」、すなわち生涯の最高の歌としている。

風になびく富士の煙の空に消えて　ゆくへも知らぬわが思ひかな

富士の煙が空に静かに立ち昇るのをしばらく見ていたのだろう。つい来し方を振り返り、また近いであろう自らの死も思うが、富士の悠然たる山頂からゆったりと空に消えていく煙に、自らの思いもまた大空に拡散して消えていくのを感じたのであろう。

相模の国で詠んだ歌

心なき身にもあはれは知られけり　鴫立つ沢の秋の夕暮

世俗の思いを捨てきって澄んだ境にこそ、鴫がはばたいて飛び去った静寂の中、秋の夕暮に言いようもない寂寥感が深く味わわれたのである。存在するもののあはれさに心打たれた。何もかも捨てきって澄んだところに一瞬開かれた〈侘びの美〉である。

俊成は『千載集』に西行の歌を十八首も採ったが、この歌は採られなかったので西行はがっかりしている。王朝の美とは異質だったのである。

西行は、一一九〇年二月一六日に没した。

願わくは花のしたにて春死なむ　そのきさらぎの望月のころ

とかつて詠んでいた通りだったので、西行は往生したと大評判となる。

確かに釈迦の入滅の日に亡くなったが、願っていたのは、春の「花の下」で「望月」の頃である。花と月とはこの詩人が自然の象徴で生涯詠んでいたものであった。自然の中に帰っていく、神道的な発想が元にあるように思われる。

西行は、宮廷の院から武士、庶民と広く交わり、全国を旅したこと、往生伝説があり、それに技巧を弄さぬ素直な歌が『新古今集』で九十四首も採られて最高数の入集を果たしたので、伝説化されて『西行物語』などが生まれることになる。

7．鴨長明の『方丈記』

無常観というと、「ゆく河の流れは絶えずして、しかももとの水にあらず」と書き出される鴨長明の『方丈記』が有名である。長明は晩年に日野の山中に方丈の庵を編んで、時代と自らの生涯を振り返って一二一二年に『方丈記』を記している。

鴨長明の『方丈記』は「世の不思議」として、安元の大火（都を焼き内裏が炎上：一一七七年）、一一八〇年の辻風と福原への都遷り、一一八一年から翌年の飢饉で死者四万二千三百人余りに上ったこと、一一八五年の大地震と三か月余りの余震を記している。けれども全国規模の源平合戦については全く触れていない。長明は『方丈記』を書く前年に鎌倉に行き、将軍実朝にも面会していたが、それも書いていない。

『方丈記』は庵での生活のみを書いている。独りで山居の自然の移り行きを味わう「閑居の気味」を見出す。庵には阿弥陀仏の絵像を安置し、『法華経』や『往生要集』を置くが、和歌集や琴・琵琶も置いている。この時代の隠者の暮し方が窺える。『方丈記』の最後は自問で終わる。汝、姿は聖人であっても、心は濁りに染まっているのでないか。そして最後は「かたわらに舌根をやとひて、不請の阿弥陀仏、両三遍申してやみぬ」と終わっている。念仏を唱えるが、形ばかりではないかという自省の念があるようである。

長明は、『方丈記』を著した二、三年後には、『発心集』を編集している。これは、発心、隠遁や往生などの説話を百二話載せており、往生伝の一種と見ることができる。

長明は文筆の才がありながら、世俗的には認められず、それで隠遁した者であったが、こうした中級・下級貴族は多くいた。そうした者が隠者文芸を形成していた。

8．東大寺の再建と「武者の世」の認識

東大寺の大仏殿は、源平合戦で焼失したが、鎮護国家の要だったので、国家の存亡に関わる重大事として直ちに諸方に勧進をして再建が図られた。奥州藤原氏や頼朝の寄附もあって一一八五年に再建に取り掛かった。この年、頼朝は全国に守護・地頭を置くことが朝廷に認められ、東国の御家人たちを任命した。四年後には奥州藤原氏に兵を向けて滅ぼし、九州から東北地方北部まで幕府の支配下に置いた。一一九五年の大仏殿落慶法要には、三年前に征夷大将軍となった頼朝が鎌倉から十万騎の軍勢を連れて威勢を天下に示すことになった。馬千頭、米一万石、黄金千両、上絹千疋を施入し、法要当日、反発する数千の南都の衆徒が押し寄せたが、頼朝に命ぜられた結城朝光が、無耻で罪深い武士でさえ結縁を望み供養を望んでいるのに、智ある僧がどうして争乱を好み自分の寺の再興を妨げるのか、その考えは不当だと説くと、衆徒は静まった（『吾妻鑑』）。供養は東大寺・興福寺の別当僧正ら千人を招いて厳かに行なわれた。大雨になったが、「武士等ハレハ雨ニヌルルトダニ思ハヌケシキニテ、ヒシトシテ居カタマリタリケル」を大層立派だと慈円は『愚管抄』に書いている。

慈円は、藤原摂関家の出で比叡山に入って天台座主となるが、壇の浦で安徳天皇とともに三種の神器の宝剣・天叢雲剣が失われたことは、王法には「心ウキコト」であるが、「ココロウベキ道理サダメテアルラン」と思案をめぐらすと、「武士ノキミノ御マモリトナリタル世ナレバ、ソレニヘテ〔宝剣〕ウセタルニヤとヲボユル也」（『愚管抄』）と、一二〇三年六月二十二日の夢告に基づいて記している。『愚管抄』は、後鳥羽院が幕府打倒を狙って承久の乱を起こそうとするのを制すべく、その前年に書かれて

いるが、神武天皇以来の歴史を上古・中古・末代に分けて、保元の乱以降は、道理が乱れて武士の力によって世の中が守られる末代と書いている。まさに貴族・仏法の最高の地位の者が、歴史を通観して、今や末代の「武者の世」に転換したことを認めざるを得なかったのである。

9．藤原定家と『新古今和歌集』

藤原定家は、一一六二年、俊成の四十八歳の時に生まれている。歌の家で両親から薫陶を受けて、早くから歌に才能を見せた。十七歳の時に歌合に参加している。翌年の治承四年九月、源氏の挙兵の報を聞いたが、日記『明月抄』に「紅旗征戎、吾が事に非ず」と書いた。武士間の戦乱などには眼を向けず、貴族として新たな和歌の創造に集中していたのである。

青年時代の歌は晦渋で、六条家など旧派からは「新儀非拠達磨歌」―新規のわけの分からない歌と非難された。二十六歳の時、西行に勧められた「二見百首」の中で、次の歌を詠んだ。

見渡せば花も紅葉もなかりけり　浦の苫屋の秋の夕暮

『源氏物語』明石の「なかなか春秋の花紅葉の盛りなるよりも、ただそこはかとなう繁れる蔭どもなまめかしきに」とか、須磨の「松島の海人の苫屋もいかならむ須磨の浦人潮垂るる頃」などを踏まえた歌であったが、後には侘び茶の精神を示す歌として引かれることになる。

『新古今集』の成立

『新古今集』は、『古今集』に倣って王権の復権を願った後鳥羽上皇の命により、第八番目の勅撰和歌集として編まれた。歌は「世を治め民をやはらぐ道」（仮名序）として政治的意味も持っており、『万葉集』以来の古歌から同時代に至るまでの和歌の歴史全体から歌を収録していた。一二〇一年に和歌所を開設し、藤原定家ら六人を撰者に任じて、撰歌させたが、上皇自身が何を選び、何を切り出すか、切継の作業が延々となされ、上皇はすべての歌をそらんじる程であった。この間に定家との間で感情的な齟齬（そご）も生まれるようになった。

『新古今集』は、二十巻歌数約二千首。『古今集』に倣って、真名序、仮名序があり、部立は、前半は春（上下）、夏、秋（上下）、冬、賀、哀傷、離別、羇旅、後半は恋一～五、雑上中下、神祇、釈教よりなるが、秋歌が春歌に対して著しく多いことと、最後に神祇、釈教の部を設けたことは、この集の特色である。『新古今集』に特徴的な詠み方として、三代集や古典文学の詞を一部取り入れて、本の歌や物語のイメージを感じさせる本歌取りの手法が有名である。定家の歌を二首だけ取り上げておく。

春の世に夢の浮橋とだえして　峰にわかるる横雲の空（春上・三二）

春の歌というより、横雲が峰から離れていこうとする中で、『源氏物語』の最終巻の「夢の浮橋」を取り入れ、薫と浮舟の別れのイメージも重なって、恋の別れの気配が感じ取れる。春の明け方の艶麗甘美な情緒を表現したもので、余情妖艶という『新古今集』の特色をよく表わした歌とされる。

『新古今和歌集』の最後の歌は、西行の歌である。

闇晴れて　心の空に澄む月は　西の山辺や　近くなるらむ（巻二十・釈教歌・一九七八）

「観心をよみ侍りける」、自らの心を観て詠んだと詞書にあるが、勅撰和歌集ですら、西方浄土への思いが広がっていたのである。

10．承久の乱と御成敗式目

『新古今和歌集』を下命し編集にも深く関わった後鳥羽上皇は、承久三年（一二二一）に源氏の三代将軍実朝が暗殺されて以後の幕府側の動揺を見越して、幕府打倒の院宣を出した。鎌倉幕府は頼朝の妻で「尼将軍」といわれた北条政子が、御家人たちに鎌倉殿への御恩を強調した演説をして幕府をまとめ（『吾妻鑑』）、わずか一か月で乱を収めた。『平家物語』が語る武士たちの中にも、戦いでは主君の御恩に報いようと命を捧げて奉公する武士の倫理が示されていたが、承久の乱は、朝廷の院宣にも優先する武士の御恩と奉公を明確に示したのである。

院側に味方した西国の武士の職は排され、関東の武士が新補地頭で新たに配置され、幕府の支配圏が西国まで及ぶことになった。その後、所領関係の訴訟や地頭と領家の貴族寺社との争いが激増したために、成文化した法が必要とされて、貞永元年（一二三二）に御成敗式目を制定することになる。頼朝以来の先例に従って、地位の上下にかかわらず、道理によって裁くと宣言して、朝廷から独立した武家法を定めた点に大きな歴史的な意義があった。そして評定衆や引付衆などの連衆の合議によって決した。その点でも道理が重視された。京都と鎌倉で二元的な政権のあり様が明確になってきたのである。

11. 定家の古典伝承とその影響

承久の乱後、藤原定家は、作歌意欲はとみに衰え、最晩年の十数年間、古典を筆写して後世に遺すことを意図して、写本に精を出している。『源氏物語』は家伝の写本が鎌倉幕府に召し上げられたままになっていたので、妻や娘たちと何人かの姉妹も動員して、よそから借りてきた複数の写本を校合して、混乱している仮名づかいを整えて、納得いく写本を完成させている。「青表紙本」と呼ばれる写本は、最も古く信頼のおける『源氏物語』の写本として、今日のテキストの底本になっている。この他、『古今集』『後撰集』『千載集』『伊勢物語』『土佐日記』など、おびただしい数量の写本を次々と完成させていった。定家は中風にかかって震える文字であったが、かえって読みやすく、定家様として真似られることにもなった。こうして定家は、平安時代の貴族の文化を確実に伝えて、後世に多大の貢献をしたのである。

七十三歳の時、第九番目の『新勅撰和歌集』を単独で下命され、撰進したが、『新古今集』の「余情妖艶」から、三代集のような平明温雅な歌風に戻し、これ以後の勅撰集の主流となっていく。

またこれまでの主要な歌人の詞華集(アンソロジー)『小倉百人一首』を作ったことも定家の大きな功績である。

『百人一首』は、天智天皇から始まって同時代までの六百五十年にわたって百人に絞って、それぞれの一首だけを選んだものである。主要な歌人を網羅しており、さすがに精選された名歌が揃っている。天智天皇とその娘の持統天皇の歌を最初として、飛鳥時代の歌から始めて、最後は承久の乱に敗れた後鳥羽上皇とその息子の順徳院の歌で終わる。二首とも乱の前の歌であるが、〈人もをし人もうらめしあぢきなく　世を思ふゆゑに物思う身は〉と世を憤る上皇の歌を入れ、最後は〈ももしきや古き軒端をしのぶにも　なほあまりある昔なりけり〉と、昔をしのぶのは、まさに宮廷・貴族の文化の終焉を感じていたからであろう。

定家は、古典主義を打ち出したので、『古今集』以来の勅撰集の美意識が日本文化の持続性を根幹で支えることになった。

参考文献

1. 高橋典幸・五味文彦編『中世史講義　院政期から戦国時代まで』（ちくま新書・二〇一九）
2. 人間文化研究機構編『うたのちから　和歌の時代史』（国立歴史民俗博物館・二〇〇五）
3. 『平家物語』上・下　市古貞次校注・訳（新編日本古典文学全集・小学館・一九九四）
4. 朝日百科『日本の歴史』中世Ⅰ―④「平家物語と愚管抄」（大隅和男編集・朝日新聞社・二〇〇二）
5. 『西行全歌集』久保田淳・吉野明美校注（岩波文庫・二〇一三）
6. 佐藤正英『隠遁の思想―西行をめぐって』（東京大学出版会・一九七七）
7. 山折哲雄・大角修編著『日本仏教史入門―基礎史料で読む』（角川選書・二〇〇九）
8. 『新古今和歌集』上下　久保田淳訳注（角川ソフィア文庫・二〇〇七）
9. 久保田淳『藤原定家』（集英社・一九八四）
10. 大岡信『百人一首　王朝人たちの名歌百選』（世界文化社・二〇〇五）

7 鎌倉新仏教の成立―祖師たちの思想、元寇と神国思想(鎌倉時代)

【要旨とポイント】

全国規模の合戦が展開する中で、不安や恐怖が昂り、殺戮に関わった罪障感は深刻であった。国家鎮護の東大寺も焼失して末法の世が現実として感じられて、新たな仏教思想が展開して新宗派が成立することになる。法然は、浄土教に回心し、末法では称名念仏（南無阿弥陀仏）を唱えることこそ正行だとした。源平合戦後、法然の教えは上級貴族から庶民にまで広がっていく。『選択本願念仏集』を撰述したが、一二〇七年に専修念仏禁止令が出され、四国へ配流となった。親鸞もこの時、還俗させられ越後へ流された。親鸞は「非僧非俗」として越後の恵信尼と結婚した。四年後流罪は解かれたが、京には戻らず、関東を拠点に念仏を広めた。『教行信証』で、インド・中国・日本の浄土教の系譜を確かめ、自らの罪業意識を深めて信心を徹底した。

同時代に展開した禅宗も禁止された。栄西に続いて入宋した道元は、仏道の本源を自覚し、和語で『正法眼蔵』を著す。叡山の圧迫で福井の永平寺に移り修行法を整備した。「修証一等」の思想は仏教の基に直結する。

十三世紀半ば、安定した社会の中で農民の生産力は上昇し、大工や鍛冶など職人も自立して、各地に市が立ち、庶民が文化面にも登場する。日蓮は安房の漁師の家に生まれ、地元の寺で出家し勉学した。その後、比叡山に学んだが、浄土教や禅宗、密教が盛んで『法華経』がないがしろにされていることに驚く。天災が続出するのは『法華経』に拠って国を建て直せという警告だと考えて鎌倉幕府に諫言したが、斬首の危機を脱して佐渡へ流罪となった。迫害は末法に『法華経』の持経者に起こると予言されたものだとして、他宗を折伏して『法華経』を広める使命感をより強める。伊予の武士の家の出の一遍は、法然の孫弟子で専修念仏を唱えていたが、熊野本宮に参籠して「南無阿弥陀仏」の札を配れとの夢告により、人々に仏との結縁を図ることを使命として、全国を遊行した。没後の『一遍上人絵詞』には、多くの庶民に働きかけたことが描かれている。

十三世紀末の元寇は、改めて日本が神々によって守られているとする神国思想を生み出すものとなった。

【キーワード】　法然、専修念仏、親鸞、『教行信証』、道元、『正法眼蔵』、日蓮、一遍、蒙古襲来、神国思想

1. 当時の仏教界のあり様と社会の宗教的状況

まず鎌倉新仏教が成立する前の当時の仏教のあり方を見ておくと、奈良時代以来の南都六宗が復興事業もあったので、活発に活動していた。戒律を重視して社会事業にも力を入れて武士や民衆への教化もしていた。また平安初期から比叡山・延暦寺も、天台宗に密教、浄土教や禅宗なども合わせて発展していた。東寺や高野山の真言宗もあった。これらの大寺院は、院政期にも広大な荘園を持っており、また皇族や貴族の子弟が僧侶の上層部に入るようになっており、他方、下層部には武装した僧兵も抱えるようになっていた。顕教と密教という言い方があったので、「顕密八宗」と言われるが、これが当時の仏教界の主流であった。

しかし院政期から、僧侶にも皇族・貴族の子弟が上層部に入る階層構造になってきたのに対して、そうした大寺院の僧侶集団から隠遁して、庵に居て仏教修行にいそしむ隠者も出てくる。実は古くから山林修行が伝統としてあった。奈良以前にも役小角（えんのおづの）（役行者）がいて、修験道の開祖とされていた。最澄は比叡山で、空海も近畿や四国山中で修行していた。平安中期以降、寺院も山中にも建てられるようになっていた。院政期には、院が高野山や熊野詣も盛んにしたので、山林修行がより注目されるようになっていた。

さらに全国規模の合戦が生じる中で、末法意識も深まって、念仏に救いを求める念仏聖（ひじり）が多く生ま

れていた。高野山や熊野などの霊場への参詣を人々を案内した高野聖や熊野御師なども活動を活発化させていた。

鎌倉新仏教が出てくる背景として、そうした当時の仏教界のあり様と社会の宗教的な状況を考えておく必要がある。【放送では菊地大樹氏をゲストに迎えて、その一端を話していただいている。】

2. 法然の「選択本願念仏」の衝撃

この時代の仏教界から貴顕・僧侶から武士、庶民に至るまで大きな衝撃を与えたのが、法然の「専修念仏」の教えであった。法然は、一一三三年、美作国久米（岡山県）の押領使、つまり武士の子として生まれた。九歳のとき、土地争論で近くの武士に夜討ちにより父を殺害されたが、父に仇討ちを考えず、出家せよと遺言され、菩提寺の僧の下にやられた。武士の暴力による悲劇からいかにして救われるかは、法然の生涯の課題であったと考えられる。十三歳で比叡山延暦寺に登り、二年後得度したが、三年後、官位の僧侶の序列から遁世して、浄土教が盛んで聖たちの拠点であった比叡山黒谷別所に移って、叡空から円頓戒を受けて法然坊源空と名乗る。その後、浄土教を中心に仏教経典や論書をよく勉強して「智慧第一の法然房」と言われた。

一一七五年四十三歳の時、中国の善導『観無量寿経疏』によって浄土教へ回心し、どんな者でも称名念仏だけで極楽往生できると確信したという。『法然上人行状絵図』では、回心後、比叡山を降り、東山吉水に居を移したと書いており、浄土宗ではこの年が立宗の年とされている。けれども法然は、その後に師から比叡山黒谷を受け継いでおり、法然は一貫して「黒谷聖人」と呼ばれていたので、比叡山から降りたわけではなく、それまで同様授戒などの聖としての活動をしていた。

法然が称名念仏を明確に説くようになったのは、十年以上後である。「偏依善導」（善導の解釈に専ら拠る）として、『無量寿経』にある法蔵菩薩が阿弥陀仏になる時の四十八願の内の第十八願の念仏往生願を、末法の世に往生可能な唯一の本願とし、「称名念仏が阿弥陀仏が選んだ唯一の往生行で、念仏以外には往生できない」という「選択本願念仏」説を説いたのは、源平合戦の後の一一八六年に延暦寺らの僧侶と議論した大原問答であったようであり、それに参加して敬服した重源の要請により、一一九〇年に東大寺で講説したのが、記録に残る最初である。

称名念仏が唯一の往生行と言うと、他の仏教修行や功徳を否定することになるので、厳しい批判が予想されるので、なかなか公には語れなかったのだろう。「偏依善導」（善導に専ら拠る）と言っても、善導は五百年も前の人で、中国で「称名念仏」が展開したわけではない。それでも思い切って説き出したのは、あまり言われていないが、全国規模の源平合戦を見聞きしたことが大きかったのではないか、と思われる。合戦は武士の戦闘だけではなく、戦場となった地で民衆も略奪され、多くが殺される。しかもこの時期、旱魃が重なり、合戦で都に物資が届かず、四万人以上も餓死者が出たと『方丈記』は書いていた。幼年期に父が殺された法然は、戦闘や災害に巻き込まれて非業の死を遂げた夥しい人々の死を目の当たりにして、修行や悟りが叶わない末法を実感し、阿弥陀仏の本願への信心を選択することを人々に説く決心を固めたのではないか。

法然が『選択本願念仏集』を著したのは、さらに後の一一九八年であった。この年は、正月に法然は阿弥陀仏と勢至・観音菩薩が現われたのを感得する夢を見た。五月には善導に対面し、しかも善導は下半身が金色である夢を見たという。当時、夢は、見えない「冥」の世界からの真実のメッセージと思われており、しかも金色に輝くのは善導が阿弥陀仏の化身であることを意味していると解釈して、法然は自信を得たと思われる。かくて『選択本願念仏集』は著された。

中国の浄土教では、道綽が、仏教を、修行して悟りを開く聖道門と他力による浄土門に分け、難行の聖道門を捨てて易行の浄土門を選んだこと、次いでその弟子善導が正行と雑行に分け、正行の中でも正定業と助業を分けて、正定業の称名念仏を選んで、助業の読誦・観察・礼拝・讃歎供養を捨てることを示している。「選択」は、他を「選捨」することを意味する。しかもこの選択は、人間ではなく阿弥陀仏がしたのである。しかも釈迦仏も念仏を最も優れたものと認めているという。法然は『無量寿経』と『観無量寿経』を根拠として、そのように論じた。法然は、阿弥陀仏はすべての人を平等に救済したいという慈悲の心から、造仏起塔などの諸行を条件とせず、南無阿弥陀仏という念仏だけを極楽往生の条件とされたのだと明確に述べている（第三章）。

『選択本願念仏集』は、法然門下でも一部の者だけに伝授されたものであるが、十三世紀初頭から急速に広まった。法然自身は持戒堅固の碩学で有名であった。関白九条兼実はそれ以前から法然から受戒していた。前からの弟子に加えて、証空、弁長、親鸞など優秀な弟子たちが続々と集まるようになる。源平合戦で平敦盛を討ち取った熊谷直実も法然の下で出家した。院政期から仏教の教えが民衆にも浸透するようになっていたが、「殺生罪業観」があった。生き物を殺すことを罪業と見るので、狩猟・漁撈はもちろん、耕せば虫を殺すので農業も山林伐採まで罪業とされていた。それ故、寺社に結縁奉仕して罪業を贖えというのが従来の仏教の教えだったが、法然は、念仏によって救済されるとしてその罪業観から解放した。しかも阿弥陀仏の本願を信じて念仏すれば往生するというのであるから、戦いで敵を殺害した武士層にも救いとなる教えであった。災害や戦闘に巻き込まれて非業の死を遂げた大量の人々の死を目の当たりにした中で、修行や悟りが叶わない末法であればこそ、阿弥陀仏の救いの本願への信心が選択されたのである。その末法に生きる人々が魂の救済を願うのも切実であった。末法で将来に何が起こるか分からない中で、現世で犯す罪が許され、来世への往生が叶うならば念仏にすがりたいというのは当然の思いであった。法然の教えは急速に広まった。

3. 念仏禁止令と法然らの配流

法然の教えが広まるほど、仏教界からの反発は強かった。仏教は修学・修行して悟りを得るものであった。それを浄土教の経典のみにより、それも四十八願の中の十八願のみを選択するというには「偏執」であり仏教を滅ぼすものであるとした。一二〇四年延暦寺衆徒が座主に専修念仏の禁止を訴えたのに対して、法然は門下に「七箇条制誡」で自粛の誓約を百九十人に署名させて一応収まったが、翌年には興福寺が朝廷に禁止を奏上し、朝廷は専修念仏の偏執を誡める宣旨を出した。興福寺は宣旨をより強めて禁止を求めていたが、そうした中で後鳥羽院が熊野参詣中に法然門下の僧の下で院が寵愛する女房まで無断出家する事件が起きた。これに後鳥羽院は激怒して、一二〇七年二月に専修念仏禁止令を出し、出家に関わった安楽、住蓮ら四名は死罪、法然、親鸞ら六名は流罪に処された。

関白の九条兼実が動いて讃岐に流されることになった。法然は、地方の人々にも念仏を説き広める機会であると述べたという。恩赦で流罪は十か月で終わったが、畿内に居住することは禁じられたので、 摂津の寺に四年近く居た。その後法然は許されて京都に戻ったが、二か月後に亡くなった。その直前に 弟子の求めに応じて執筆した「一枚起請文」に、中国や日本の学僧が論じてきた「観念の念」ではなく、また学問をして念の意味を悟って唱える念仏でもない、ただ「南無阿弥陀仏と申て、疑なく往生するぞと思とりて申外のは別の子細は候はず」と言い切っている。善導の解釈によるとはいえ、中国では念仏は展開しなかった。末法意識が強い日本において、法然によって専修念仏の信心に基礎を置いた今までにない仏教の教えが説かれたのである。

『選択本願念仏集』が法然没後に開板・刊行されると、旧来の仏教界から厳しい批判が出された。華厳宗の明恵は「称名一行は劣根（劣った機根）一類のために授くるところ也。汝、何ぞ天下の諸人を以て、皆下劣の根機となるや。無礼の至り、称計すべからず」（『摧邪輪』）と批判している。

専修念仏の禁止は、一二〇七年だけでなく、一二一九年、二四年、二七年、三四年、四〇年、一三〇八年と朝廷から執拗に出されている。「専修」「念仏宗」の語も使用が禁止された。一般信徒も処罰された。特に一二二七年には、刊行された『選択本願念仏集』は禁書となり、板木は焼却された。幕府も一二三五年、六一年、一三〇三年と禁令を出している。これだけ禁令を繰り返し出さなければならなかったのは、それだけ専修念仏の教えが一般に広まっていたことを示している。

4．親鸞による教えの展開

親鸞は法然の教えを生涯信奉したが、専修念仏禁止令を意識していた。下級貴族の日野家に生まれて、九歳で出家して比叡山で堂僧として学び修していたが、一二〇一年二十九歳で京都六角堂に百日参籠して聖徳太子の夢告を得て、法然の門に入った。四年後に『選択本願念仏集』の書写を許されて「決定往生の徴」を得たとしている。しかし一二〇七年の念仏禁止令の処罰により還俗させられたので、「僧にあらず俗にあらず」となった。越後に流された親鸞は、この地の豪族の娘（恵信尼）と結婚している。院政期から僧侶の妻帯は一部の僧や民間の聖で多く見られたが、親鸞は「非僧非俗」として公然と妻帯を宣言したのである。それも念仏により往生が決定したとする信心故であった。二年後には流罪の赦免が届いた。この年、すでに子息を得ていた親鸞はそのまま越後に残る内、翌年一月末に法然が没した。『選択本願念仏集』が開板され、明恵がそれを批判したことも聞いていたであろう。

親鸞は四十二歳で関東へ移る。その途中で浄土三部経千部読誦を発願したが、中止した。それはまだ他力に徹底してないことを自覚したからであった。常陸を中心に関東で念仏を広めるが、一二二四年、五十二歳の時に『教行信証』に着手したことが「化身土巻」にある。浄土真宗ではこの年を立宗の年とする。けれども『教行信証』は、六十三歳頃に京都に戻ってから本格的に書かれ修訂を繰り返し、七十五歳頃に完成したらしい。この年に弟子が書写している。

『教行信証』は念仏宗の教えが仏教の正統であることを証明するべく浄土系の経典・論書を引用・証明しようとしている。法然は浄土教の系譜として中国の善導流の五人を挙げていたが、親鸞はインドの龍樹・天親（世親）、中国の曇鸞・道綽・善導、日本の源信・法然の七人を挙げ、大乗仏教に遡ることを示す。『無量寿経』の阿弥陀仏の本願をより精細に見て、第十九願の諸行による往生から第二十願の自力の念仏往生を経て第十八願の他力の念仏往生に至る「三願転入」を自己自身の信心の深まりとして書いている（化身土巻）。それは自らの深い自省、「悲しき哉、愚禿鸞、愛欲の広海に沈没し、名利の大山に迷惑して、定聚の数に入ることをよろこばず、真証の証に近づくことをたのしまず。恥づべし、傷むべし」（信巻）に基づく。親鸞は往生は死後のあの世のことではないと深めた。証巻から、念仏によって「往相回向」するや、「還相回向」すると述べられる。弥陀の力で現世を超えたあり様になるや、還って現実の自己を見詰めながら生きていく。念仏は感謝報恩の行になり、現実を生きる力となる。関東で日々の労働で殺生せざるを得ない民衆の生活を身近に見て、罪業観で来世で地獄に行くと脅える人々に、阿弥陀仏の慈悲に依る念仏を広めることを自らの使命としたのであろう。『教行信証』には経典・論著で仏教の本流と証明するだけなく、親鸞の思想が込められている。

親鸞は『教行信証』を完成した後、『浄土和讃』『高僧和讃』を著している。和語で教えを歌ったもので、四声の平仄も付されており諷経するものであった。日本の仏教書は正式な漢文で書くものとなっていたが、和語の歌にしたのも革新的である。八十代に入った親鸞は、門人たちに念仏で救われるからと言って悪も構わないとする「造悪無碍」を誡める書状、関東の念仏者の疑問に答える書状、さらには関東に下した息子の善鸞が念仏以外の教えを広めているとして義絶する書状も書いている。それらは親鸞の教えとして大切にされた。(『歎異抄』もこうした時期の問答を記したものであろう。ただその成立は没後二十年になり、他の派を批判する趣旨が強いので親鸞の思想と少し異なることも近年論じられている。)親鸞は最晩年には、絶対他力の念仏も「おのづから」「しからしむる」「自然法爾(じねんほうに)」と説くようになる(『末灯抄』)。

親鸞は一二六二年九十歳で没した。妻帯した親鸞の遺骨は、娘の覚信尼の一族によって本願寺として守られることになる。浄土真宗は、親鸞没時には小さなものであったが、戦国時代になって本願寺八世の蓮如が出てから講を組織化して一向宗として大きな宗派に成長していくことになる。

5. 禅宗の展開と道元の思想

同時代に禅宗も新たに展開していたが、これも比叡山の要求により一一九四年に朝廷は禁止した。大日能忍の日本達磨宗は京都を追われ解体した。臨済宗の栄西は博多に逃れ、後に鎌倉に行く。栄西は元来禅を密教の中に取り入れようとしていたが、習合的傾向を強める。

道元は一二〇〇年生まれで一世代下だが、栄西が没する前年に会ったが、承久の乱後の一二二三年に入宋した。諸山を遍参の末、二年余り後、天童如浄の下で「身心脱落」して大悟した。二年後、如浄から釈迦仏以来の嗣書を受けて帰国した。一二三三年深草に興聖法林寺を開く。和語で『正法眼蔵』を書き始める。同年、その第一とする「現成公案」で、禅の立場を次のように述べている。

「仏道をならふといふは、自己をならふなり。自己をならふといふは、自己を忘るるなり。
自己を忘るるといふは、万法に証せらるるなり。万法に証せらるるといふは、自己の身心および他己の身心をして脱落せしむるなり」。

仏道修行は本来の自己を探求することである、とまず言う。その自己の探求は「自己を忘れる」ところに成立するという。仏教の「無心」「無我」を言う。「自己を忘れる」は、第三に「万法に証せられる」に展開する。「法」（ダルマ）とは存在そのものであり、「万法に証せられる」ということは、一切の存在するものによって真理が証示されることを言う。さらにそれが最後に「自己の身心および他己の身心をして脱落せしむる」と言われる。「自己の身心」、観念ではなく、身と心が一体となって、かつ「他己の身心」も同時に「脱落せしむる」。修行を重ねている内に気づいたら、自己の身心と他の自己の身心がまったく違ったあり様になってしまっているというのである。

　道元は、末法を否定し、禅宗ではなく、釈迦以来の仏道の宣揚に努めた。仏道修行を強調するが、「自己をはこびて万法を修証するを迷とす。万法すすみて自己を修証するはさとりなり」とし、現実の世界に顕現する真理の働きを修して証すことを示す。現実に真理をみる天台本覚論を仏道修行で克服しつつ、「修証一等」を打ち出している。

　道元は「只管打坐（しかんたざ）」ひたすら坐禅せよと教えながら、『正法眼蔵』を、二十年の長きにわたり、死の直前まで書き継ぐが、集中して書いたのは、叡山の宗徒が興聖禅寺を破却した寛元元年（一二四三）を中心とした数年間である。修行がままならず流浪も覚悟せざるを得ない時期に、自らが達した自己と世界の真理を何とかして書き遺そうとしたのである。直接には弟子に示すためであっただろうが、おそらく自分自身が言葉に表現することによって、自己と世界の真理を繰り返し深めようとする修行であったとも言える。『仏性』『行持』『身心学道』『道得』など、釈迦以来、師の天童までの正嫡五十代を意識し、通常「悉く（ことごと）仏性有り」と読むところを「悉有（しつう）は仏性なり」などと仏典・語録を独自に読み替えもして、仏教のみならず今日哲学的にも問題とされる道元独自の思索が凝縮した表現で展開する。翌年、道元は越前に下向し、永平寺を建立する。道元は、執権北条時頼に招かれて鎌倉に滞在するが、翌年には永平寺に帰山、臨終の年まで離れず、仏道を行じる清規（規則）などを定める。坐禅だけでなく、食事から作務も含めて生活一切が修行であることを示した。永平寺はまだ小さな寺だったが、朝廷や幕府から距離をおいて、真実の修行の場として整えようとしたのである。一二五二年健康すぐれず、『正法眼蔵』を書き継ぎ、編纂を志すが、翌年完成をみずに没する。

6. 鎌倉中期の経済発展—民衆の登場

一二二一年の承久の乱以後、執権北条氏の下で、安定した社会となった。御成敗式目が制定された。武士たちは所領の中に館を構えて、定着するようになる。

またこの頃、中国より伝わった牛馬を使った鋤(すき)き返しや灰などを肥料とする農法で生産性が向上するとともに、民間でも市が立って、交易が行なわれ、さらに民間に依頼される職人たちも現われるようになってきて、民衆が大きくクローズアップされるようになってくる。

7. 日蓮の法華経信仰

日蓮は一二二二年房総半島の安房国の太平洋側の漁師（網元）の子に生まれた。自ら「梅陀羅(せんだら)の子」という最下層から見直す自覚がある。十二歳で近くの天台宗の清澄寺に入山し仏教を学ぶが、「日本第一の智者となし給へ」と祈ったという。十六歳で得度し十八歳で鎌倉に行き、浄土宗を学ぶが懐疑した。二十一歳で比叡山に上って学ぶが、密教や浄土教が盛んで、かえって本来の『法華経』がないがしろにされていることに強い違和感を覚えた。京都の諸山諸寺を巡るが、その思いを強くして三十二歳で故郷に帰る。清澄寺で「南無妙法蓮華経」を唱えて自らの立場を明確にするが、念仏を信奉する地元の地頭に追われて鎌倉に出る。

二年後、鎌倉大地震が起こり、飢饉・疫病が続出することに疑問を抱いて経典や諸論の研究をやり直した。仏教諸宗は一致した統一が必要なのに、その支柱たるべき『法華経』がないがしろにされている。災害は『法華経』に拠って国を立て直せという警告である。もしこの状況を改めなければ他国の侵略もあり得るとして『立正安国論』を著し、執権北条時頼に献呈して諫言したが、庵を襲われ、翌年には逮捕されて、伊豆に流された。二年後赦免され帰郷するが、かの地頭に襲われて頭に傷を受け、門下二人は殺された。時代は末法悪世、日本は悪国邊土、人々は劣機鈍根、思想は錯乱混乱、それゆえに『法華経』を流布すべきだとした。一二六八年、蒙古の国書が到来するや、予言した国難だとして再び『立正安国論』に添状を付けて幕府に諫言を試みたが、逮捕されて一二七一年九月十二日未明、滝口の刑場で斬られる寸前に「火球が出現」して執行されず、佐渡に流刑となった。「日蓮といゐし者は、去年（一二七一年）九月十二日子丑（未明）の時に頸はねられぬ。此（『開目抄』）は魂魄佐土の国にいたりて、返年の雪中にしる」すと、自ら言うごとく、本来は殺されたのにもかかわらず、不思議と生かされたゆえに自分には使命があるという思いがあったのである。

度重なる受難は『法華経』が末法には法華の行者が迫害を受けると予言されたことの成就だと日蓮は確信し、自らを「地涌の菩薩」になぞらえて末世に『法華経』を広めるべく釈迦から付嘱された者との自覚を持つ。「我れ日本の柱とならむ、我れ日本の眼目とならむ。我れ日本の大船とならむ」と誓った願を破ってはならない（『開目抄』）とした。「釈迦が修行し成就した功徳は『法華経』の正式名称の「妙法蓮華経」の五字に集約されている。それ故「南無妙法蓮華経」の題目を唱えれば、その功徳を受け取ることが出来る（『観心本尊抄』）と述べる。佐渡流罪は二年半で赦免となり、一二七四年四月に鎌倉に戻って幕府に蒙古襲来の近いことを警告し、三度諫言するが、聞かれず、山梨の身延山に退隠する。間もなく「南無妙法蓮華経」と大書して周りに諸仏諸神を書いた文字曼荼羅を作る。

この一二七四年十月に蒙古・高麗連合軍が対馬・壱岐を攻め、博多まで攻め寄せた。朝廷や幕府は神仏を挙げて祈禱させて蒙古軍を調伏・退散させようとしたが、日蓮は自ら予言した通りで、蒙古襲来を邪教の国となってしまった日本を『法華経』に基づく国に再生させる警告だと捉えた。けれども蒙古軍は台風によって退散した。その後も日蓮は身延山で著作や手紙を著し弟子を派遣して布教をしていた。鶴岡八幡宮が炎上したと聞くと『諫暁八幡抄（かんぎょうはちまんしょう）』で国王・国神を批判して『法華経』を信奉すべき警告とした。翌一二八一年五月から閏七月に再び蒙古襲来があったが、これも武士たちの防戦と台風で退散した。日蓮はこの年の冬をやっと越したが、翌年周囲の勧めで九月身延山を下りて常陸に湯治に向かおうとしたが、武蔵国池上の地で十月に没した。

日蓮は、『法華経』の前半部の一乗思想の部分は重視せず、後半部の特に法華の行者が迫害を受ける部分を自らの体験に引きつけて、迫害を受けた故に自ら末世で『法華経』を広める使命を持った者の自覚を持って、「念仏無間、禅天魔、真言亡国、律国賊」と他宗を激しく批判した。国王にも幕府にもまた民衆にも末世の現実を改革することを厳しく迫ったのである。『法華経』の教えが題目に籠るとし、唱題を勧めることは、念仏唱導の法然の影響が見られる。末世に『法華経』の真実を日本を超えて中国、さらにインドへと西還して発祥の地に戻し広めるべきことを論じていたことは日本仏教では他にはなかった教えとして注目される。

8. 一遍の遊行と踊り念仏

一遍は、伊予国（愛媛）の有力な御家人河野氏の出で、武士の強い意志が感じられる。河野氏は瀬戸内海を抑える水軍で、祖父は源平合戦の海戦の軍功により、伊予七郡の守護に任じられたが、息子が院の西面の武士に出仕していたので、承久の変の際に上皇方に付いたので、乱後奥州に流された。父は出家して許され、武士としての領地を持っていた。一遍は一二三九年に生まれたが、母と死別し十歳で出家し、十四歳から母方の叔父となる大宰府の聖達の門に入った。聖達は法然の直弟子の門下で浄土宗であった。二十五歳の時、父が亡くなったので故郷に帰って還俗して家督を継いだ。結婚して子も出来たが、一族の領地争いを嫌って、一二七一年三十三歳で再出家した。

大宰府の聖達を訪ねてから、信濃国善光寺に参籠して「二河白道図」に感銘を受けて写し、故郷の寺に籠って本尊として専修念仏を行じた。この図は善導の例話によるが、猛獣に迫られた行者の行く手には火の河、水の河が差し迫っている中に一本の細い白い道がある。そこを渡るべく釈迦如来と阿弥陀仏が促している図であり、念仏によってのみ救われるとする法然の教えを反芻したのである。一遍は、三十六歳の夏、故郷を発ち、四天王寺に参って後、熊野本宮に参籠して、「阿弥陀仏の十劫正覚に、一切衆生の往生は南無阿弥陀仏と決定する所なり。信不信を選ばず、浄不浄を嫌わず、その札をくばるべし」という権現の夢告を得た。以後、一遍は「南無阿弥陀仏　決定往生六十万人」という木版刷りした札を配る遊行に生きることになる。親鸞は絶対他力の信心を問題にしたが、一遍は人々に札を配って仏と結縁することが肝要とした。飯椀・箸筒・麻の布・袈裟（けさ）・帷子（かたびら）（夏衣）・手巾・帯・紙衣（かみこ）（夜具・合羽（かっぱ））・念珠・衣・足駄・頭巾の十二道具を身に着けて遊行するが、それらは阿弥陀仏の十二光の徳になずらえて、阿弥陀仏と同行の旅とするのである。

一度故郷に帰った後、七六年には、大宰府の聖達のところから肥前・肥後・薩摩の大隅の八幡宮まで九州を遊行した。この間に蒙古との戦いで負傷した者たちが治療されているのも見た。七八年には故郷から厳島に参詣し、備前の福岡の市では二百八十人を出家させた。翌年には信濃の善光寺に参った後、佐久郡伴野にある承久の乱で流された叔父の墓の前では鎮魂のため踊り念仏を始めた。念仏によって救われる歓びを体で表現する踊り念仏は人々の熱狂を生んだ。翌年には二十余人の一行で白河の関を越えて奥羽に入って祖父の墓に詣でている。奥羽から武蔵に戻って、鎌倉に入ろうとしたが、警護の武士に制せられ片瀬の浜で念仏踊りをより効果的にすべく踊り屋の舞台を作った。東海道を下って八四年に京都に入ると、念仏聖の先達と仰ぐ空也にちなんだ金光寺で踊り念仏を行なって熱狂的に迎えられたという。一遍の集団には「異類異形」の者も加わり、覆面をしたハンセン病者もいた。一遍は、聖徳太子ゆかりで勧進聖が集まり、芸能者集団が群れ、乞食、非人が救済を求める四天王寺を拠点とし、当麻寺では中将姫の自筆と伝わる「称讃浄土経」を譲り受け、死ぬまで肌身離さなかったという。また平安初期に念仏に生きた教信沙弥の後を巡った。神社も参詣している。最晩年に河野水軍の根拠地でもあった大三島にも渡っている。一二八九年八月兵庫で教信の墓所に向かう途中で亡くなった。臨終には「本一物なし」の偈を詠んで、所持していた物はすべて焼却した。

一遍において、念仏は「南無阿弥陀仏」という名号を媒介に仏と我が一つになる。「念々の称名は念仏が念仏を申すなり」（『一遍上人語録』）。「となふれば仏もわれもなかりけり　南無阿弥陀仏なむあみだ仏」。法然から始まった日本の浄土教の流れは、捨聖の一遍において、神仏の垣根も超えて、我もなくて念仏となる。踊り念仏の法悦の中でしかもひとりの自覚がある。「生ぜしもひとりなり、死するもひとりなり。されば人と共に住するもひとりなり。そひはつべき人なき故なり」と常日頃語っていた。

一遍没後十年、異母弟といわれる弟子の聖戒が一遍の生涯を記録しておきたいと、絵師の円伊ら時宗の何人かと一遍の足跡を再踏破した上で、『一遍上人絵伝』十二巻を制作した。聖戒が詞書を書き、円伊が描いているが、一遍の個性的な人生絵巻には鎌倉中期の庶民がリアルに描かれている。

一遍は蒙古襲来時の負傷者の治療を見ていたが、一遍の教団の僧たちは南北朝の戦場において、敵味方の別なく看護と治療にあたり、瀕死者には最後の十念を授けて往生させることになったという。

また室町時代には、芸能者には阿弥陀仏を名乗る時宗の信者が多く出ることになる。ただ戦国時代以降は時宗は浄土真宗に侵食されて、教団的には小さくなっていった。

9. 蒙古襲来の影響―神国思想の登場

一二七四年と八一年の二度の蒙古襲来は、朝鮮半島の高麗（こうらい）を服属させ、南宋を滅亡させて中国全土を支配するに至った元の大軍勢による攻撃であり、今までにない兵器と戦法により大苦戦となって、日本は征服される危険があった。けれども二度とも、台風が元の大軍船に壊滅的な被害を与えて、何とか撃退することが出来た。けれどもこれは防衛戦争であり、新たに獲得した領地はなく、今までにない大軍勢の動員を掛けたが、元軍と勇敢に戦った御家人たちへの恩賞の財源は限られていた。その上、全国の寺社にも異国調伏の祈禱料の支払いも求められた。幕府は経済的な大出費を強いられるとともに、御家人の恩賞に対する不満は大きく、幕府が衰亡する大きな原因の一つとなった。また戦時体制から北条氏の執権を出す得宗の専制体制は強まった。

それにもまして文化史上、後への影響が大きかった。まず日本は神風に守られた。日本国は神国であるとする意識が強まり、やがて南北朝時代には北畠親房は『神皇正統記』で、「日本は神国である」と書き出すことになる。

日本の歴史始まって以来の国難から国家意識は高まり、日本の神々への関心が高まって神道が本格的に理論化されることになる。伊勢外宮の神官の渡会（わたらい）氏が、内宮と外宮の歴史的な経緯を書く形で『神道五部書』を書いて、わが国の神々は皇祖神の天照大神と天皇のもとに統一されていることが、「幽契（かくれたるちぎり）」で天地開闢の初めからあったと主張するようになる。

仏教界でも歴史が意識され、十四世紀には、東大寺の学僧凝念（ぎょうねん）は、インド・中国・日本の仏教の歴史と違いを意識して、『三国仏法伝通縁起』（一三一一年成立）を著した。虎関師錬（こかんしれん）は『元亨釋書（げんこうしゃくしょ）』三十巻（一三二二年成立）で、日本に仏教が伝来してから七百年の仏教史を初めて書き、前近代の権威となるが、日本は「神国」で「大乗之国」、大乗仏教が展開する国とした。

参考文献

1. 菊地大樹『鎌倉仏教への道　実践と修学・信心の系譜』（講談社選書メチエ・二〇一一）
2. 菊地大樹『日本人と山の宗教』（講談社現代新書・二〇二〇）
3. 『法然　選択本願念仏集』大橋俊雄校注（岩波文庫・一九九七）
4. 『浄土三部経』上・下　中村元ら訳注（岩波文庫・一九六三・六四）
5. 平雅行『法然』（日本史リブレット人・山川出版社・二〇一八）
6. 『鎌倉旧仏教』（日本思想大系・岩波書店・一九七一）
7. 『親鸞全著作集』（金子大栄編・法蔵館・一九六四）
8. 『正法眼蔵』全4巻　道元・水野弥穂子校注（岩波文庫・一九九〇）
9. 玉木康四郎編『日本の仏教思想　道元』（筑摩書房・新装版・一九八六）
10. 田村芳朗編『日本の思想　日蓮集』（筑摩書房・一九六九）
11. 『一遍上人語録』大橋俊雄校注（岩波文庫・一九八五）
12. 日本仏教研究会編『日本仏教の文献ガイド』（法蔵館・二〇〇一）

8 新たな文化の展開—禅文化、能楽、各種芸道（南北朝期・室町時代）

【要旨とポイント】

十四世紀初期、後醍醐天皇は新興武士も動員して鎌倉幕府を倒したが、その新政への不満も大きくなり、足利尊氏が別系統の天皇の宣旨を受けて幕府を京都に開いた。他方後醍醐天皇は吉野に逃れ、それにつく武士も多かったので、天皇が並立する南北朝の動乱が六十年も続くことになる。鎌倉時代から流行し、南北朝期に方式を確立した連歌は、寄合の場で、和歌を共同で詠んで楽しむもので、中世を通じて盛んになされた。南北朝の動乱を収束させた三代将軍足利義満は、太政大臣となり公武の頂点に立ち、かつ中国・明との勘合貿易も開始して経済的にも大きな利益を得た。義満が造営した金閣は、貴族と武家の文化に、中国の禅宗様を加えたもので、北山文化の性格をよく示している。

禅は鎌倉時代に広まっていたが、室町幕府は五山制度を敷いて制度化して振興させた。五山僧は中国との外交交渉や文物の受容にも活躍し、水墨画や五山文学、詩画軸などの文化を展開させた。

芸の道においても、将軍義満の絶大な後援を受けて、猿楽が洗練されて優美な能楽が形成されていく。世阿弥が生涯にわたって芸を深めていった芸道論を考える。

室町後期には応仁の乱が起きて再び動乱に入る中で、将軍義政の下で東山文化が展開する。障子や襖で小さな部屋を区切って畳を敷きつめ、床と違い棚を備えた書院造りで、以降室内文化が展開することになる。水墨画や枯山水の庭も専門職が作るようになって広がり、各種芸道が展開した。十五世紀には沖縄では琉球王国が統一を達成し、中国・明への朝貢貿易に参加して東シナ海での中継貿易で繁栄した。

【キーワード】 連歌、北山文化、禅文化、『十牛図』、能楽、世阿弥、芸道、東山文化、琉球王国

1. 足利幕府の成立と南北朝の動乱期

十四世紀初頭、後醍醐天皇は、鎌倉幕府の衰退を見て、楠正成や赤松円心らの新興武士を味方とし、北条執権下で冷遇されていた足利高氏らを造反させて、一三三三年ついに鎌倉幕府を倒すに至った。

後醍醐天皇は、建武の新政を開始した。天皇の直接裁可による政治を志向したが、公家に厚くした恩賞の不満に、新政の混乱が拍車をかけて、武士たちは、源氏の血筋の足利尊氏を棟梁として反旗を翻した。紆余曲折はあったが、一三三六年に尊氏が京都に軍勢を率いて入り、別系統の光明天皇を擁して足利幕府を発足させた。この時幽閉されていた後醍醐天皇は隙をみて吉野に逃れて、天皇を象徴する神器の本物を持つとして皇位の正当性を主張した。ここに京都と吉野に二つの天皇が並立する南北朝時代が始まる。倒幕以来、後醍醐の南朝側に付いた武将が全国各地にいた上、北朝側でも、尊氏と弟・直義（ただよし）との間で対立が生じて、直義が一時南朝方に付くこともあり、動乱は六十年間も続くことになる。

内乱初期、南朝方の公卿で武将の北畠親房は『神皇正統記』を書いた。「大日本者（おほやまとは）神国也。天祖（あまつみおや）ハジメテ基ヲヒラキ、日神（ひのかみ）ナガク統ヲ伝給フ。我国ノミ此事アリ。異朝ニハ其タグヒナシ。此故ニ神国ト云也」と書き始めている。天皇家の血統は神武以来、後醍醐父子こそ正統につながるが、徳に基づく統治を実現しなければならないとした。親房は、伊勢神道に基づくが、同時に朱子学でも正当化を図ったのである。

この内乱の間に、分割相続から、家督と財産を惣領が一括する単独相続へ、血縁的結合から地縁的結合へと変化する。また地方武士の国人が一揆を結成し、守護の権限が拡大して守護大名化が進行した。

『太平記』は、鎌倉幕府の北条高時の失政から後醍醐天皇の倒幕運動、建武の新政の失敗、足利幕府の成立、南北朝の動乱となり、それが小康状態となる一三六八年までの五十年余りの合戦を語る軍記物語である。三部四十巻で、何人かで書き継がれて内乱の時代の全体像を語ろうとしたもので、『平家物語』にあったような鎮魂という意識はなく、内乱の原因として為政者の問題を論じ、君臣関係や臣下のあり方を語り、聴く芸能となる。「太平記読み」は、江戸時代に講談の基になる。

鎌倉末から商工業の発展によって、交通路や要地を押さえる新興武士も多数生まれていた。倒幕の間の混乱に加えて、この動乱の間に新興武士はさらに増大する。彼らは従来の伝統的価値観に反抗して異相で派手な見栄をはる「バサラ」を行なった。茶の産地を当てる賭け事の闘茶なども行なわれた。また白拍子などの風流踊りなども好まれていた。南北朝の混乱の中で、身分の上下に関係なく、寄合う文化が好まれた。こうした風潮の中で、和歌も貴族が地下(じげ)の者と一緒に行なう連歌が展開した。

2. 連歌の展開

この時代に展開したのが連歌である。連歌は、和歌の上の句五七五と下の句七七を分けて二人で作る平安貴族の遊びから始まったが、院政期からさらに五七五の長句と七七の短句を交互に付けてつなげる鎖連歌が発展した。数人から十数人の連衆で制作するのが普通であり、前の句を鑑賞して付け、句境は春から秋に、秋から恋へ、恋から述懐へと移り変わっていく。連歌はこうした心的過程のおもしろさを味わった。鎌倉初期になって藤原定家らの新古今歌人の間で、長連歌が愛好されたため、次第に文芸性の高いものとなり、形式も整って、百句の百韻を定型とするようになった。百韻十巻を千句、千句十巻を万句と言ったが、百韻に満たない、五十韻、世吉(よよし)（四十四句）、歌仙（三十六句）などの連歌も行なわれていた。

鎌倉中期には一般庶民の間でも連歌が流行し、末期には盛大となって、連歌会には上皇や関白などの貴族も参加している。庶民の地下(じげ)連歌師を中心にして連歌は急速に文芸性を高めていった。中でも救済(ぐさい)

は、摂政関白を務めた二条良基の師となり、良基に協力して、准勅撰の連歌の撰集『菟玖波集』（一三五六）を編集し、以前にあったルールを改訂増補した『応安新式』を制定している。〈わかれはこれぞ限りなりける〉に、救済は〈雨に散る花の夕の山おろし〉と付句しているが、奇知的性格で付けていた連歌に対して、幽玄の美を志向していた。良基は、『連理秘抄』『筑波問答』などの連歌論書を著作して、連歌の句作の理想を示している。連歌は、南北朝期に和歌にかわって新時代を代表する詩としての地位を確立していったのである。

3. 足利義満による南北朝の統一と北山文化

足利幕府は、初めから有力な守護大名の連立政権であり、義満は十一歳で三代将軍になったが、実権は管領が握っていた。一三七八年、義満が二十一歳になり右大将となって、幕府を内裏に近接する室町に移してから、幕府の実権を取り戻し、朝廷にも影響力を及ぼし強大化を図った。内紛を利用して守護大名を弱体化させ将軍の権威を高めて、一三九二年、ついに南北朝の統一を実現した。

義満は二年後に将軍職を子の義持に譲って、太政大臣となったが、義持がまだ幼少であったので、幕府の実権を握るとともに公家の最高職をも兼ねる立場に立った。さらに中国・明との勘合貿易を開始して経済的にも大きな利益をえた。こうした政治的、経済的な絶大な権威によって、この時代の文化に新生面をもたらし、その山荘の北山を中心に文化が展開した。

北山文化の特徴は、伝統的な公家文化と新興の武家文化との融合と、禅宗の深い影響や庶民文化の洗練に示される。北山文化のシンボルとされる金閣は、一層は公家邸宅の寝殿造り、二層が武家造り、三層は禅宗様であり、しかも建物の全面が金で飾られた。池を巡りながら、金閣を見、庭の趣向を見て廻る池泉廻遊式の庭園とした。現在は失われているが、隣接して「会所」の建物が設けられていた。客との対面の場が初めて独立した建物として造られた。会所は、和歌や連歌が行なわれ、酒食も含めた遊興の場であり、内部に唐物の水墨画や茶器や調度品などが飾られ、花も活けられた。これ以後、義政まで代々の将軍が趣向を凝らした会所を造るようになる。

4．禅の体制化―五山制度と禅文化

室町幕府は、京都に置かれたので、朝廷・貴族の文化に対抗するためにも、禅と当時の最先端の中国文化の導入に熱心であった。足利尊氏は、禅僧夢窓疎石に帰依したが、後醍醐天皇が吉野で没すると、その菩提を弔うために嵯峨に天龍寺を建立した。その建設費を捻出するために、中国・元に船を派遣することを認めた。すでに中国商船が東シナ海の交易を盛んに行なっていたが、それに参加したのである。この時代には、韓国・新安沖沈船に見られるように陶磁器や銅銭などが大量に輸入されており、大勢の禅僧の行き来があった（十三世紀後半から渡来僧三十名、渡海僧二百名を超える記録がある）。

夢窓は、密教を学んだ後、禅に転じ、鎌倉で中国人僧・一山一寧の指導を受けたが合わず、日本人僧・高峰顕日から印可を受けたが、その後、悟りを日常に活かす聖胎長養として、甲斐、美濃、京都北山、土佐、鎌倉、上総を転々とした後、後醍醐天皇に召されて南禅寺に住した。その後、足利尊氏の帰依を得て、鎌倉末期以来の動乱の戦没者供養で全国六十六か国二島に安国寺と利生塔を建立することを勧めた。これによって足利幕府の全国支配に貢献するとともに、禅宗の地方発展の基礎ともなった。夢窓は、庭園にも禅の風光を表現することを試みて、西芳寺にも石組の庭を作って、これが枯山水の元になった。天龍寺は、元は後嵯峨天皇の離宮だった地で、元の平安風の池泉の庭園に夢窓は岩を配置して水墨画的な景色を作った。夢窓は在家への授戒を熱心に行なったので、その門下は一万三千を超えた。尊氏以降、代々の将軍も夢窓派の禅門に入ることになる。

義満も禅に熱心で一三八二年には、御所に隣接して相国寺を建立して、菩提寺とした。中国の例にならって五山十刹制度を敷き、京都と鎌倉の禅寺を格づけし、相国寺に僧録を置いて官寺を管理するようにした。将軍家が禅門と師弟関係を結んだので、公武の有力者も挙って禅門に入り、禅は大いに広がった。五山僧は知識人として、公文書の作成や外交文書の作成でも活躍するようになる。この時代、禅僧は宗教的実践をするよりも、禅を通じて中国の文物への憧れを強く持ち、特に水墨画と漢詩文に熱中した。そのため、禅は世俗化して、日本的に変容された形で文化面において大きく展開することになる。五山では漢詩文を作る五山文学が展開した。禅の主題に限定されず、杜甫の詩から当代の漢文と詩まで広く読み、詩文を作っていた。夢窓門の義堂周信や絶海中津の詩文は中国人にも高く評価された。

十五世紀に入ると、水墨画に漢詩を付けた詩画軸が流行する。多くは隠棲した地に建つ書斎の画が多かった。官寺にあって世俗の仕事も多かった現実の中で、禅僧が憧れる理想を描いたものだが、寺院の中に前住持が隠居する塔頭（たっちゅう）が分立するようになると、詩画軸の制作に拍車がかかった。詩画軸に賛を書くことが求められたので、五山文学も盛んとなった。

幕府を中心とする上級武士階級は、禅を当時の最先端の中国文化を代表するものとして受け取り、禅と直接関係がない士大夫層の洗練された文物全般に憧れていた。各種の水墨画や、天目茶碗、青磁の花入れ、硯、筆、各種調度品を大量に購入して、それを飾る「唐物趣味」が大いに流行した。やがて水墨画を専門とする禅僧が現われ、相国寺の如拙、周文など本格的な山水画を描くようになる。禅は宗教的な修行による悟りよりも、文化面で展開するのである。

『十牛図』――禅文化の思想

この時代に禅の教えを絵で示した『十牛図』を見ておきたい。日本では禅の思想を絵解きするものとして、室町時代に大変に流行したからである。五山の相国寺の周文が描いたとされる『十牛図』が有名である（『十牛図』の画は、インターネットで検索してご覧いただきたい）。

実は『十牛図』には二種類のものがあり、中国で一般的なものは、普明の『十牛図』であり、明代に流行していた。これは、人間の欲望を象徴する黒い牛が修行を積んで徐々に白くなっていき、最後は空に至るものである。これに対して、日本で観られる『十牛図』は、北宋の廓庵（かくあん）禅師のもので、牛と格闘して手なづけ、家に帰った後、第八図で空となり、次の第九図で自然が顕われ、最後の第十図では人と人の出会いが描かれている。二つは思想的にも大きく異なっており、どちらを好むかで、中国と日本の思想風土を表わしているように思われる。

廓庵は、詳しい事績も姓名すら伝わっていないが、十二世紀半ばに活躍した禅僧（楊岐派）の梁山師遠だと考えられている。彼は最後を「人位は本より空」とする清居の『牧牛図』を批判して、その不備を補ってこの『十牛図』を著したと総序に書いている。

では、廓庵の『十牛図』の内容はどうか。「牛」は本来の自己の象徴と解釈できる。

一「尋牛」は、真の自己を探求する姿である。修行を始めると、二「見跡」で、牛の足跡を見つける。それを辿っていくと、三「見牛」で牛の後ろ姿が見えてくる。修行をしていく内に、先人の教えの意味が徐々に分かってくる過程を示す。四「得牛」は、牛を得るべく綱を引っ張って格闘する。自己のさまざまな思い込みや欲望と格闘する様である。そして五「牧牛」で綱を引いて牛を連れて帰る。綱を持っていないと、自分の思い込みや欲望が復活して制御が利かなくなる。六「騎牛帰家」になると、牛の背に乗って家に帰っている。ようやく自分の思い込みや欲望を制して、自由になれば本来の自己に戻っていく。七「忘牛存人」は、家に帰り着いて、牛は描かれず、山の向こうに輝く月を拝している。第七までが、真の自己本来の自己に生きるので、牛は消えて、すべてを照らす真理の月を仰いでいる。

を目指して、それを得て自在に生きることを示していると考えられる。

ところが第八図は何もない円相である。題は「人牛倶忘」で、人も牛も忘れ去られて、「無心」「無我」。第七の境位が否定されて、主もなく客もなく、一切が端的な無として現成する。

第九図は「返本還源（へんぽんげんげん）」と題され、川の流れを背に岩に桜の花が咲いている図である。頌には、「本に返り源に還ってすでに功を費す」「水は自ら（おのずか）茫茫、花は自ら紅」とある。第八図の無において「無心」となって、自己の一切の思いが断ち切られて初めて世界がありのままに浮かび上がってくる。

第十図は、「入鄽垂手（にってんすいしゅ）」。「鄽」は店の意味で、世俗の生活に入って、救いの「手を垂れる」との意味であろう。図では、老人と若者が出会って話をしている。これに付けられた頌の訳では「彼は、痩せ衰えた胸を露わにし、素足で市にやって来る。砂塵にまみれ、泥をかぶりながら、顔中を口のようにしてニコニコと語りかける。仙人の隠し持つ秘術など使わず、ずばりと枯木に花を咲かせる」（柳田聖山『十牛図』）とある。大いなる法を悟って、欲望うずまく世俗に降りてくる。「無心」となって、自己として何事をも無さずして、相手の若者の事をわが事として話す。説教せずに、ただ問う。「何処より来たのか？」、「汝は、何者か？」。真の自己を問うている。そう問われた若者は、真の自己を探求せざるを得ない。そして第一の尋牛が始まる。自己を探求する問いに完成はない。

無心となって初めて自然がありのままに見え、初めて人との本来の出会いが出来る。そうなれば、日常生活の中に真実があるのが分かる。そのように目覚めるためにこそ、修行が必要である。普明の『十牛図』のように最後に空に到達するのでなく、空を第八図に引き上げることで、この空が自覚されて後に、ありのままの自然や本来の人との関わりが浮かび上がることを明確にしている。

禅僧がよく一円相として墨で円を書くことがあるが、それは第八図の無であり、その無からすべてが現われ出るという意味であろう。また無心となってこそ、意識的な技を超えた技となるという形で、芸道さらに武芸においても、究極の境地として禅の言葉が引かれるようになるのである。

5. 能楽の形成過程

（1）観阿弥から世阿弥へ

芸能では、元々庶民芸能の一つであった猿楽が、他の芸能の美点をも吸収しながら、義満や公家の二条良基らの後援を得た世阿弥によって能楽へと大成されることになる。

舞は神楽を淵源としており非常に古い。奈良時代には宮廷に中国から伝わった曲芸的な「散楽」があった。また民間では、年初の延年の翁の能や、田植え時に豊作を祈る田楽なども神事から次第に芸能化していった。田楽や猿楽は鎌倉後期には演劇的要素も加えて芸能として展開し、各地の由緒ある大きな寺院や神社に座が生まれていた。一座は、神社や寺院での神事や祭りに奉納するのを主としたが、地方への興行も頻繁に行なっていた。そうした中、大和猿楽の四座の内の一つの座の棟梁であった観阿弥は、元来物まね主体だった猿楽に、田楽の名人の風体を学び、曲舞の節をつけて長くセリフを言うやり方も取り入れて、歌舞劇としての基盤を整えた。

主役のシテは能面を付け、華麗な装束を身に着け、舞うとともに謡っていた。笛、太鼓、小鼓の囃子方の演奏に合わせて、地謡によって舞台の背景が説明され、シテとワキの掛け合いでドラマが演じられる。翁能や神や鬼の能が神事の形を伝えているが、次第に芸能化して武人の話や美人の話などドラマ性を持った曲目が人気となったのであろう。

観阿弥作とされる『自然居士（じねん）』、『卒塔婆小町』など大衆に人気を博したが、やがてバサラ大名佐々木道誉の紹介によって、応安七年（一三七四）、将軍義満が初めて観能することになった。義満は、観阿弥の芸と少年世阿弥の可憐さに魅了され、以後、観阿弥父子を熱心に庇護していくことになった。

世阿弥は、十二歳の年、将軍義満の異常な程の寵愛を受けたので、武将や貴族たちも世阿弥を引き立てた。翌年、前摂政関白で連歌論を著した二条良基も、世阿弥に藤若の名を与えて、自邸の連歌の会に呼び、その付句を激賞している。世阿弥は最上級貴族の指導を受け、王朝の和歌・文学について学べたことは、後に能の作品を作る上でも、能楽書を初めて書く上でも大きな手掛かりとなったであろう。

一三八四年、観阿弥が急死したので、世阿弥は二十二歳で観世座の棟梁を引き継ぐことになった。棟梁はシテ方、ワキ方、囃子方、狂言方などの一座を束ねて、他座との競争の中で生き残らなければならない。義満も近江猿楽の犬王や田楽の亀阿弥などを贔屓(ひいき)するようになっていた。世阿弥は、観阿弥の教えや芸を踏まえながら、他座の芸のよい所も取り入れて、自らの能を造り上げようと必死であった。

(2)『風姿花伝』―年来稽古の条々と初の芸道論

世阿弥は三十七歳の時、ようやく将軍主催の勧進能を興行することができた。天下に許された名人となったのである。翌一四〇〇年、世阿弥は最初の能楽論『風姿花伝』(第三帖まで)を著した。

「第一　年来稽古条々」は、七歳から五十有余まで七段階で生涯にわたる稽古の要点を書いている。

七歳を稽古の初めとする。舞でも謡でも当人に自由にやらせればよく、あまり厳しく注意するな。

十二、三歳の頃は、少年の姿と声で美しいが、「時分の花」なので基礎を稽古せよ。

十七、八歳の頃は、声変わりし背が伸びて腰高になり、おかしくも見えるが、人に笑われようとも、ここが一生の堺だと思いを強くして、稽古しなければならない。

二十四、五歳になれば、声も直り、体も定まり、青年の美があって、評判になることもあるが、これは「一旦のめづらしき花」でやがて失われると自覚して、基本を大事にして、先達の指導を受けよ。

三十四、五歳の頃が「盛りの極め」である。この書の教えを体得して熟達すれば、天下の名声を得るはずだ。そうでなければ、真実の花を極めていないと知るべきで、四十歳以後、能は下がるだろう。

四十四、五歳の頃より、大方身の花もよそ目の花も失せてしまうので、似合いの姿を無理せずに演じ、脇のシテに花を持たせるように、自らは引き立て役のように控えめにすればよい。この頃まで失せない花こそ、まことの花であろう。

五十有余からは、大方演じないこと以外に手立てはないだろう。ただ亡父は五十二歳で亡くなる直前でも、主役を私など初心に譲って、やすき所を少なと演じていたが、花はいや増しに見えた。「老木になるまで花は散らで残りしなり」。

「その態より出で来る花なれば、咲く花のごとくなれば、又やがて散る時分あり。」と、覚悟して、芸の稽古に専念する。芸の力による「まことの花は、咲く道理も散る道理も心のままなるべし。」。

「第二、物学条々」は、女、老人、直面、物狂、法師、修羅（武士）、神、鬼、唐事の九類型に分けて各々の演技の要領を記す。面を付けない直面以外は、シテの男性が面をつけて演じるが、写実的に似せるのでなく、それぞれの役の勘所を摑まえて演じなければならない。

「第三、問答条々」は、九箇条で、演出論や芸の位の論、花の美論などが論じられている。

世阿弥は能の美を「花」で捉えるが、その内容を「幽玄」として論じている。「何とみるも花やかなる為手、これ幽玄なり」、女性的・貴族的で優美な美しさを基本としていた。

「花」が得られるように、観客の様子や時節に応じて適切な芸を工夫すべきだが、稽古を徹底する中で能の位も上がる。「能を尽し工夫を極めて花の失せぬ所をば知るべし」とし、「花は心、種は態」とまとめるのである。自らの芸の経験に基づいて具体的に論じているのである。

（3）芸風の深化と稽古の「型」

応永十五年（一四〇八）に義満が急逝して世阿弥は最大の後援者を失った。代わった将軍義持は、田楽の増阿弥を贔屓にしていた。増阿弥の芸風を「冷えに冷えたり」と世阿弥も高く評している。義持は、禅の造詣も深く、能についても義満以上の鑑賞眼があったので、それにかなうべく、世阿弥は四十歳代後半から、禅に親しみ、増阿弥の長所を取り入れて象徴的な「冷えたる」能へと深化させた。

『花鏡』には、「私に四十有余より老後に至るまで、時々浮かぶ所の芸得」（奥書）を書いている。芸の基準を「幽玄」美としている。「ただ美しく柔和なる体、幽玄の本体なり」。姿かたちがゆったりし、言葉が優美であること。舞にも物まねにも幽玄たること、鬼で力動であっても心を十分に動かし、身は強くとも足を静かに踏んで美しくあらねばならない。

舞う時に、「目を前に見て、心を後に置け」、自分の姿を観客と同じ心になって、前後左右を見るだけでなく、自分の後姿も見るように「離見の見」を働かせよと言う。自身の姿の後までも見えるようになるのは、稽古を重ねて精神集中の極においてであろう。

この時期に「二曲三体」の「形木」（型）を稽古する修行論を確立している。二曲とは音曲と舞で、師匠についてこの基礎をしっかり身に着けた上で、老体、女体、軍体の三体を学ぶ。『二曲三体人形図』として、児姿遊舞と、三体各々とその舞姿、天女舞を図示して詳しく説明している。老体は「閑心遠目」で、少し動作が遅れるように演じる。女体は「体心捨力」で、心を体にして力を捨てた姿、軍体は、「体力砕心」で、強さを表現するため力を主にし、心を働かせる。この二曲三体を稽古しなければ、後にどんな物まねをしても「無主風」になって自分の芸にならない。逆に二曲三体を極めれば、後はどのような物まねも可能であるとする。

後に他の芸の道や武の道でも、エッセンスとして基本的な「型」を稽古して、それを体得すれば他に応用が利くとされるが、ここにその最初期の形が見られるのである。

（4）能の作品の材料と複式夢幻能

能の作品は、「鬘物（かずらもの）」（女性を主人公の能）では『源氏物語』などの王朝文学を、「修羅物（しゅらもの）」（武士の戦いを題材とする能）では『平家物語』を材料として、原作とは違っても情趣ある一場の物語を作る。世阿弥が確立した夢幻能の形式は、諸国一見の僧（ワキ）がある土地に至ったことを語る（序）。里人（前ジテ）が登場し（破一段）、僧とのやり取りで土地の由緒を語る（破二段）。舞台には最小限の象徴的な道具で、地謡の語り、ワキのセリフによって場所と由緒を観客に想像させる。里人は中入りして、物語の主人公が相応しい面を掛けて亡霊（後ジテ）として現われ、忘れ得ぬ深い情念を自ら語り舞ってクライマックスとなる（破三段）。最後はシテとワキのやり取り、地謡で「成仏」が言われることが多い。シテの深い情念が鎮まっていく。やがて夜が明けると、蕭条とした現実の場に戻る。すべてがワキの夢の内である（急）。ワキが静かに橋掛かりから幕に入り、道具は片づけられ、囃子方は揚幕から、地謡は切戸から退場し、何もない舞台に余韻が漂う。「幽玄」にして寂びの美が味わわれる。

（5）芸道論の深まり―「無心の能」

世阿弥は六十歳前後に、棟梁を息子の元雅に譲って曹洞禅に出家した。出家後も役者としての活動は続けており、能の作品を多く書き、能楽論も次々と著している。自らの豊富な能の経験を、禅から得た教養を芸論に活かしてまとめ、息子たち後進に伝えようとしたのである。

世阿弥は、能が生み出す感動を三段階に分けて論じている。

「見（けん）より出で来る能」とは、見てすぐに分かる舞台で、最初から観客も感動してよい舞台であるが、観客も演者も心の落ち着きを失って大事なところを見失うおそれもあるので、演技は控えめにせよ。

「聞より出で来る能」は、しみじみと聞かせて感動させる舞台であるが、番数を重ねる内に、能が湿ってくるので、面白い芸を観客に気づかれないように演じよ。

「心より出で来る能」は、無上の上手のシテで初めて可能な舞台で、謡も演技も特にこれといったものはないが、「さびさびとしたる中に、なんとやらん感心のある所」がある。これを「冷えたる曲」とも、また「無心の能」とも、「無文の能」とも言っている。

「無心の能」とは、「心にてする能」の上にあり、心で「あつ」と思う位だが、「心にも覚えねば、面白しとだに思わぬ感なり」という。こうなると、能の「花」も「幽玄」より「余情の美」へ展開する。批評する人が「せぬ所が面白き」と言うことがある。舞を舞い止む所、音曲を謡ひ止む所、演技の止む所に「心を捨てずして用心を持つ・・・内心の感、外に匂ひて面白きなり」。けれどもこのような内心のあり様が見えると「態」であって「せぬ」ではない。だから「無心の位にて、我心をわれにも隠す安心にて、せぬ隙の前後を綰ぐべし」、「万能を一心に綰ぐ感力」である。もちろん容易に出来るわけではない。「日々夜々、行住座臥に、この心を忘れずして、定心に綰ぐべし」という修行をしなければならない。日常生活から無心に「無心の位にて、せぬ隙の前後をつなぐ」ように心掛けねばならない。禅で「正念相続」と言われるが、能の演技で無心となれば、それが観客にも深い感動を与えるのである。明らかに禅に学んで芸を深めようとしているのである。

「命には終りあり、能には果てあるべからず」。まさに生涯、常に芸を深め、修行を言うのである。

(6) 世阿弥の芸道の影響

世阿弥は、最晩年、将軍が義持に代わってから、音阿弥を支援するこの専制君主からさまざまな迫害を受ける。次男は出家し、長男元雅も伊勢で客死する。七十歳で跡継ぎを失った歎きは深かったが、娘婿の金春禅竹に辛うじて伝えることになる。さらに二年後には佐渡へ配流されるが、その道中から佐渡での流人の嘆きに思いを馳せながら、小唄集『金島書』を著している。自らの悲劇を淡々とした静かな芸術作品に仕上げている。最後まで能楽の道に精進していたのである。八十一歳で没したと伝わる。

世阿弥は、『花鏡』において「芸道」の言葉を最初に使ったが、生涯を一道に専念する仕方も、また形の習道論も、無心の芸や日常生活に徹底する修道論も示していた。これらは、いずれも次の時代にさまざまな芸の道においても強調されることであり、日本の芸の道の根本的な性格を示すものである。

6. 東アジアにおける日本

十五世紀には日本列島では室町幕府が朝廷も取り込む形で統治して、中国・明との貿易が開始された。明は一三六八年に建国したが、反乱を断つために海外貿易を禁じて、国家間の朝貢貿易に限定する政策を採った。そのため元代から海外交易が盛んであった、中国沿岸部と島嶼、朝鮮半島黄海沿岸と島嶼、九州と島嶼、そして沖縄諸島などの海洋民が独自な動きを起こした。倭寇は、日本人の海賊の意味で、貿易から武力で財産や人間を強奪する行為に及んだ者を言うが、日本人だけでなく、中国人や朝鮮人の海洋民も含まれており、後期にはむしろ中国人が主体となる。日明の勘合貿易は倭寇を取り締まって国家間の貿易をするものであった。朝鮮半島でも倭寇の襲撃に苦しみ、一三九二年に高麗に替わって朝鮮王朝が成立すると、倭寇討伐を求めて、対馬の宗氏や十五世紀には幕府に使節も派遣して日朝貿易が行なわれた。

沖縄は、十一世紀から本格的な農業生産が始まり、各地にグスク（城）が出現して、首長が現われたが、十四世紀に入って統合が進んで三山の対立となり、明との朝貢貿易に入った。十五世紀初期に尚巴志が統一して琉球王国が成立した。琉球王国は、中国から東南アジア、朝鮮、日本との中継貿易で繁栄することになる。琉歌が「おもろさうし」としてまとめられ、紅型（びんがた）や三線（さんしん）（日本に伝来して三味線）、手（唐手）、琉球舞踊など独特の文化が展開した。

他方、北の北海道からサハリンでは、十三世紀から青森の十三湊（とさみなと）を中心とする日本海ルートの海運が盛んになり、土器の擦文（さつもん）文化から、乾鮭・毛皮などで鉄鍋・漆器・米などを入手してアイヌ文化が形成されることになる。十四世紀には北海道南部に和人の十二館が築かれ、交易の拠点となる。十五世紀後半アイヌの首長コシャマインが蜂起したが鎮圧されて、蠣崎（かきざき）氏（後、松前氏に改称）が支配することになる。

7. 東山文化の展開

室町後期には、東山文化が展開する。応仁の乱が勃発する前後であるが、この乱の原因であった将軍足利義政は、きわめて個性的な感覚・美意識によって、いろいろな階級・身分の人々の好みの中から優れた要素を選び抜き、それを統合しようとした。晩年、東山の山麓に造営した銀閣は、彼の理想を建築と庭園に表現したものと見られる。二層の侘びた風情で、東山から出る月を池に映して見る仕掛けになっている。彼の書斎の同仁斎は畳敷きの四畳半で明障子（あかりしょうじ）と襖（ふすま）で仕切られ書院造りの原型となった。この付書院や違い棚に中国から輸入した唐物を飾った。義満時代以来の唐物の鑑定と飾りを同朋衆（どうほうしゅう）が担当した。そこには禅宗の影響が見られるとともに、生活文化としての要素が強くうかがわれる（現在の枯山水の庭の向月台は江戸初期の造営になる）。

義政は、一芸に秀でた者たちを出入りさせていた。画では、周文の後に、小栗宗堪、そして狩野正信、能楽では世阿弥の甥の音阿弥とその子、庭師の善阿弥、立花の立阿弥・台阿弥、そして飾り付け全般を担当した能阿弥・芸阿弥・相阿弥などである。それぞれに専門の道を洗練して、東山文化を形成することになる。

義政は、能を好むとともに、連歌も行ない、その座には生け花が飾られ、また茶が供された。東山文化は、その後、守護大名、戦国大名を通じて全国各地に広まり、やがては地域社会の生活文化のなかに深く根づいて、日本人に独特な生活様式や文化的な好みを規定することになる。

8. 五山文化のその後と各種芸道の展開

五山の禅寺は、幕府の衰退に伴って衰えていった。五山僧の中では、応仁の乱が勃発した一四六七年に遣明船で留学し朱子学を学んだ桂庵玄樹が注目される。数年後、帰国し、肥後、ついで薩摩に招かれ、朱子学を本格的に導入して薩南学派を固めるとともに、訓点を改めて『大学章句』を刊行し、近世に朱子学が広がる地歩を築くことになる。

応仁の乱後は、官寺ではない林下（りんか）で、守護大名の後援を得ていた大徳寺や妙心寺が台頭してくる。中でも有名なのは大徳寺の住持も一時務め、塔頭真珠庵を起した一休宗純である。一休は、師から印可証を受けることを拒否し、同門の養叟（ようそう）を批判して、詩歌や書画などの風狂に生き、飲酒や女犯もした反骨の禅僧であった。『狂雲集』にはエロティックな漢詩も載せている。一休の下には、茶の湯の村田珠光、画の曽我蛇足（じゃそく）、能の金春禅竹、俳諧の山崎宗鑑などが参禅し、それぞれの分野で新たな展開の機縁を得たようである。一休に限らず、前代から禅は在家にも参禅の機会が開かれていたので、禅の修行法と空に基づく理論は、芸道の修行法、理論化、伝承の方式に影響を与えることになる。

水墨画もこの時代から禅門を離れて、職業化するようになる。雪舟は、岡山に生まれ、京都に上って、相国寺で周文の下で学んだ禅僧だが、三十五歳頃山口の大内氏の下へ下った。名を拙宗から雪舟等楊に改め、応仁の乱勃発の年、遣明船で中国に渡ってから、独自の風を発揮するようになる。使節の一員だったので、「天童首座」の号を授けられ、北京の宮廷礼部では四季山水画を描いた。中国に渡って本場で認められた自信は大きく、自らの目で見たものを力強い線で描くようになる。二年後、五十歳で帰国してから大内氏の下で西日本を中心に活躍した。六十七歳時の「山水長巻」は春夏秋冬を巡る移り行きを中国の夏珪（かけい）風で描くが、鮮やかな彩色の「四季花鳥図屏風」もある。四季に真実の顕れを見ていたのであろう。禅の初祖達磨に左手を切って落として覚悟を示して入門を迫る弟子の緊迫した場面を描いた「慧可断臂図（えかだんぴず）」は大胆な線で描く。「破墨山水図」は崩した草体で描き、相国寺で如拙、周文に学び、明に渡ったことを書き「天童第一座」と冠している。禅の画僧の意識は持っていたが、スケッチ風の「唐土勝景図巻」や、武将の肖像図、俯瞰した真景図「天橋立図」など、種々の画と多彩な画風で八十歳を越えるまで描いた。中国画も模写しつつ自らの画風を展開したので、雪舟において日本的水墨画が成立したと目される。雪舟は、画には署名をし、後半生は画僧というより、職業画家といった方が相応しいように思われる。

職業画家では狩野正信が、義政に用いられ、漢画に大和絵を融合して華麗な画を描いた。子の元信によって、大画面の障壁画へ展開する。以降狩野派は職業絵師集団となり、大勢力になっていく。

室町後期には禅寺では枯山水の庭が流行した。古来、庭には池と流水がつきものであったが、水の代わりに白砂にがんじきで波紋を描き、水墨画を立体化したような象徴的な表現が見られる。龍安寺の石庭が有名だが、一四九九年の寺の再建時に作られると見られ、義政の同朋衆相阿弥作の伝承がある。

東山文化以降、禅文化も世俗化するとともに、芸道のそれぞれの道が自立し、専門家が生まれ、さらには流派も出来るようになる。能楽の金春禅鳳の『禅鳳雑談』（一五一一三年頃成立）には諸道の名人たちが挙げられている。

参考文献

1. 榎原雅治『室町幕府と地方の社会』（シリーズ日本中世史③・岩波新書・二〇一六）
2. 上垣外憲一『日本文化交流小史―東アジア伝統文化の中で』（中公新書・二〇〇〇）
3. 熊倉功夫・竹貫元勝編『夢窓疎石』（春秋社・二〇一二）
4. 佐藤進一『足利義満　中世王権への挑戦』（平凡社ライブラリー・一九九四）
5. 上田閑照・柳田聖山『十牛図』（ちくま学芸文庫・一九九二）
6. 天野文雄監修『禅からみた日本中世の文化と社会』（ぺりかん社・二〇一六）
7. 特別展『日本の水墨画』図録（東京国立博物館・一九八七）
8. 『世阿弥・禅竹』（表章校注・加藤周一解説）（日本思想大系24・岩波書店・一九七四）
9. 『連歌論集　能楽論集　俳論集』（表章他校注・訳）（新編日本古典文学全集88・小学館・二〇〇一）
10. 吉村均「夢幻能の成立―鬼から二曲三体へ」世阿弥学会『総合芸術としての能』3号（一九九七）
11. 吉村均「死者の思いを聴く―夢幻能に学ぶこと」世阿弥学会『総合芸術としての能』8号（二〇〇二）
12. 島尾新『もっと知りたい　雪舟』（東京美術・二〇一二）
13. 村井章介他編『中世後期における東アジアの国際関係』（山川出版社・一九九七）

9 日本社会と文化の革新—下剋上と一揆、西洋との出会い、全国統一と茶の湯（戦国時代・統一期）

【要旨とポイント】

十五世紀後半の応仁の乱を機に、中世的な社会と秩序が破壊され、戦国時代に入る。十六世紀は下剋上が熾烈で全国で戦国大名が争った。下剋上であるとともに、仲間同士で結ぶ一揆の精神も展開した。この時代に日蓮宗や浄土真宗、禅宗などが広く民衆に広まることになった。十六世紀中葉にはヨーロッパとの出会いがあり、伝来した鉄砲は国産化され、合戦のやり方を革新した。キリスト教も伝えられ、世界地図も持ち込んで、日本人に新たな世界観をもたらした。戦国大名が領国経営と拡大に腐心する中で、織田信長は「天下布武」を打ち出した。信長は鉄砲をいち早く大量に装備し強大となって、室町幕府を滅ぼし天下統一に乗り出した。信長は新たな施策や文化を始めたが、途中で倒された。信長に代わった豊臣秀吉は関白となって朝廷の権威も利用して、大名を服属させて天下統一を達成した。

この時代、彼らは、天守を持つ大城郭を築き、金碧障屏画で権力を誇示する一方、小間の茶室で心を落ち着かせ、食や茶を共にして交わりを深めようとした。茶の湯において、庭や茶室、茶器から諸道具を新たな形で造るとともに、和食や茶を喫する作法で生活文化を精神化することになった。統一期には、天下人によって政治的にも利用されたが、秀吉の茶頭となった千利休において侘び茶が大成する。侘び茶には日本文化の特徴的な性格が集約されて表現されている。

全国統一をした豊臣秀吉は、伴天連追放令、さらに宣教師の磔刑も命じた。さらに中国大陸の征服も妄想して大量の軍勢で朝鮮に侵攻し、失敗して政権基盤を崩した。

【キーワード】 下剋上、一揆、西洋との出会い、全国統一、侘び茶、千利休、朝鮮出兵

1. 戦国時代—戦国大名の登場

十五世紀後半から室町幕府の権威は失墜して、地方を実質的に支配する群雄割拠の戦国時代に突入する。戦国時代は下剋上の時代である。背景には、惣村が発達して水利を基に大きな共同体をなし、生産性が増大しており、商工業も発展して、技術を持った専門職の職人が生まれていた状況があった。土木や建築の技術が高まり、特産品も生まれ、定期市や常設に棚市も並ぶようになった。この時期、各地で農業も商工業も発達して、それぞれに連帯する一揆が発達していたのに対して、地方の実力ある武士層が最初は同盟を結んで横の連帯で勢力を確保しようとしていたが、次第に淘汰されて地域に大きな権力が成長してくる。この百年間に守護大名のほとんどが倒され、地元の国人層出身の戦国大名に置き換えられていた。古代的な職や主従関係による複雑な所有・主従関係は解消されて、次第に政治的な縦の家臣団組織へと統合されていく。宗教的に統合された国や商工業者の自治都市も成立していたが、これらもやがて政治的に統合されていく。家臣団の統制と領国の統治のため、主だった戦国大名は家訓や分国法を制定している。また大名家の菩提寺を中心として寺院の統制も始めている。戦国末期には地域に大きな権力を持った戦国大名が割拠する形勢となったが、各地の大名は国力を高めるため、治水事業や鉱山開発を進め、地域振興に力を注いだ。他方応仁の乱で荒廃した都も十六世紀初頭には町衆の力によって復興して、祇園祭が復活している。

2. 仏教の一揆と葬祭、新たな神道思想の形成

戦国時代には、下剋上で変転する権力に対して、支配される町衆や農民の間で、自分たちで宗教的にも団結する一揆の動きが顕著になる。

日蓮宗（法華宗）には日親が出て京都の町衆に広がった。町衆は、応仁の乱で焼かれた京都に二十一ケ寺を建立して、それぞれに檀家になり、武装して自衛するようになった。やがて比叡山の衆徒や近江の六角勢の攻撃を受けて焼かれた（天文法華の乱）が、町衆によって十六ケ寺がすぐに復興している。

浄土真宗は本願寺に第八世蓮如が出て、近江・北陸・東海・大坂に次々と新たな講を組織して急激に発展する。蓮如は、十字名号「帰命尽十方無碍光如来」を大書した掛け軸を本尊として与え、手紙文体の法語「御文（御文章）」を送って布教し、念仏をして来世に往生せよと説いた。蓮如は「外に王法（世俗の法）をもっぱらにして内には仏法を本とすべし」とし、諸法諸宗を誹謗するな、諸神・諸仏を軽んずるなと、さまざまな対立を誡めていたが、やがて門徒は一揆を結んで大名と対立することになる。加賀では守護大名を自害させて門徒により一国を支配するまでになる。

禅の臨済宗では、五山に代わって林下の妙心寺派が台頭するようになる。曹洞宗では瑩山の総持寺派が庶民層に展開する。禅宗で、修行中に亡くなった僧侶に対する葬送儀礼を在家用にも転用して、戒名を与える葬儀をすることが始まり、広まっていった。仏教において宗派意識が強くなり、大名や町衆などでも家の継続が意識されるようになると、家の菩提寺を決めて、その宗派を後援するようになる。

神道でも、今までにない仏教や儒教を超えた神の観念を主張する思想が登場している。吉田兼倶は、京都の吉田社の祠官であったが、応仁の乱で吉田社が焼失した後、吉田家や自説の正統性を主張するための文書を偽作し始めた。『日本書紀』や神祇故実を独自に解釈することに基づきながら、これまでの神道は、一社の縁起を示す「本迹縁起神道」、密教により神仏習合した「両部集合神道」だったが、天地開闢をもたらした、形に現われない宗の源たる「大元」の国常立尊から吉田家に伝わった唯一神道があるとする。神道においても「顕露教」と「隠幽教」があるが、後者の「大元宗源」の神道こそが根本であり、儒教は枝葉、仏教は花実として三教を統合する「三教根本枝葉花実説」を説いた。従来の仏教を本とした本地垂迹説を逆転した発想であった。さらに吉田社に、日本中の神を統一して祭る斎場大元宮を設けて、天皇の宸筆（しんぴつ）の扁額も下賜された。教説に基づく独自の「三壇行事」も始めた。吉田神道は、戦国時代に吉田家によって受け継がれ、その末裔の梵舜が徳川家康の神道の顧問的役割を果たすので、江戸時代に諸国の多くの神主が吉田神道を学ぶことになる。

3．ヨーロッパとの出会い─鉄砲とキリシタンの伝来

この時代の画期的なことは、ヨーロッパ人によって鉄砲とキリスト教が伝来したことである。一五四三年に種子島に漂着したポルトガル船によって鉄砲が伝来したというのが通説である。典拠は、それから六十年余り後に、種子島の当主の孫がその事績を顕彰するために僧侶に依頼して出来た『鉄炮記』（文之玄昌・一六〇六年撰文）による。ヨーロッパの文献では前年とする。最近の研究では、東南アジア系統の火縄銃が多種類見られるので、鉄砲は倭寇により、この前後に伝来していたとする説もある。初期の鉄砲は将軍足利義輝が上杉謙信に贈ったように物珍しい品であった。けれども刀鍛冶の高度な技術によって国産化が可能になった。大坂の貿易港の堺には、伝来後間もなく鉄砲鍛冶が生まれて鉄砲を生産するようになった。鉄砲は、火薬原料の製法や調合、射法や玉の開発、発火装置の考案など専門的な知識を持った砲術師によって戦国大名に伝播されたようである。一五六〇年前後から合戦に登場するようになる。

織田信長は一五六一年頃から砲術師について鉄砲を撃っていたが、鉄砲の産地の近江の国友、さらに堺を支配下に置いてから大量に調達して、一五七五年の長篠合戦で千挺ばかりの鉄砲で武田勝頼の騎馬軍団に大勝したとされる。信長は鉄砲足軽を組織して効果的に運用して天下統一事業に邁進した。

キリスト教もすぐに伝わった。一五四九年にはイエズス会のフランシスコ・ザビエルが鹿児島にやっ

てきて、山口（大内氏）や豊後府内（大友氏）に布教している。彼はマラッカで日本人アンジローに出会って、日本への布教を決意し、その案内で来日したのである。その後も、ヨーロッパでは宗教改革でプロテスタントに対抗してカトリックをアジアにも布教しようとする宣教師が来日する。七年後に来たガスパル＝ヴィレラが将軍の許可を得て畿内に布教、堺をベニスの如しと『耶蘇会士日本通信』に報告した。さらに七年後に来たルイス＝フロイスは信長に謁見し、その七年後に来たオルガンティノは一五七五年に京都に南蛮寺を建て、安土にセミナリオ（学院）を開設した。信長がキリスト教の布教を許したのは、仏教勢力を抑える狙いであった。

ポルトガルやスペインの南蛮船は、中国マカオやフィリピンのマニラを拠点に貿易をしていた。日本人は新しい珍しいものを受け入れる性質があるとフロイスは記しているが、帆船や持ってきた物、西洋人の風俗に関心を持って「南蛮図屏風」が多数制作されることになる。

大名の内には布教によりキリスト教の洗礼を受ける者もいたが、西洋の技術や風俗への関心が強かったようである。その大名の家臣や領民まで入信することがあり、比較的早くに伝播していった。戦乱の恐怖や来世での救いを願った心情、それに当時の仏教僧侶の堕落に対して、異国に布教しようとする宣教師の熱意を信頼したのであろう。

キリシタンとなった日本人宣教師のハビアンの『妙貞問答』（一六〇五）は、仏教批判、儒教・神道批判の後に、キリシタンの教えを説いている。仏教ではすべてが無に帰するが、キリスト教によってこそ真実の来世が説かれるのであり、デウスこそ「現世安穏、後生善所の真の主」だと言うのである。

4．天下統一への道—織田信長

戦国大名は家臣団の統制と領国経営が主眼で、近隣の中小大名を取り込みながら、他の大名と同盟を結んで自国の拡大に腐心していた。全国は大きな地域ごとに分かれて戦国大名が併存した状況であった。その中で全国を統合する構想を抱いたのが織田信長であった。

信長は二十代前半に叔父や弟を討って尾張を統一し、二十七歳で駿河の今川義元の大軍が侵攻してきた時には、率先して奇襲し討ち取って武名を挙げた。八年後美濃を支配した際に「天下布武」の印章を作った。翌一五六八年、足利義昭を奉じて上洛し、三好三人衆を排除して、十五代将軍としたが、将軍を殿中掟で縛って傀儡（かいらい）化しようとした。以降、三好勢や義昭が画策する反対勢力との合戦に明け暮れる。この間に家臣団では強固な親衛隊を核に能力主義で登用した人材を使って、新たな政治・経済・軍事のシステムを構築した。

信長は、濃尾平野を基にした経済力に、畿内から瀬戸内海への経済圏を押さえた。「公儀」を称して二十一か国に及ぶ守護や有力国人に服属を勧めて、服属した者には知行を安堵した。貴族・寺社も含めて土地の正当な権利者を保証し、違反・侵害を停止した。関所を廃止し楽市楽座で流通と商工業を発展させた。堺を直轄地とし、西国・外国との交易を押さえた。鉄砲を装備した足軽隊を作って常備軍を組織した。伝統的な権威を持った比叡山を焼討した。一五七三年、武田信玄病没後、義昭を追放して室町幕府を滅亡させた。

二年後、長篠の戦いでは鉄砲隊を主力として武田の騎馬軍団を潰滅させた。同年一向一揆によって支配を覆された越前に攻め入り、三、四万に及ぶ宗徒を皆殺しし、九か条の「国掟」を発して「何事においても信長申し次第に覚悟肝要に候」と宣言した。信長は反抗する百姓は殺戮し、統治する家臣には支配の仕方を申し渡して、超越的な権力を創出しようとしたのである。

さらに二年後完成した安土城は天守を持つ巨大な城郭だが、キリスト教会の天主をヒントにしたとされ、黄金を使い内部には伝統的な儒仏や中国の聖人・賢者の障壁画を描かせ、それらに優る武威を見せつけた。家臣団を序列に従って城下に集住させ、商工業者も集めた。安土城に日蓮宗の長老を呼んで浄土宗と対論させて自ら裁定して屈服させた。信長はキリスト教の布教を許し、フロイスなどとも度々接見して世界地図を見て海外事情を興味深く聴き、西洋文物を取り入れ、羅紗の陣羽織など南蛮ファッションを身に着けた。

信長は朝廷から右大臣を贈られたが、翌一五七六年に辞した。そして一向宗の本拠・大坂の石山本願寺攻めを佐久間信盛に、北陸経略を柴田勝家に、山陰を明智光秀に、山陽を羽柴秀吉にと、方面軍を任せて統一に邁進した。本願寺とは計十年間戦って一五八〇年に天皇の裁定で退去させた。直後、譜代の家老の佐久間を長年かかっても目立った働きがなかったとして、高野山に追放した。信長の評価は絶対的で厳しいので、家臣や同盟者でも反逆する者が多数出たが、反逆者には容赦がなかった。信長は安土山に摠見寺（そうけんじ）を建て、自らを神として祭り、参拝せよと命じる触れを出した。一五八二年、西国に出陣するために京都の本能寺に泊まったところを、明智光秀に襲われて死んだ。

信長は、近世につながる新しい社会システムを構築した。その過程で敵対すると見なされた者は殺され、期待を裏切る者も過酷な処置を受ける故に、必死に抵抗せざるを得ず、常にまさに血みどろの戦いになった。武力による支配だったので、謀叛は必至であった。配下や支配される者の視点を持ち、対処する問題にあたる当事者の工夫や専門の知恵を活かす余地があれば、時間がかかるが違った展開も可能となったであろう。武力による民衆支配は近世に受け継がれて、御上の言うことには反抗できない意識を固めることになる。

5. 天下統一の実現—豊臣秀吉

信長の死後、天下統一を実現したのは豊臣秀吉である。秀吉は、本能寺の変の情報を知るや、直ちに対陣していた毛利側と和睦して中国大返しをして、明智光秀を討ち、信長直系の孫の後見を名目に主導権を握った。織田家の重臣柴田勝家を合戦で破り、信長の三男信雄と結んだ徳川家康には前哨戦で負けたが、交渉で和睦した。以後、朝廷に接近する。摂関家の兄弟が関白を争っていたが調停と称して自らが関白になった。その一五八五年、天皇が叡慮しているとして九州の大名に停戦を命じた。家康には妹を正室として送り、母まで人質として送って大坂城に呼び出し臣従させた。秀吉は臣従すると領地を安堵し、命ずればその軍勢を動員できるので、個々の大名を圧倒する軍勢となった。紀州攻めでは首謀者を晒し首にする一方、百姓らは命を助けて武装解除し村に返した。島津氏が停戦命令を無視して九州全土を制覇する勢いだったが、大軍勢を動員して降伏させ、薩摩に押し戻した。東国にも惣無事令で私戦を禁じたが、小田原の北条氏が反したので、大軍勢で包囲し兵糧攻めで降伏させた。東北で大勢力となっていた伊達氏も臣従したので、東北の領地を裁定した。秀吉は、朝廷の権威を利用して一五九〇年全国を統一した。秀吉は臣従すれば裁定した領地の支配を認めたが、命令によって領地を移動させた。家康を三河から旧北条領の関東に転封させた。豊臣政権は、全国を平定した莫大な富に加えて、直轄地の金と銀の生産も最盛期で潤沢であり、経済力は圧倒的であった。

秀吉は天皇の伝統的な権威を大名の統制に利用した。後陽成天皇の即位礼を大々的に行ない、関白就任後に大内裏跡に建設した聚楽第（じゅらくだい）への行幸も諸大名を供奉させ、天皇を介して自らへの服属を誓わせた。秀吉は衰亡していた朝廷や貴族を経済的に支援して儀式を復興して利用したのである。

秀吉は征服地から行なっていた検地を全国に及ぼした。度量衡を統一して全国の田畑の収益を把握するとともに耕作者に年貢を納めさせた。こうして古代末以来の荘園は解消され、近世の石高制となる。旧荘園領主の収入高は石高制下の知行が与えられたので、貴族や寺社も政権の中に取り込むことになった。水産業や林業の生産額も石高で示された。各藩の経済力が石高で示され、軍役や上納金の負担の基礎となった。さらに下剋上を停止するために、農民の刀狩りを行ない、身分法令を公布して、兵農分離を実現して武士層を固定化した。

大坂に天守を持つ大城郭を建設し、内部の大広間には、狩野永徳などに豪壮な金碧障壁画を描かせ、瓦にも金を施して、その武威と経済力を天下に見せつけた。他方、千利休の侘びた小間の茶室の茶の湯を、大名の服属儀礼に利用し、新しい文化として宮中へも広めた。

6. 侘び茶の展開

茶の湯は、東山時代には会所や書院などで、唐物の名品などを飾り立てた中で、茶を喫していたが、水屋や専用の台子で茶を立てて持ち運んでいた。それが十六世紀になると、専用の茶室が造られ、茶の湯が「侘び茶」として独立して展開するようになる。

(1) 村田珠光から武野紹鷗へ

侘び茶の祖とされるのが、村田珠光である。奈良の浄土宗の称名寺の僧であったが、禅僧一休宗純に参禅し、印可の証明として中国の禅僧圜悟（えんご）の墨跡を授けられ、茶の湯に墨跡を取り入れるようになった。当時茶の湯は唐物の鑑賞を主体としていたが、珠光は和物も取り入れ、「和漢の境をまぎらかす事、肝要」と言った。珠光は、唐物を基本としながら、「麁相（そそう）」の貧相でやつした美をよしとする新たな美の形式を始めたのである。

侘び茶を確立したのが堺の町衆の武野紹鷗（じょうおう）である。戦国時代に貿易港で自治都市となって繁栄していた堺では富裕な町衆の間で茶の湯は流行し、名物もいろいろ集まっていた。堺では町衆の間で老後は隠居して「市中の山居」とした茶室を構えて楽しんでいた。天文期には多くの茶会記が残されている。

紹鷗は、二十四歳の時、京の室町に住んで、茶の湯は珠光の弟子に学び、続いて貴族に和歌・連歌を学ぶことがかなった。三十三歳で、堺に帰ってから、大胆な改革を始めた。

また「紹鷗侘びの文」では、「一、数寄者と云は隠遁の心第一に侘て、仏法の意味をも得知り、和歌の情を感じ候へかし。」と述べ、心の持ち方を正し、無限定の美をよしとして、さまざまな物を「目明き」した。茶室を草庵風に簡素化した。唐物を高麗物に変え、備前の水指を取り上げた。また食事を一汁三菜に限定して心の籠ったものとした。亭主と客人の「一座建立」の理念も言っていた。

（2）千利休と茶頭の茶の湯

千利休は、堺の町衆の家に生まれ、珠光の系統に学んだ後、十八歳の時に紹鷗の門に入った。この前後から堺の南宗寺で参禅したという。

茶の湯のあり様が大きく変わるのは、一五六八年、織田信長が将軍義昭を伴って上京して以降のことである。信長は、堺に武装解除と巨額の献金を迫った。翌年、利休は今井宗久、津田宗及とともに和平派として抗戦派の説得にあたり、結局堺は信長の要求に応じた。その翌年、信長は茶道具の「名物狩り」をするとともに、自ら茶会を開いて名物を披露しその権勢を誇示した。また武将には茶の湯を禁制として茶器を褒美として与え、茶会を開くことも許可制にして政治的に利用しようとしていた。一五七一年には、上記の堺の茶人三人が信長によって茶頭に任命された。

一五八二年、本能寺の変での信長の死後、利休は秀吉に仕えた。秀吉は、一層大々的に茶の湯を政治に利用した。自らの文化面でのヘゲモニーを新興の茶の湯で演出するとともに、巧みに諸大名の服属儀礼に利用した。利休が茶の湯で大改革をしていくのは、秀吉の茶頭になり、その強力な後援を得てからで、山崎の地に二畳の茶室待庵を建てた六十一歳以後である。

一五八五年、秀吉は関白となった御礼に自ら禁中茶会を催し、翌年には黄金の茶室を作って宮中に持ち込んで茶会をした。さらに翌々年には全国の茶人に参加を求めた北野天神大茶会を開催した。これらは、いずれも利休によって推進された行事であった。

(3)「侘び茶」の美学革命

天下統一を達成した豊臣秀吉は、巨大な大坂城を建設し、豪華な聚楽第を建てた。これに対して、利休は四畳半の茶室をさらに二畳に切り詰めた小間の茶室を作った。秀吉が、瓦まで黄金で装飾され、百二十畳もの大広間で大名を平伏させるのに対して、利休は土の荒壁で装飾は一切なく、堅牢さと対極の鄙びた粗末な茶室だが、結界を示す中門を入ると露地があって自然の中を歩んで心を清浄とし、さらに狭い躙り口を潜って、非日常の世界を演出した。茶道具も装飾がそぎ落とされて、簡素でしかも心落ち着くものが選ばれている。外部とは隔絶した茶室は、狭いほどに精神の緊張度も高まり、密になる。轆轤を使わずに手び練りで作られた茶碗はさまざまな手触りの感覚がある。軽い食事の後、中立で一旦茶室から立つと、茶室のしつらいも光も空気も変えられている。改めて茶室に入って、茶を回し飲みとなる。特別な飲食を共にすることで、関係を深める。豪華、絢爛、贅沢、綺麗とは対極にある精神的に趣きの深さを問題にするのである。亭主と客が共に作り上げる「一座建立」であるが、さらにその上に利休は「一期に一度の参会」の覚悟—生涯に一度の出会いという覚悟を付け加えた（後に「一期一会」と言われるようになる）。生半可なものではない。利休は最後には権力者の秀吉の怒りによって自刃することになり、茶に殉じた。秀吉との茶の湯も命がけのものであった。侘び茶が達成したのは、こうした意味で、まさに美的な革命であったと言えよう。

（4）日本文化の文法

加藤周一は、茶の湯において、「日本文化の持続的な傾向」であり、「日本文化の文法」が意識化されていると論じている（『日本　その心とかたち』）。

1．此岸性　超越的な価値ではなく、此岸の、今ここの状況の小世界を美的に洗練している。
2．集団主義　内と外との区別が明瞭で、集団内部の象徴的な行為であり、儀式で共同性を高める。
3．感覚的世界　色、音、触覚、嗅覚、味覚などの洗練された感覚的文化を要約したものである。
4．部分主義　人工的なものは排除し、部分を積み上げて「おのずから」自然に成り立っていく。
5．現在主義　過去や未来にこだわらず、現在の状況の変化に適応する。「一期一会」

確かに茶の湯は、中世の初めから日本人の心の中に深く浸透していた無常観を根底におきながら、会所で集まってしばし世俗から離れた美的世界を共有する連歌などの方式を、共同で飲食するという生活文化に応用して芸術的に総合して一つの様式に結晶化したところがあると言える。それは、公的な社会生活とは別の「市中の山居」で心を自然の中へと向かわせる。手の込んだ人工的なものを排して、自然のものを味わう。親しい間柄の人間関係でさまざまな心遣いを互いに察しながら、一層親密さを深めるものとなる。振り返れば簡素な茶室は瓦を使わず茅葺や柿葺の屋根である。炉は囲炉裏であり、茶碗も変化に富む厚手の手び練りの焼物を好むところには、日本人の縄文に遡る古い記憶が働いているのかも知れない。自然の素材を生かした食事や、濃茶の回し飲みは、祭りでの共食を洗練した形にしているとも言えよう。「夏はいかにも涼しきやうに、冬はいかにもあたたかなるやうに、炭は湯のわくやうに、茶は服のよきやうに、これにて秘事はすみ候」（『南方録』）が極意とされるところは、季節に合わせて人への心配りを象徴するものであろう。加藤は、「日本文化の文法」と言っているが、確かにこの五つの性格は視点として有効なものであると思う。けれども桃山文化は南蛮文化を取り入れながら、もっと多様で豪放なものであったことも同時に見ておかなければならない。

7. 桃山文化の諸相

信長・秀吉の時代は天下統一を機にさまざまな文化が花開いた。一五七三年の天正から、一六一五年の慶長までの華やかな文化である。秀吉が築いた伏見城が桃の名所であったので、桃山と呼ばれたことに由来して、桃山文化と呼ばれている。四十年余りだが、南蛮文化も入って特色ある文化が展開した。日本のルネサンスとも評される清新で伸びやかな文化が展開した。

城郭建築

信長が築いた安土城は、石垣の上に天守を持つ七層の高層建築で権勢を誇示した。秀吉は大坂城を築いた。内部の大広間も豪壮な障壁画で飾った。出仕した諸大名は慶長期に天守を持った城郭を築いた。姫路城は一六〇一年の創建当初の形がほぼ残されている。軍事施設として防御機能が工夫されているが、平野部で高く美しく聳えて地域のランドマークとなっている。

障屏画

権力者の力を示すために金銀をふんだんに使った障壁画や屏風が城郭内部や御殿を飾った。安土城も大坂城も狩野永徳の工房が描いたが、長谷川等伯や海北友松一門も後に加わる。永徳は、若い時期の「洛中洛外図」では復興した京都の町衆の姿を二百人以上も細筆で描き、安土城では仏教や中国の聖人・君子を描き、「檜図屏風」では巨大なモチーフを一気に描いた。等伯は狩野派風の大画に大和絵風の華麗さを加えた「楓図」を描く一方、水墨画に静かな叙情を帯びた「松林図屏風」も描いた。また南蛮船の到来と南蛮人や宣教師、見物人を描いた南蛮屏風も数多く描かれた。また町衆による絵も展開する。風俗画の「花下遊楽図屏風」や「豊国祭礼図屏風」は風流踊りをするエネルギッシュな庶民の姿を描く。

工芸

この時代には茶の湯の展開・普及で、茶碗や茶道具の各種が工夫されて作られた。利休とは対極的な大胆にデフォルメし濃緑の釉を使った古田織部はかぶく精神を示している。慶長期に朝鮮から連れて来られた人々によって磁器も焼かれ、有田焼などが生まれる。

元来、かざりはハレの場に限られていたが、暮らし全体を美しく飾り立てる調度品も生まれる。高台寺蒔絵が代表的である。イエズス会を通じて輸出された精巧な螺鈿や蒔絵を使った聖龕（せいがん）はヨーロッパで愛好された。また大名の兜にも大胆奇抜なものが見られる。

芸能

能楽は秀吉が愛好して自ら習って演じ、また「明智討」「柴田」などの能を作らせた。大和猿楽四座のすべてに千石程度を配した。この時代に能舞台の様式が確立し、能装束は華麗なものとなり、能面の型も揃った。家康も今川家時代から能に親しんでおり、江戸時代に能楽は武家の式楽となった。また能の歌詞を歌う謡（うたい）が戦国期から町衆の間で流行していたが、慶長初めには謡本が出版されている。

この時代に四条河原で異相で踊った出雲の阿国のかぶき踊りが人気となる。江戸幕府によって規制されて変わるが、現在の歌舞伎につながることになる。

「天下一」の自覚

政治的な全国統一がなされたので、職人や芸能者、さらに武芸者にも、それぞれの道で「天下一」を名乗る者が多数現われた。これまでの時代にはなく、また江戸時代になるとほぼ消えるので、この時代特有の意識といえる。彼らを祖とする流派が多数生まれている。

8. 統一後の世界認識—伴天連追放令と朝鮮出兵

この時代にヨーロッパとの出会いがあり、日本人の世界観が大きく変わった。世界を意識するとともに、日本という国についても自覚させられた。

豊臣秀吉は、日本の全国統一を達成する前後に重要な政策決定をしている。一つは一五八七年六月の伴天連追放令である。秀吉もキリシタンには優遇策を取っていたが、九州遠征で長崎で土地が教会に献上されていることを知り、さらに日本人の人身売買があることも聞いて激怒した。追放令布告の冒頭に「日本は神国たる処、きりしたん国より邪法を授け候儀、太だ以て然るべからす候事」と宣言する。「キリシタンが「神社仏閣を打破る由、前代未聞に候」と言っている。ただ「商売」の事はキリシタンとは別なので売買いたすべき事」を言っている。商業は別だと割り切っている。現実に宣教師の追放まではしていなかった。けれども九年後、スペインのサン＝フェリペ号がフィリピンからメキシコへ向かう途中に遭難して土佐に漂着した時に、奉行を派遣して、スペインが宣教師を先に派遣して植民地にする意図もあるという報告を受けると、京都に居たフランシスコ会の宣教師らを捕えて長崎に送って磔刑にしている。キリシタン禁令は江戸幕府に引き継がれる。

もう一つは朝鮮出兵である。秀吉は、日本全国の統一を目前となった九州遠征の際に、中国の明まで征服する野望を抱くようになった。そのため朝鮮半島から出兵することを目論んだ。

秀吉の弟秀長は一五九一年一月の死に際に出兵を止めるように強く言ったが、秀吉は聞き入れなかった。細川藤孝は大義もなく、仁愛もなき戦さで「空恐ろしき事」だが、誰も意見が言えないと書いている。フロイスも失敗する理由を列挙し、武将たちも内心は困難と思いながら、「不思議なほどの遠慮と畏怖の念」から反対は言えなかったと言う。五大老の家康と前田利家が同意したので出兵に決定した。

秀吉は一五九二年から朝鮮半島に出兵する。秀吉は一月に西国大名と豊臣譜代の二十二大名に渡海を命じて、四月に第一陣が釜山に到着し、計十五万八千もの軍勢が渡海し、五月には首都の漢城を攻略した。鉄砲を大量装備して戦国合戦を勝ち抜いた日本軍は強かった。快進撃に、秀吉自ら渡海し、翌年は関白秀次を出陣させ明を征服して秀次に北京廻り百か国、天皇を移して十か国を与え、自らは南の寧波に居を据え、天竺を征服すると「三国国割計画」まで発表している。「大明長袖国」を「弓箭きびしき日本国」が討ち破ると言っていたが、国内で朝廷・公家の中世国家を解体して、武家の近世的国家を樹立したという認識をそのまま対外に拡大して観念したものであった。六月に平壌も陥落させ、さらに北部まで兵を進めたが、まもなく各地で民衆の蜂起があり、李舜臣らの水軍が活躍して制海権を取られて補給が困難となり、さらに宗主国明が救援軍を送ってきて戦線は膠着状態になり、講和交渉となった。

一五九六年九月、秀吉は大坂城で明の使者に接見したが、日本国王に任ずるという冊封文に激怒して、再度朝鮮出兵を決定した。慶長の役では、さらに凄惨で大きな犠牲を生んだ。結局朝鮮出兵は、九八年八月の秀吉の死によってようやく撤兵に至る。秀吉は、並行して琉球や台湾、フィリピンやインドのゴアの総督にまで服従と入貢を求めたが、アジア全体に日本の「武」への恐怖心と警戒感を持たせることになった。

朝鮮出兵は豊臣系大名と西国大名に大きな損害を与えただけでなく、深刻な亀裂ももたらした。朝鮮で戦う諸将の許に石田三成など三奉行が派遣されたが、兵糧にも事欠き、ゲリラに襲われる苦境が秀吉に伝わっていない不満は深く対立に発展する。後の関ヶ原の戦いで、朝鮮で苦労した諸将は反石田で猛烈に戦うことになる。この間に秀吉は実子秀頼が誕生したことから、二年後、跡継ぎとして関白にしていた甥の秀次を、謀叛を企てたとして自害させて、ますます豊臣政権の基盤を危うくした。

他方、「家康が覇権への道を具体的に画き始めたのは文禄初年頃からと推される」（徳川義宣『家康の遺産』）。朝鮮出兵の年である。翌年家康は藤原惺窩を江戸に呼んで『貞観政要』の講義を聴いている。家康は多くの書物を集め、学問への興味を深めて文治政策の構想を固めていた。家康は朝鮮出兵には一兵も出さなかったことが、後に朝鮮王国との国交回復の際の重要な前提となった。朝鮮出兵はまさに豊臣政権の基盤を揺るがし、徳川家康の道を開くことになった。

桃山文化の活力を考えれば、天下統一後にさまざまな発展の可能性があったであろう。国内では思った以上に早く、犠牲者も少なく統一が達成されたが、外には大きな禍根を残した。外交の視点がなく、傲慢となって誰にも意見を言えなくした権力者が招いた悲劇である。アジアにおける日本人への見方にも大きく影響を残す事件であった。

戦国時代から統一期は、国内では天皇の権威を利用して最後の大名同士の淘汰戦を巧みに回避して統一政権が成立したが、外国に対しては観念的なまま大量の軍隊を送って国内外ともに大きな犠牲を生んで将来に禍根を残すことになった。改めて「内と外と」の視点から考え直す必要があるであろう。

参考文献

1. 永積慶二『戦国時代』上・下（小学館ライブラリー・二〇〇〇）
2. 朝尾直弘『天下一統』（小学館ライブラリー・一九九三）
3. 池上裕子『織豊政権と江戸幕府』日本の歴史15（講談社・二〇〇二）
4. 村井章介『分裂から天下統一へ』シリーズ日本中世史④（岩波新書・二〇一六）
5. 管野覚明『神道の逆襲』（講談社現代新書・二〇〇一）
6. 茶の湯文化学会編『講座　日本茶の湯全史』第一巻（思文閣出版・二〇一三）
7. 加藤周一『日本　その心とかたち』（スタジオジブリ編・徳間書房・二〇〇五）
8. 山下裕二・高岸輝監修『日本美術史』歴史篇（美術出版社・二〇一四）
9. 徳川美術館編『家康の遺産―駿府御分物』（徳川博物館・一九九二）
10. 上垣戸憲一『文禄・慶長の役―空虚なる御陣』（講談社学術文庫・二〇〇二）

10 近世社会の形成―幕藩体制、身分制と家、流派武芸、「鎖国」(江戸初期)

【要旨とポイント】

十七世紀初頭、関ヶ原合戦後、徳川家康は征夷大将軍となって江戸幕府が成立する。幕藩体制が形成されるのは一六一五年の大坂の陣で豊臣氏を滅ぼして以降である。一国一城令と武家諸法度で諸大名を統制するとともに、朝廷・公家、寺社をも統制した。士農工商の身分制が敷かれ、武士は城下町に集住した。三代将軍家光の代には、九州にも譜代大名が入って全国統治を強めて、参勤交代制を敷き、老中制を整備して世襲化した。島原の乱を鎮圧してからはキリシタン禁令を徹底して「鎖国」体制をとって強固な体制を築いていった。

合戦は無くなったが、武士は武芸を鍛練することが嗜(たしな)みとされた。実戦的な技術よりも、支配層の武芸鍛練の新たな意義づけが問題になった。将軍家兵法師範で家光の信頼が厚かった柳生宗矩は、新陰流の技を受け継ぐとともに、禅が教える「無心」を究極の境地として心法面を強調して、治世における剣術の新たな意義づけをして、流派剣術を社会に定着させた。対して、諸国武者修行をした宮本武蔵は自らの経験に基づき具体的な技の原理と稽古法、戦い方の理論を説き、剣術の鍛練を核とした武士の生きるべき道を示した。流派剣術は以降、幕末に至るまで数多くの流派が生まれて展開することになる。

キリシタン禁令を徹底し、すべての家をどこかの寺院の檀家とする寺請制度で監視させたので、仏教宗派が地域に定着する。また共同体には神社があったが、神主も統制を受けることになる。幕藩体制の中で武士が官僚化していくにつれ、『甲陽軍鑑』などの軍記による兵学が展開する一方、儒教による士道論が説かれたが、主君にひたすら献身せよという武士道論も現われた。

【キーワード】　幕藩体制、士農工商、柳生宗矩、宮本武蔵、キリシタン禁令、「鎖国」、寺請制、武士道

1．江戸幕府の成立

一六〇〇年の関ヶ原合戦は、徳川家康の主力は息子秀忠が率いていて遅れたが、朝鮮出兵以来石田三成に反感を持つ豊臣恩顧の大名たちの活躍により、東軍側の勝利に終わった。敗れた西軍側の八十七大名が取り潰され、毛利と上杉の大大名は三分の一に大減封されて領地を遠国へ移された。家康は、五大老五奉行の中で唯一残って強大であったが、豊臣秀頼を補佐する立場であった。福島正則ら活躍した武将には西国に大きな恩賞を与えた。大坂の秀頼と諸大名の主従関係は解消されず、徳川の譜代大名の勢力は東海道を押さえたが、畿内では彦根の井伊氏までで西国には外様大名ばかりだった。

一六〇三年に家康は征夷大将軍の宣下を受け、江戸幕府が発足した。これにより家康は豊臣家の大老という制約を脱して、武家への命令指揮権を得たので、軍役に代わって江戸の造営や駿府城、名古屋城など天下普請に大名を動員した。この年、秀吉との約束によって秀忠の娘を大坂の秀頼の下に輿入れさせた。秀頼が二年後、右大臣に任ぜられるや、家康は征夷大将軍を秀忠に譲って徳川家が世襲する意思を明らかにした。

一六〇四年から朱印状を西国大名や豪商、幕臣としたイギリス人アダムス（三浦按針）などに与えて積極的に貿易を行なった。また朝鮮国使に引見して、今後朝鮮に出兵しないことを言明し、捕虜千三百九十人を一緒に帰国させた。一六〇七年から朝鮮通信使が派遣されるようになる。一六〇九年には島津藩が琉球王国に侵攻するのを許し、後に琉球王国から将軍就任には慶賀使、国王襲封時には謝恩使が派遣されるようになる。

家康は、三河以来の家臣団や統一期に領地とした武田家や北条家の家臣を登用する他、金地院崇伝、林羅山、天海、アダムスなどを信任して政策を立てていた。

一六一一年には二条城に迎えた豊臣秀頼が立派に成長しているのを見て、家康は警戒心を強めた。その後、砲術師を駿府に呼び、他の二流を江戸の秀忠に仕えさせ、大砲を準備させるとともに、大坂城を包囲する城も建設した。一六一四年、秀頼が建立した方広寺の大鐘の銘文を理由として、大坂冬の陣を起した。大坂方には取り潰された元大名や浪人が集まったが、大坂城への大砲攻撃が有効で和議となった。この間に城の外堀も埋めた上で、翌年五月の夏の陣で秀頼と母淀殿が自害して豊臣氏は滅んだ。

2. 幕藩体制の形成―一国一城令と武家諸法度

大坂の陣によって「元和偃武」となり、終に長期にわたる合戦は終息した。この直後、幕府は諸国には大名が居住する城だけとして、地域にある他の城を破却させる一国一城令を出した。これによって全国で中世以来の膨大な城が一掃されて、それぞれの領国の城下町に家臣が集住することになり、兵農分離が徹底された。幕府は続いて「武家諸法度」を公布したが、第一条は「文武弓馬之道、専ら相嗜(あいたしなむ)べき事」であり、それを解説して「治に乱を忘れず、何ぞ修錬に励まざらんや」(原漢文)とした。大名の婚儀や城の修繕には幕府の許可を受けることなどを定めた。大名にとって大変革であったが、大坂の陣で大名たちを上方に集結させたままの状況で一気に受け入れさせた。この後、法度に違反したり、領国支配に問題が生じたり、継嗣が認められない内に大名が亡くなると、容赦なく改易した。

家康は、戦国末期の激しい戦闘を勝ち抜いた武士の意識をいかに体制に馴致させるか、また合戦を知らない世代をどう教育し、幕藩体制をいかに永続させるかを熟考した。

鎌倉以来の武士の歴史に目を向けさせ、為政者の自覚を持たせるため、家康は鎌倉幕府の歴史書『吾妻鑑』や『群書治要』などを出版させた。鎌倉幕府の御成敗式目や戦国の分国法も研究して、武家諸法度を定めている。法度による支配を徹底することにしたのである。

家康は大坂の陣で大砲・鉄砲の威力が絶大なことを知っていたが故に、弓馬や剣術などの伝統的な武芸を奨励したように思われる。清和源氏の流れを汲む小笠原宗家を譜代大名にした他、弓馬故実を伝え、足利将軍家の師範も務めた小笠原家の二系統の者を旗本に召し出した。馬術の大坪家も召し出し「弓馬の道」の伝統を尊重した。剣術の一刀派小野忠明、新陰流の柳生宗矩など各分野の有名武芸者を仕えさせていた。大坂の陣後に尾張徳川家の兵法師範に柳生兵庫助を据えた。家康は、秀忠夫人への手紙で、息子や孫は生まれながらの大将なので武芸鍛練によって「堪忍」を養う必要があると述べている。幕府にとって、諸大名の集団演習は警戒すべきことだが、個々人の武芸であれば危険でなく、武士の覚悟の養成ともなり望ましいことであった。家康に仕えた者の子孫は、代々幕府に抱えられ、それぞれ武芸流派の宗家となることになる。それに倣って、諸藩も武芸諸流派の有名武芸者を兵法師範にした。豊臣秀吉は、能楽を保護し、新たに茶の湯を大々的に振興させたが、徳川家康は、武芸を幕藩体制の武士の新たな文化として定着させたと言ってよいであろう。

3. 朝廷・寺社への統制、東照大権現、キリシタン禁令

幕府は、大坂の陣直後の一六一五年に朝廷や公家に対しては、禁中並公家諸法度を出して、文化面に専念して政治的な力を持たないようにし、京都所司代に監視させた。また秀忠の娘・和子を後水尾天皇に入内させて朝幕融和を図ることにした。一六二〇年の入内を機に朝廷を財政的に援助し、内裏や仙洞御所を大々的に復興させた。それらは寛永文化を展開させる一つの機縁になる。

また仏教の各宗派に対しては一六〇一年から十六年にかけて各宗派ごとに寺院法度を出して、本山末寺制を整備させて統制した。一向宗の本願寺は跡目争いで対立していた前法主を支援して東本願寺を建て、実質的に勢力を二分して力を弱めている。

家康は駿府に僧侶や神官を招いて論義や法談をよくさせたのは、自らを聖俗にわたるカリスマ化する意図があったと思われる。また吉田神道の梵舜が『日本書紀』の神代を講義した時、家康の質問に答えられなかったが、儒者の林羅山が漢文を読んで答えたことがあった。

家康は大坂の陣の翌年に病没するが、「八州の鎮守になる」という遺言を残した。亡くなるとすぐに吉田神道の方式で祭祀が行なわれ、久能山に葬られた。その後、天海が天台系の山王一実神道により「東照大権現」の神号を勅許で受けて日光に祀ることを主張して認められ、一年後に家康は日光に改葬された。日光は太古からの聖地で、江戸の鬼門（北東）にあたる。家康は神となって日光から関八州、さらには大八洲の日本全体を守るとされた。

また一六一三年にはキリシタン禁令を出した。「日本は神国、仏国にして、神を尊び仏を敬い、仁義の道（儒教）を専らにし、善悪の法を匡す。」と宣言している。翌年キリシタンの高山右近らをマニラに追放し、一六二二年には長崎で宣教師・信徒ら五十五名を処刑している。

日本人イエズス会士であった不干斎ハビアンは、一六〇五年に『妙貞問答』を著しキリスト教教理を説き、その三年後に林羅山と論争もしたが、その後に棄教して『破提宇子（はだいうす）』（一六二〇）を著してキリスト教を排撃することになる。

4．三代家光による幕藩体制の確立――全国支配、参勤交代、「鎖国」

三代将軍家光までは徳川幕藩体制の形成期で、多くの大名家が取り潰される一方、藩の新設や領国の移動が数多くあった。家光は大御所秀忠が亡くなり親政となった寛永九年（一六三二）に、熊本の加藤清正を継いだ忠広を改易した。そして熊本には小倉の細川忠利を移し、小倉には譜代で家康の外孫でもある小笠原忠真を置いた。九州に初めて譜代大名が入って幕府の支配がようやく全国支配となったのである。この年、大名を監視する惣目付（後に大目付）が置かれた。

この年、一万石以下の旗本に対して出された「諸士法度」の第一条は「侍之道、油断なく軍役等相嗜むべき事」とし、三年後には「常に武道武芸を心掛け」（第一条）、「軍役定めの如く、旗・弓・鉄砲・鑓・甲冑・馬皆諸式を具し、兵具並びに人数積り相違なく相嗜むべき事」（第二条）と具体的に規定している。この規定はその後も変わらなかった。

一六三五年には「武家諸法度」を改訂して、諸大名は隔年ごとに参勤交代することが明文化された。諸大名の忠誠を強化するためだが、諸大名には多大の出費を強いて庶民に「武威」を見せつけるとともに、諸街道筋や参府する江戸に大きな経済効果があり、日本全国に情報が伝わる効果もあった。

一六三六年から寛永通宝の鋳造が開始された。それまで中国の永楽通宝を中心に私鋳銭もあったが、やがて寛永通宝が全国で流通するようになり、その鋳造は幕末まで続くことになる。

対外政策では、一六三一年に奉書船以外の海外渡航を禁止して以来、海外との往来・通商の制限、日本人の海外渡航・帰国の禁止、ポルトガル人の妻子らの追放と次々と強めた。一六三七年にキリシタンによる大規模な島原の乱が起きると、老中を派遣し九州の諸大名十二万の軍勢を動員して翌年鎮圧した。翌一六三九年にポルトガル船の来航を禁止、二年後平戸のオランダ商館を長崎出島に移して「鎖国」を完成させた。一六四四年に、中国大陸で明が満州族の清によって滅亡させられる大変動があったが、明から援軍の要請が度々あったが、ついに関わらなかった。鎖国体制は幕末まで続くことになる。

また一六三〇年代後半には老中制が確立して幕府組織も整備され、しかも世禄制となって、先祖の功績によって家の格も決まってくるようになる。幕府のみならず諸藩でも同様の組織整備が進んで、伝統主義が定着していくことになる。

家光は家康尊崇の念が強く、一六三四年から三十六年にかけて日光の社殿の大改修を行なって、現在の日光東照宮が出来た。家光は諸大名を引き連れて参詣を繰り返し、やがて勅使も日光に参るようにした。江戸の上野には寛永寺と並んで東照宮を造営し、諸大名にも造営を勧めたので、全国で七百社もの東照宮が出来ることになった。家康は「神君」「東照大権現」として祭られ、イデオロギー面で幕藩体制を支えるものとなった。なお、勅使の日光奉幣使を派遣した翌一六四七年には伊勢例幣使が幕府の支援により百八十年振りに再興されている。

5．近世の流派武芸の定着

家光時代に新たな武士の文化として定着したのが、流派武芸である。剣術を核として、「弓馬剣槍」が武士の表芸で「嗜み」とされた。いずれも伝統的な合戦の際の個人の武術であった。平和となっても武士は合戦への備えを求められた。家光は合戦を知らない世代だったので、特に武芸に熱心であった。軍事演習に代わる意味を持つ狩猟は、一六三五年から約十五年間に五百回に及ぶ。家光は若い頃から柳生宗矩について新陰流剣術の稽古に熱心に取り組んでいた。

新陰流は、戦国末に上州の小城主であった上泉信綱が鹿島の太刀や念流などを学んだ上で陰流を基に創始した流派で、上洛して室町将軍の台覧を受けて「天下一」の感状を得ていた。敵の打ちに応じて身を転じて打ち込む「転（まろばし）」を極意とし、打太刀と仕太刀で稽古する形（かた）を決めるとともに、禅語を使って「殺人刀（せつにんとう）」から「活人剣（かつにんけん）」へと目指すべきことを示した。実戦で役立つ技でなく、「千人に英、万人に傑たる」独立不羈の精神を培うべきものとする伝書を著していた。この伝書と精神を受け継いだのが、大和の柳生の土豪・柳生宗厳であった。信長―秀吉時代には武将を辞めて新陰流の整備に努めた。一五九四年に徳川家康に招かれ、無刀の技を披露して家康から入門誓詞を受けたが、老齢を理由に五男を出仕させた。宗矩は関ヶ原合戦の際、大和の領主を味方に引き入れる軍功により、柳生の旧領を復活させ、秀忠の兵法師範となった。大坂の陣後、家光の師範となったが、若い家光の求めで教えを説いた口伝書を数度呈上していた。

（1）柳生宗矩『兵法家伝書』

宗矩は、家光の親政となった寛永九年（一六三二）、『兵法家伝書』三巻を呈上した。第一巻は新陰流の太刀目録であり、第二、三巻は父宗厳の教えを基に、禅僧・沢庵宗彭の教えを入れた心法論的な考えを書いている。その最初に刀を使う兵法は一人の「小さき兵法」だが、諸勢を使って、謀（はかりごと）をして合戦に勝つのが「大将の兵法」である。しかも国の機を見て、乱れる事を知って、乱れる前に治めるのも兵法、すでに治まりたる時に、諸国に大名を定め、国の守りを固くするのも兵法だと言う。将軍に幕藩体制の備えを説くのである。

宗矩は技は稽古で伝えられるべきものとして詳しくは書いていないが、敵が打っても当たらぬ間合いをよく知って、「おそろしげもなく、敵の身へちかづきて、うたせて却て勝つなり」。新陰流は敵が打ってくるところを、転じてかわして自らが打つだけに、心は常に平静で自在でなければならない。心が何ものにもとらわれないことは、禅が「平常心」を言い、「無心」を究極のこととすることに通じている。「様々の習をつくして、習稽古の功つもりぬれば」、手足は自在に動いて、無心となる。自分もまだ無心になったとは言い難いが、沢庵の教えによって、こう言うのだと書いている。

宗矩は上泉にあった「殺人刀（せつにんとう）」「活人剣」の語を使って、乱世では「人をころす刀」だったが、治まった世では「人をいかす剣」になるべきだと説く。今や、実戦的な術ではなく、武士の人格形成に資するべきものとしたのである。

『兵法家伝書』を呈上した年の暮れ、宗矩は大名を監視する惣目付となったこともあって、大名の中には入門する者が多く、その家臣も含め門弟三千人に及んだと言われる。唯心一刀流の古藤田俊忠や柔術の起倒流（きとうりゅう）乱（みだれ）の流祖・茨城専斎も、その門下にいた。

『兵法家伝書』は秘伝書であったが、沢庵が剣術において「無心」を説いた『不動智神妙録』は公刊されたので、広く読まれることになる。泰平となった世に剣術を身心の鍛練のために行なうものとする教えは適合していたので、「剣禅一致」の思想は、江戸時代に大いに広まることになる。宗矩が、新陰流のみならず、剣術鍛練を江戸の武家社会に普及・定着させることに果たした功績は大きいものであった。ただ同じ新陰流でも、尾張徳川家兵法師範となった柳生兵庫助は、心法論には批判的であった。

(2) 宮本武蔵『五輪書』

宮本武蔵は、同時代だが、二十歳代に武者修行で六十度余りの勝負にすべて勝った上で、その後深き道理を追求して、五十歳頃に道に達したという。実際には、武蔵は、武者修行後、大坂の陣では徳川譜代の藩の騎馬武者で出陣し、その後出身地播磨の姫路と明石に入った譜代大名の客分となった。養子伊織は、明石から九州に移った小倉藩の家老になり、島原の乱では軍功を挙げ、筆頭家老となった。その後六十歳近い武蔵は、熊本の細川藩の客分となる。そして最後に著した『五輪書』は、剣術論だけではなく、近世の社会の中で武士の役割を捉えた上で、剣術鍛練の内容を具体的に論じて、日常生活にまで徹底すべきことを書いている。

『五輪書』は「地・水・火・風・空」の五巻から成る。

「地の巻」は、兵法は武家の法で大将も士卒も共に修めるべきものだとし、社会における兵法の道の位置づけと武士の精神を語る。「水の巻」は、兵法の核になる剣術の道理を説く。術の基礎から太刀遣いの理と稽古法、敵との戦い方を述べる。「火の巻」は、一人での剣術の勝負の理が、万人の合戦の場面にも展開できることを示す。「風の巻」は、他流の誤りを示すことを通じて自流の正しさを確かめ、教え方まで述べる。「空の巻」は、「道理を得ては、道理を離れ」、「おのれと実の道に入ることを、空の巻にして書きとどむるもの也」とまとめている。『五輪書』は、以上五巻により、剣術の鍛錬を核として武士の生き方を示すのである。

日常生活から肚を据えて背筋が真っ直ぐで全身偏りない姿勢を心がけよ。観の目を働かせ状況全体を観て、心を広く素直にし、知恵を働かせよ。太刀を取る手は柔らかく、肩の力を抜き、隙なく居付きなく構えよ。その都度の構えから最も無理なく自然な太刀筋を自分の感覚で摑んでいけ。形を稽古するのは「太刀の道」を自ら知るためで、決まったやり方を学ぶのではない。実戦では敵との場で自分が有利になるよう構え、太刀の道に即して剣を遣う。戦う場もすべてを自分に有利になるよう工夫し、敵の構えから攻めを見抜き対処する構えを取って敵に打ち出させない「枕のおさえ」も言う。敵の構えを動かし、心理的にも攻めて、敵が崩れた一瞬にすかさず打ち勝て。「今日は昨日の我に勝ち、明日は下手に勝ち、後は上手に勝つ」と思って、千日の稽古を鍛、万日の稽古を練と積み重ねていくが、剣術だけでなく、身と心を鍛練して日々の振舞いや考えまで人に優れるように努めよ。大将としても、家中の武士を適材適所に置いて、国を治めて民を養うべく努めよと書いている。

（3）近世の武芸流派

家光は、最晩年の病床でも諸藩から有名武芸者を呼んで、その演武を見ることによって流派武芸を振興させることになった。幕府や諸藩でも、この時代までに兵法師範となった流派は、以降その子孫が代々師範を受け継いでいった。

士農工商の身分社会の中で、「弓馬剣槍」は武士の表芸（おもてげい）として修練されていく。弓・馬は上級武士が中心であったが、刀はすべての武士が常に身に着け、身分の象徴であったので、剣術を中心として流派武芸が展開した。武術流派は幕府や藩によって統制されることなく、藩にはそれぞれの武芸において幾つかの流派の兵法師範がおり、また江戸や諸国の城下町に武芸道場があったので、非常に多くの武芸流派が展開することになる。

6．身分制と家―武士の階層構造と組織の実際

三代家光まで幕藩体制を確立するための武断政治によって多くの大名家が改易や転封になったが、その結果、数十万に上る牢人問題が深刻になっていた。家光が没した一六五一年に起きた牢人による慶安事件を機に、幕府は、大名家の末期養子の禁止を緩和したので、諸藩が領地に定着するようになった。

幕藩体制は、戦国末期の状況を凍結した体制と言える。戦国時代には各地で守護大名から戦国大名への下剋上があったが、末期には地方を一円支配する大大名へ淘汰され、統一期には惣無事令で戦争が停止され、大大名は「公儀」を称した豊臣政権に臣従を誓うことで領地の支配を認められた。徳川幕府はそれを受け継いで、法度によって巧妙に支配を固めた。一国一城令によって武士は城下町に集住させて、士農工商を居住地によって分けた。統一期までに敗れた大量の元武士たちや城下町への移住を拒んだ武士がいたが、農村部にいる限り、農民の身分であるが、苗字を持つ「郷士」としていた。農村部は村方三役などによる自治が認められていたが、士農工商の身分制では、農工商は政治に一切関わらせない原則だったが、江戸後期から社会が流動化し始めて幕末になると、この郷士―豪農層から「志士」が多く出ることになる。

大名家の家臣団は、笠谷和比古氏によれば、戦さの「備」を基本に構成され、「大名―一門衆・家老―組頭―物頭―平士（騎馬士）―徒士（かち）（歩兵）―足軽―中間（ちゅうげん）・小者」の階層秩序があり、それが平

時の行政官僚に転用されたものであった。藩政確立期以後は数人の家老が諸事を分担して一般政務を処理し、重要な事項は主君の決裁や、主君の下の会議で決定したが、実務の決定は「諮問—答申型」か、実務担当者の問題提起や起案から上位への伺いによっていた。封建制で上意下達に見えるが、実質的には現場での稟議によって話し合いにより決定され、それが上に伝えられて決定されていたようである。

磯田道史氏の近世大名家臣団の研究では、平士以上の侍層（さむらい）が約四分の一、徒士層が約四分の一、足軽以下が約二分の一で、家禄と格で厳格な階層構造をなしており、格によって衣類や履物、土下座も含めて敬礼様式まで生活上の細かな差異が設けられており、通婚、養子の範囲も同格間に限られていた。幕臣の場合には、旗本と御家人と一代抱えの下層の御家人とでは、上記の侍層、徒士層、足軽に相当する禄や格の違いがあった。

こうした階層構造は江戸時代を通じて厳格に守られたが、中期以降、軍役の変化や藩の窮乏によって内容が大きく変わっていくことになる。侍層は高禄で通婚・養子縁組を繰り返して再生産可能だが、徒士層は、世襲の家禄は低く設定されているので、役職に就こうとする意欲が高い。能力的な抜擢により、彼らが実務を担った。足軽層は譜代と一代抱えに分かれるが、家禄だけでは結婚が難しいため独身者が多い。江戸後期にはその身分が跡株として売買されることも多くなる。足軽までが「士」の身分であるが、足軽には袴着用は禁止され、一刀差であり、実際の処遇では「足軽領民なみの原則」があったという。足軽以下の中間・小者は世襲の身分ではなく、百姓町人を採用して編成されていた。彼らも雇用期間中は一本差の武士の風体となる。

武士と一口に言っても、上記のような階層構造があり、実質的には実務を担当する層が実際の実務の決定も主導していたと考えると、武士の文化のあり様と後の変容も理解しやすくなるようになる。

7. 寺請制度と寺社の統制

幕府はキリシタン禁令を徹底する中で、一六四〇年には幕府に宗門改役が置かれ、六四年には諸藩にも宗門奉行を置くように命じ、キリシタンに加えて日蓮宗の不受不施派も禁止して、七一年には宗門人別改帳の作成が義務づけられた。これによって武士を含めて領民各個に出生、出稼ぎ、奉公、婚姻、死亡など変動がある時には檀那寺への届出が義務づけられた。これは寺が行政の下請けとなることであったが、反面これによって寺は属する檀家を確実に把握して経済的な基盤が確立した。地域の寺院は増加して、全国で約九万寺に及ぶようになった。

幕府では一六三五年に寺社奉行が設置されていたが、一六六五年に各宗派共通の九か条の諸宗寺院法度を発布した。

幕府は一六六五年には神社に対しても五か条の「諸社禰宜（ねぎ）神主等法度」を公布している。神職の固定化を図るが、位階ある神職は神社ごとの特定の貴族の仲介（伝奏）によって昇進を果たすことになる。位階を有しない神職は「白張」を着し、それ以外の装束を着るには吉田家の「神道裁許状」が必要となった。宗門改によって仏教の葬儀が強制されたが、有力大社の社家には神式の葬儀が許された。

寺社の宗教領域も幕府により厳しく統制されていたのである。

8. 『甲陽軍鑑』と兵学の誕生

十七世紀後期には、兵学流派が次々に出ている。兵学は武芸の一つと数えられるが、万人の戦法や戦術を論じるものである。戦国時代の合戦からさまざまな工夫や伝承があったが、戦国の合戦から七、八十年経てから、戦国武将たちの物語を核にしてようやく兵学の流派が生まれてきた。兵学は、いざとなれば軍勢を指揮しなければならない諸大名や上層武士の多くが学び、広まることになる。伝統主義の武家社会の中で戦国武士への憧れは強く、武士たる者の心得を学ぼうとしたのである。

一六四五年頃から軍法書が相次いで刊行されたが、『甲陽軍鑑』が一六五五年に刊行されて以降、これが主流となる。江戸時代を通じて、武士たちに最もよく読まれた軍記物語となる。この『甲陽軍鑑』をベースとして、甲州流兵学が成立するのである。

(1)『甲陽軍鑑』の成立と小幡景徳

『甲陽軍鑑』は、武田信玄の一代記と年代ごとの合戦を詳しく語り、最後二巻は息子勝頼の事績で武田家の滅亡までを語る。一五七五年六月、長篠の合戦の敗北後に信玄遺臣の高坂弾正昌信が書いたものを側近が書き継ぎした体裁とされている。二十巻五十九品ある現在の形の最古の写本は、一六二一年(元和七)の小幡景憲(おばたかげのり)による写本である。

小幡は、武田家の武将の子だったが、一五八二年に武田氏滅亡で孤児となったのを、徳川家康が哀れんで秀忠の侍童とした。一五九五年に致仕して浪人となり、武田家旧臣を尋ねて戦略・戦法・城取り・軍中故実などを聞いて研究していた。小幡は関ヶ原の戦いで軍功を挙げたが、大坂の陣では大坂城内に入って敵情を探っていたという。陣後、秀忠の下へ帰参し、元和七年に『甲陽軍鑑』を補訂した写本を作ったようである。内容を見ると、冒頭に『信玄家法』を載せ、高坂の自伝と回顧を語り、信玄の戦争の事績、武田家の武将たちの言動(石水寺物語)、軍法と裁判、勝頼の事績と滅亡、最後には秀吉と家康との対立まで語られ、長期にわたるさまざまな書が集成され編集されたものである。

川中島合戦で、軍師山本勘助が妻女山に陣取った上杉謙信を討つ計略を立て進軍したが、謙信は先に山を降りて濃霧の中、信玄の軍の対岸に陣し、霧が晴れるや、白馬に乗った謙信が信玄目掛けて突進して太刀で打ち込むと、信玄は軍配で受けたという場面が有名である。

また「命期巻」では、「国を滅ぼす大将」として、自惚れの強い大将、利害打算に鋭敏な大将、外聞を気にして嫉み贔屓する大将、強みのみ重んずる大将の四つの類型を挙げている。

勝頼は強みのみを重んずる「強すぎたる大将」だったので、家臣も強みをのみ進言するようになった。家臣でも百人中に、剛勇で分別才覚ある上の侍は二人、剛にして機の利いた中の侍は六人、上・中の侍を真似る下の侍は十二人、後は人並みの侍が八十人くらいである。強すぎたる大将の下では、上・中・下の二十人が遠慮せずに突進していく機会が多くなるが、やがて彼らが戦死してしまうと、その家中は全滅に等しいことになると語っている。長篠の戦いでまさにそうした事態となり、七年後に武田家は滅亡するのである。信玄は若き家康が完敗した名将であり、合戦の物語への興味と、また武田家が滅亡した悲劇性もあって、『甲陽軍鑑』は江戸時代の武士に広く読まれたのであろう。

(2) 兵学の成立―甲州流・北条流・山鹿流その他

以上は『甲陽軍鑑』本編であるが、これに附属する『甲陽軍鑑末書』にある軍法・兵学によって、小幡景憲は甲州流兵学を樹立した。『末書』の「城取」は城の縄張りで、要所は図も載せる。出陣の作法を示し、「斥候」で地形や相手を探ってさまざまな陣形で布陣し、具体的な攻め方を書く。敵の気の見方や軍配方角など、中世的な呪術的な軍配思想に則った記事もある。

徳川家は譜代の重臣が豊臣秀吉方に走ったので、軍制を変えて武田家のものを採用したこともあって武田信玄は別格に扱われた。家光親政の一六三二年に小幡が御使番で、禄千五百石で高く遇されたので、甲州流兵学が尊重された。

小幡の弟子で特に秀でていたのが北条氏長であった。氏長は、小田原北条氏の一族で北条氏滅亡後、徳川家に属した家の出である。一六二一年に十三歳で小幡の門に入ったが、四年後には小姓組に列し、秀忠、家光に仕えた。北条は、一六四五年の『兵法雄鑑』では、日取り方角の吉凶や気の図などの中世的な軍配思想を除いて、出陣作法、軍勢の編成、各役の心得、大小軍勢の戦い方などを、箇条書きにしている。翌年の『士鑑用法』になると、『兵法雄鑑』の内容を要約しながら、すべては「方円神心の道理」によるとし、「賊は外より来たらず、先ず内を能く治まるを以て始めとす、内を能く治るの本は城取りなり」と言い、城を国・家・身に準えた上で、「修身・斉家・治国・平天下」という表現を用いて儒教につなげている。

山鹿素行の兵学上の主著『武教全書』(一六五六)は、師の氏長の『兵法雄鑑』の内容にほぼ全面的に拠っているが、五巻に分けて順序を整備している。『孫子』や『孫子集註』などで補った箇所が見られる。直接的に儒教の言葉は記していないが、「武教」という書名が、武と儒教を接合する意図であったことを示している。山鹿流兵学は以降、受け継がれて、幕末においても、山鹿流の兵学者の家を継いだ吉田松陰は『武教全書』を繰り返し講義していた。

これらは武田流の兵学であったが、対抗した上杉謙信に由来する越後流もあった。また中国・明の将軍戚継光の『紀効新書』(きこう)によって、集団戦法の練兵を重視した長沼流もあった。すでに合戦を経験した世代が完全にいなくなり、幕府の監視下で軍事演習は出来ない状況で、本によって戦国の合戦を想像する形で兵学流派が形成されたと言えよう。

9. 士道論と武士道論

十七世紀後期になると、泰平が続いて合戦の可能性もあり得なくなる中で、武士の存在意義が改めて問題になった。それに答えるものが、士道論であり、武士道論である。

士道論は、山鹿素行が、山鹿流兵学を確立した後に展開した。素行は、『山鹿語類』（一六六六成立）の中で「士道篇」を立てて論じている。武士は、為政者として儒教の「修己治人」に努めるべきであり、「忠」「孝」「義」「礼」を中心とした道義的な「士」たるべきだと説いた。素行は、武士は、「利」に従って生きる農工商三民の道徳的指導者として、常に自省し威儀を正し五倫の道を実現する「士」たることを職分とする。ただ素行は、士道を儒教的な徳目で説明するが、「士談篇」では、日本の戦国武士の実例を挙げて具体的な振舞いを述べている。

儒教的な説き方をする士道論に対して、佐賀藩の山本常朝の『葉隠』（一七一六頃成立）は、「武士道といふは、死ぬことと見つけたり」と死の覚悟を強調し、主君への没我的な献身を説く伝統的な心情論を極限にまで推し進めた。泰平の世に狎れた武士への警醒として、戦国武士の行状を思い起こし、死の覚悟を強調するものであり、士道論と区別して武士道論と呼ばれた。

常朝の論の中で、武士の独立不羈の精神は、主君が誤っていると思った場合には諫言し、それが聞き入れられないどころか、無体な仕打ちを受けようともどこまでも主君に献身して行くべきであるとするところに現われている。仏教も要らず儒教も要らず、自らが生まれついた藩を形成してきた戦国武士たちの行状を学ぶ「国学」があれば十分だとすら言っている。

士道論も武士道論もともに、実はすでに過去のものである戦国武士を思い起こしながら、武士たる者のあり様を考えているのである。合戦の可能性がほとんどなくなり、生まれながらの家中の仕来りに拘束され、出来上がった組織の中での「畳の上の奉公」の時代にあっては、戦士としての思いを観念的に持ち込んだ思想であったと言えよう。

参考文献

1.『日本思想史講座3　近世』（ぺりかん社・二〇一二）
2. 笠谷和比古編『徳川社会と日本の近代化』（思文閣出版・二〇一五）
3. ヘルマン・オームス（黒住真他訳）『徳川イデオロギー』（ぺりかん社・一九九〇）
4.『丸山眞男講義録』第六冊日本政治思想史一九六六（東京大学出版会・二〇〇〇）
5. 柳生宗矩『兵法家伝書』渡辺一郎校注・岩波文庫・一九八五）
6. 魚住孝至『宮本武蔵「五輪書」』（角川ソフィア文庫・二〇一二）
7. 魚住孝至『日本の伝統文化6　武道』（山川出版社・二〇二一）
8. 笠谷和比古『士（サムライ）の思想—日本型組織と個人の自立』（岩波書店・同時代ライブラリー・一九九七）
9. 磯田道史『近世大名家臣団の社会構造』（文藝春秋・文春学藝ライブラリー・二〇一三）
10. 磯貝正義・服部治則校注『改訂甲陽軍鑑』上・中・下（新人物往来社・一九七六）
11. 野口武彦『江戸の兵学思想』（中央公論新社・中公文庫・一九九九）
12. 笠谷和比古『武士道—侍社会の文化と倫理』（ＮＴＴ出版・二〇一四）

11 近世の文化状況―文化復興と木版印刷、俳諧、経済成長と町人文化（江戸中期）

【要旨とポイント】

江戸時代に天下泰平となって伝統文化が復興し、貴族が写本で独占していた文学も木版印刷によって各種の本や刷り物が出版されるようになったので、文化はこれまでにない広範な範囲で展開するようになる。江戸初期の寛永文化では、京都を中心に朝廷・貴族、上級武士、町衆、文化人の交わりが活発で、瀟洒で綺麗な文化が展開した。本阿弥光悦や俵屋宗達の合作の和歌集や、桂離宮などの数寄屋造りの建物や庭園などが造られていた。江戸では、将軍家を取り巻く新しい武家の文化が形成されつつあった。

十七世紀中期、京都で俳諧の句を一般から募って撰集を作って出版することが始まって、俳諧が爆発的な人気を呼んだ。京都の貞門、大坂の談林派を受けて、江戸で蕉門が展開した。松尾芭蕉は、和歌、連歌も貫く理念を語り、寛永文化の流れを受けて、和歌や古典文学と隠者の中世的な精神を踏まえつつ、元禄時代に、庶民の俗な生活の中にあはれを見出して、俳諧を不易な文芸に高めたのである。

十七世紀後半から幕藩体制も安定し、新田開発が進み、全国の流通網が発展して経済成長する中で、元禄文化が展開した。生活が豊かになり、畳が普及した和室で茶の湯が広がり、尾形光琳などの華麗な絵もあった。井原西鶴は、好色物や当世の経済生活を書いた浮世草子を著した。江戸で出版された浮世草子に菱川師宣の挿絵が付けられたが、肉筆画も含めて浮世絵が誕生した。歌舞伎は常設の芝居小屋で人気役者の荒事や女形の和事など得意芸が型になった。浄瑠璃も、大坂で竹本義太夫が新たな節で人気を得、近松門左衛門が当世の男女の心中劇を書いて「世話物」という新たなジャンルを確立した。町人の文化も新たに発展したのである。

【キーワード】 木版印刷、寛永文化、俳諧、松尾芭蕉、「不易流行」、元禄文化、経済成長、町人文化

1. 近世の新たな文化状況

近世には、これまでとは大きく異なる社会と状況の下で、文化が展開することになる。

幕府は、大坂の陣後の一六一五年、禁中並公家諸法度を公布した。これにより朝廷と貴族は活動を学問・芸術に限定された。朝廷は将軍宣下、武家も含めた官位の叙任、元号の決定などの権限を持ち、公事・儀式を行ない、百三十三家の公家は、それぞれの家業に専念するように求められた。一六二〇年、後水尾天皇に将軍秀忠の娘和子（まさこ）が入内して朝幕融和が進められ、幕府は経済的支援を行なった。

江戸時代は天下泰平で、二百五十年以上も戦いがなく、共同体が永続する中で、庶民層まで家が成立し、継続していくことが広範に見られた。鎖国体制によって、海外との交流は厳しく統制されたが、流通と文化は国内にほぼ限られていた分、文化は伝統を踏まえて熟成していくことになる。

京都には、朝廷・公家が住み、伝統文化とともに伝統産業も発展していた。江戸には参府する武士層がいて、初期から大きく拡大・発展していく。また瀬戸内海の航路の集結港で物産の集積地となる大坂は商都として発展した。これら三都は、それぞれに異なった文化の発信地となっていく。

近世社会は、法度や掟など文字を介して支配されたので、武士層のみならず、町方や農村部の庶民に至るまで、文書を読むとともに、自ら文書を作成する文字能力と算用能力が不可欠の教養となり、読み書き、算盤（そろばん）が一定以上の層では必須の教養となった。しかも木版印刷によって、古典作品が出版されて読めるようになり、次いで、庶民の生活に即した読み物も絵入りで刊行されるようになるので、文化の享受層は一気に広がっていくのである。

2. 寛永文化の展開

近世初期の文化状況全般を簡単に見ておくことにする。

京都では、十七世紀初頭から貴族層や上層町衆を中心に伝統文化の復興が見られた。本阿弥光悦は刀の鑑定、研ぎを家業とする町衆だが、書、陶芸、蒔絵に優れていた。豪商角倉素庵と一緒に、『伊勢物語』や『徒然草』や謡曲などの豪華な嵯峨本を出版した。光悦は、「鶴下絵三十六歌仙和歌巻」では、俵屋宗達が色紙や巻物に金銀泥で草花や鳥獣を描いた上に、筆墨で和歌を散らし書きした。宗達は「絵屋」を営み、扇などに絵を描いていたが、慶長初期に平安末期の平家納経の修復に携わってから、王朝の美に目覚めて、古典を部分的に引用する手法で絵巻物も制作した。光悦は、大坂夏の陣後、家康から洛北の鷹が峰を拝領し、多くの工人らと芸術村を形成していたが、宗達は移住せず、水墨画や、襖絵や屏風絵などを描いて、絵師として自立した。寛永期には「法橋」を授与され、金地に曲線で緑も色鮮やかな「源氏物語関屋澪標（みおつくし）図屏風」や、有名な「風神雷神図屏風」を描いている。

絵画では、狩野探幽が一六一七年に京より江戸に召され、幕府の御用絵師となった。二六年には京都の二条城の障壁画を一門を率いて仕上げている。探幽は桃山の豪壮さに加え、大和絵も学んで瀟洒で淡白な画風を完成した。三二年には日光東照宮本社、江戸城本丸大広間などを描いた。江戸の狩野派は、探幽と弟二人と甥の四家で幕府御用の奥絵師を代々受け継いでいく。

大和絵の土佐光則、光起は、一六三四年に堺から京都に移って、やがて宮廷の絵所預となる。光則の弟子の住吉如慶は、一六六一年に江戸に出て、幕府の御用絵師となる。

江戸初期には、京都には宮廷を中心として町衆も含んだ文化圏があり、他方、江戸には将軍を取り巻く文化圏が形成されつつあった。寛永期（一六二四〜四四）を中心に展開したので、寛永文化と呼ばれるが、十七世紀初頭から、中葉までの広がりがある。

寛永文化を建物で見れば、江戸や各地の大城郭や大広間、日光東照宮などに対して、京都では内裏や仙洞御所、桂離宮などが挙げられる。江戸の武威に対して、京都は伝統の文化を再生させて対抗していた。桂離宮は、後陽成天皇の弟の智仁（としひと）親王が、藤原道長の別荘でもあった地に、王朝の風情を求めて、一六二〇年に古書院を建て、茶室などと庭園が一体となった瀟洒な別荘としたものである。

後水尾天皇は、和子入内以来、幕府の支援を得ていたが、一六二九年には、以前に朝廷が高僧に許した紫衣を幕府が取り消した紫衣事件に抗議して譲位した。以後、院政を敷き、和子の東福門院とともに、伝統的な王朝の「雅び」の美を追求することになる。「立花図屏風」は、寛永中期に池坊専好（二世）が活けた花を描いた屏風で、院周辺の文化を伝えている。院の下には、京都所司代や小堀遠州など上級武士、皇族・公家、上層町衆、文化人が集ってサロン文化が展開していた。

小堀遠州は、家康から家光に仕えた幕僚だが、内裏や仙洞御所などの作事奉行などを務めたので、王朝文化をよく知ることになった。古田織部に茶を習ったが、穏当な美にした。遠州は、庭園と建物を一体化させ、茶室も小間では完結させず、書院や広間も使って、水墨画や『古今集』の歌を飾る茶事をした。遠州は、侘び茶に、書院の東山文化、さらに王朝文化も総合して、「綺麗（きれい）さび」と呼ばれる茶の湯を展開した。遠州は将軍家の茶の湯師範になったので、遠州の風は、大名間に広がることとなる。

桂離宮は、十七世紀中期に中書院を増築、後期に後水尾上皇の行幸に際して、楽器の間、新御殿を増築し、古書院から段々と下げた雁行の形で庭園を味わうべく造られた数寄屋造りの傑作となった。後水尾上皇は、洛北の山を借景とする修学院離宮を造営した。これら離宮で展開された池泉廻遊式の庭園と数寄屋造りの茶室は、後の大名庭園のモデルとなる。

江戸では、京都から移植された文化が展開した。林羅山は、五山僧であったが、還俗して朱子学を学び、家康に採用されて江戸に移って朱子学を普及させるのに尽力し、広くサロンを催していた。

文化は、京都から発して、大坂、江戸、そして全国の城下町へと、近世の文化が展開し始めたのである。そうした現象は、俳諧において典型的に見られる。

3．俳諧の展開―貞門から談林派、そして蕉風へ

江戸時代になって文学で大きく展開したのが、俳諧である。室町時代に連歌が、貴族的に高尚化して準勅撰集まで作られるようになったのに対して、室町後期から堅苦しい式目にとらわれずに可笑しさや機知を主とするものを「俳諧之連歌」と呼び、また単に「俳諧」と呼ぶようになっていた。「俳諧」とは、おどけ、たわむれ、滑稽の意味であった。俗語や諺（ことわざ）や流行語も使い、謎かけや卑猥な内容などで笑い飛ばすものだった。戦国期には俳諧撰集も作られるようになったが、言葉遊びと見られていた。

寛永中期に、松永貞徳の門下が、戦国以来の俳諧や連歌集から抄出した句を添えた『犬子集（えのこしゅう）』を公刊した。貞徳は、貴族から古典の教育を受け、十六世紀初頭には、京都で林羅山に頼まれて『徒然草』や『百人一首』を一般に講義して、師から批判もされたので、俳諧集公刊に乗り気ではなかったが、門下の強い願いで刊行を許した。この俳諧撰集は、俳諧を改めて文学として見直させる起点となった。貞徳にとっては、和歌や連歌の指導が主で、俳諧は遊びという意識が強かったが、彼の門下（貞門）は、それぞれに一般から俳諧の句を募って、良い句を選んだ句集を刊行するようにしたので、俳諧は爆発的に流行するようになった。貞徳も、俳諧の作法を書いた式目『俳諧御傘（ごさん）』（一六五一）を刊行している。

貞徳門下は俳諧集を多数公刊して、俳諧を定着させた。貞門では古典のパロディも多く使われたので、古典にも言及していた。そこで中でも北村季吟は『徒然草文段抄』や『源氏物語湖月抄』（一六七三）など、本格的な古典の研究書を刊行した。

十七世紀半ばになると、伝統にとらわれない大坂では、一層大胆に漢語や俗語を使う西山宗因の談林派の俳諧も展開した。井原西鶴は、この派で次々に句を出す矢数俳諧では一昼夜で二万四千句という驚異的な記録も打ち立てている。後で見るように、俳諧師から当世の風俗を描く浮世草子に転向する。

松尾芭蕉は、北村季吟門から出発して談林派も経て、俳諧を不易の文学たらしめようとした。「不易流行」という理念は、和歌や古典文学を受け継ぎながら、当世の近世的な形で表現しようとするものである。芭蕉の句や作品は、近世だけでなく、今日まで大きな影響を及ぼしているので、芭蕉に焦点を絞って、詳しく見ておくことにする。

4．芭蕉の俳諧の展開—座興から不易の文芸へ

松尾芭蕉は、一六四四年に伊賀の農家の次男に生まれた。十八歳で、侍大将五千石の藤堂家で、貞門の北村季吟門だった当主嫡男の俳諧の助手として出仕したお蔭で、季吟の指導を受け、俳諧を和歌や連歌のような文芸に高める志向を持つようになったらしい。嫡男は五年後に病死するが、その後も俳諧の撰集に投句していたので、季吟との関係は続いていて、三十一歳の時、季吟から『俳諧埋木（うもれぎ）』を伝授されたのを機に、職業的俳諧師を目指して江戸に出たようである。

江戸に出た芭蕉は、桃青の号で当時流行の談林派風の句を盛んに詠んでいる。

　あら何ともなやきのふは過ぎてふくと汁

俗語を使い、ふぐ汁の毒に当たらなかったのを喜ぶ談林派風の笑いである。三十四歳の末頃、職業的な俳諧師になることが出来たようである。ただ俳諧師は、旦那衆の俳客相手に、俳諧をリードしたり、上手な句に点を付けて報酬を得ていたが、自ら「坐興庵」と署名しており、内心は不本意だった。

芭蕉は俳諧を言葉遊びから真の文芸へと高めるために、幾つもの段階を経て、「不易流行」を言い出

すことになる。

(1)「不易流行」への段階

まず、三十七歳冬に日本橋から深川に隠棲する。旦那衆相手の俳諧師を止め、弟子の喜捨によりながら、隠者の侘びの生活を実践し、西行の和歌や杜甫の漢詩などに倣おうとした。『荘子』を読み、参禅もしている。住居には弟子が植えた芭蕉が茂って、芭蕉庵と呼ばれるようになる。「侘び」を目指して芭蕉と名乗った。

第二段階は、四十一歳の時の「野ざらし」の旅である。途中で行き倒れて野に白骨を晒す覚悟で出た旅だが、実際は前年に亡くなった母を弔う帰郷で、尾張で俳諧を指導する旅であった。尾張で六人の連衆と、風狂の〈侘び〉の精神を基調として物語を展開した五つの歌仙が、翌年『冬の日』として刊行されて一躍有名になり、関西に門人が出来た。

この旅後に深川の庵に戻って、旅中の句を中心に紀行文をまとめた。以後、旅をすると、後で紀行文をまとめるスタイルが出来る。

第三段階は、三年後、関西に指導に行き、歌や古典の名所をめぐって、江戸への帰途の木曽路を歩いたことである。特に木曽路の風情が印象深く、帰国後すぐに『更科紀行』を著している。そして奥羽行脚を思い立つ。

最後の段階が奥羽行脚である。西行五百年忌に、その足跡を曾良と歩いたが、歌枕は無残に変わっているのを見て、歳月の流れを実感した。他方、歌枕を受け継ぎ残す営みを見、千年も昔の天平の石碑が掘り出されているのも見た。よく見れば土地の人たちの生活の随所に昔の面影が偲べることに気づく。陸奥の後、出羽からは歌枕を探すより、土地の俳人と一緒に俳諧をし、各地の風物と人々を詠むようになる。旅は、奥羽から日本海側を下って越前から美濃に至る、百五十日、四百五十里にもなる大旅行となった。奥羽行脚後の冬に「不易流行」を語り出したと、弟子の去来は述べている（『去来抄』）。

（2）芭蕉の風雅論

芭蕉自身が直接に「不易流行」について語った文章はないが、奥羽行脚の翌年に、近江の幻住庵に籠って書いたと思われる『笈の小文』は、次のように書いている。

「西行の和歌における、宗祇の連歌における、雪舟の繪における、利休が茶における、其貫道する物は一なり。しかも風雅におけるもの、造化にしたがひて四時を友とす。見る處（ところ）花にあらずといふ事なし。おもふ所月にあらずといふ事なし。像（かたち）花にあらざる時は夷狄（いてき）にひとし。心花にあらざる時は鳥獣に類す。夷狄を出、鳥獣を離れて、造化にしたがひ、造化にかへれとなり。」

西行、宗祇、雪舟、利休と、和歌、連歌、絵画、茶の湯という中世に確立された芸術の巨人達を貫く道を見出し、それに自らの俳諧を繋げて位置づけている。俳諧は、造化にしたがひて四時、すなわち春夏秋冬の四季の移り変わりを友として〈あはれ〉を見出していくものである。変化流行してやまない造化の働きの中で、絶えず心新たにし万物に接していけば、眼に映ずる所、心に思う所、「花」や「月」でないものはないと断言する。—真に人間らしい人間になるためには、「造化にしたがひ、造化にかへれ」。自然の「変化」に応じて、それをそのまま、素直に句に表現していくことなのである。

旅から二年後、去来らと編じた『猿蓑』は、蕉門のみの撰集で、俳諧の『古今和歌集』たるべく企画された。

巻頭に〈初しぐれ　猿も小蓑をほしげなり〉の句を置いた。「初しぐれ」は初冬の通り雨で古人が好んだが、そのどこか物寂しい風情を、猿に託して表現する。猿のしぐさに飄逸とおかし味を出しており、この集の名前とした。冬の風情が、この集全体の基調となり、発句篇の構成も「冬・夏・秋・春」となった。

連句として歌仙四篇が載せられている。前の句を鑑賞して付ける「匂付け」の手法を確立させて、次々と思いもかけぬ展開を見せながら、さまざまな人生模様を見せる。歌仙の三十六句には、序・破・急の展開がある。序六句は静かに始まり、破の十二句で物語的な変化をつけ、次の十二句で違った展開をし、急の六句でめでたく収める。社会の各層の人物が出てくる。昔物語の趣きも出て来て、世の無常を表わしたり、人生観までも示す。一人で詠む発句とは異なり、互いに個性を発揮して新しみや豊かな味わいを出すように競いながら、共同で一巻の人生絵巻を織りなしていくのである。

『猿蓑』が一六九一年に完成して、「不易流行」の思想に立つ蕉風の俳諧は確立したのである。

5.『おくのほそ道』の構成と思想

『おくのほそ道』は奥羽行脚の紀行文だが、執筆に取り掛かったのは、『猿蓑』を完成させ、江戸に戻ってからで、しかも自らが江戸に連れてきた甥を芭蕉庵に引き取って看病したが甲斐なく死んでからである。自らも五十歳を目前にして終焉も意識するようになって、「不易流行」を得た旅の物語を書き遺しておかなければという思いに駆られて書いたもののようである。

一九九六年に芭蕉の自筆の『奥の細道』が再発見されて成立過程が明白になった。枡形本の上質紙に自ら清書しながら、七十六枚もの貼紙をして修正され、さらに仕上げたものを能書家に写させて完成していたのである。自筆本によって芭蕉の当初の意図も判明する。伝記研究と合わせれば、元禄六年七月、庵に弟子たちの出入りを禁じた一か月間に集中して書き、修正を繰り返して、最終的に完成したのは翌年四月で死の半年前であった。文字通り畢生の書である。【二〇一八年テレビ特別講義「『おくのほそ道』の真髄—芭蕉自筆本に基づく新研究」で詳しく論じた。この中の奥羽行脚で芭蕉が重要な体験をした出羽の月山のロケ映像は、学部科目『文学・芸術・武道にみる日本文化（'19）』にも再録した。】

芭蕉は、紀行文を旅の記録ではなく、文学作品だと捉え、作品全体で物語を織りなすようにし、俳文で不易の古典となる作品を完成させようと考えていた。作品執筆時に句も作っている。〈行く春や鳥啼き魚の目は泪〉の句は、最後の〈行く秋ぞ〉に合わせて後から作ったものである。平泉で詠む〈夏草や兵共が夢の跡〉は旅の翌年に出来た句だが、この句に〈卯の花に兼房見ゆる白髪かな　曾良〉を合わせ、義経の最後を見届けた老武者とともに初めて義経の姿が蘇ってくる。この曾良とする句は作品執筆時に芭蕉が作った句であろう。自筆本の七十六枚もの貼紙をして繰り返した修正過程を見れば、古典となる作品を創り上げようとする執念が分かる。

百五十日、四百五十里の長途の旅だったが、『おくのほそ道』では、叙述を幾つかに分けている。みちのくに入る白河の関、みちのくから出羽に入る尿前の関、出羽から新潟へ出る鼠の関の区分は以前から言われていたが、自筆本で、加賀と越前の境の吉崎の汐越の松でも区切っていたことが判明した。さらに自筆本を精査すると、月の書き方も、句の数も五部に配分していたことが分かった。したがって、以下のように五部に整理される。

第一部　旅立ち　三月末に江戸を出発し、四月一日に日光に参り、那須へ行く。

第二部　みちのく　白河の関から歌枕を巡り、五月に松島をめぐり、平泉で義経を偲ぶ。

第三部　出羽路　山寺を廻って最上川を下り、六月に出羽三山に参り、日本海側の象潟に行く。

第四部　北陸道　七月に越後に入り、越中、加賀に行き、金沢から山中温泉に行く。

第五部　旅の結び　越前に入り、八月に敦賀に行き、大垣に至り、九月に次の旅に立つ。

「予」とする芭蕉の句は五十句で、『おくのほそ道』は五十韻連句を意識していると推測される。五十韻連句は八句、十四句、十四句、十四句の構成であるが、自筆本当初の形では、第一部は予の八句、第二部は予に代わって詠む曾良の句も合わせると十四句、第三部は予の句で十四句、第四部は予と別れの句を交わす曾良の句を合わせ十四句で、見事に五十韻の構成になっている。最初の句を出すところで、「表八句を庵の柱に掛けおく」と書いているのが、以下が五十韻構成であるのを暗示している。（ただし自筆本の修正の段階で、第四部に貼紙で一句加えたので、第二部の一句が削除され、現行では八句、十三句、十四句、十五句となっている）。そして越前からの第五部は予の句六句である。六句は歌仙の締めの数である。

『おくのほそ道』が五部構成であることが分かれば、作品に籠めた芭蕉の思想も浮かび上がる。序は「月日は百代の過客にして」と、月日の巡りの中に人間が旅していることを示す。第二部の歌枕探訪では時の移り行きですべてが変わっているが、平安時代の能因法師が歌を詠んだ武隈の松は植え継がれ、奈良時代の壺の碑（多賀城址）は掘り出されて「千歳」（千年）に残るものを見ることが出来る。すべては流行するが、歌が不易なればこそ、思いも不易に残る。第三部の出羽では月山の頂で雲関に入り、日月の交替を見た後、夏にも残る雪の下から、桜に似た高山植物のミネザクラが咲き出ることを見出し、どんな所どんな時にも生命の輝きがあるという悟りがある。第四部は遊女との出会い、俳人の死、病での別れと人間の運命を痛感させられるが、第五部は冒頭に引用した西行の歌で、運命の嵐が打ちつける松の葉についた雫にすべて月が映っていることを示すが、自らも運命をそれぞれに受け容れる時に美が見出されることを知り、また次へと旅立つ。時の流行に生きるが故に不易にもなる。そう悟れば、生活の中にあはれが見出せる。「高く悟りて俗へかへれ」。「軽み」が展開することになる。

6. 芭蕉の文学史上の功績

芭蕉は、その死後に『おくのほそ道』が出版されることを考えて能書家が清書した本までも用意していた。実際、没後八年に去来が少部数を刊行するが、それを基に没後七十七回忌に普及版が出て、『おくのほそ道』は広く知られるようになる。与謝蕪村は全文を写し、画を交えた屏風を何枚も描いた。没後八十年には芭蕉の復興運動が盛り上がって、芭蕉は俳聖となっていく。本格的な注釈書が刊行され、俳人たちにの間でみちのく行脚が流行するようになる。

芭蕉において、俳諧も不易な文学となった。古典を受け継ぎつつ、俗の生活の中のあはれを見出すべく人々を誘うことになる。芭蕉以後、文学性よりも、機知に戻ろうとする川柳（せんりゅう）の流れもあるが、俳諧においては、句の余韻余情を味わう文学性を追求する流れが展開することになる。俳諧を、連衆とともに共同で楽しむようになって、俳号で集って身分を越えて楽しむ。また芭蕉において、発句だけで独立して表現する深みも出来るようになる。和歌的な叙情とは違った、より物に即して一句にまとめるようにもなる。辞世の句も生まれる。世界でも最短の詩型で誰でもが文学を嗜めるようになったのである。また俳諧を通じて、和歌や古典文学へも開かれていく。武家も町人も農民も含めて幅広い庶民が俳諧を嗜むようになって人生のあはれを深く味わうようになったという点で、芭蕉の功績は大きなものであると言えよう。

7. 江戸中期の経済発展と社会状況

江戸中期の十七世紀後半には、天下泰平の中で経済発展が続いた。各藩もそれぞれの領地に定着し、大規模なインフラ整備と新田開発により、高度経済成長があり、江戸初頭と比べると耕地面積は倍増し三百万町歩を超え、人口は三倍にもなって三千百万になったと見られている。全国の街道は整備され、西回り、東回りの航路が拓かれて江戸と全国各地は緊密につながった。江戸は明暦の大火後、市街地の面積を倍増して郊外へと広がった。利根川が江戸市中に入らずに太平洋に流れるように水路が開削され、玉川上水が張り巡らされた。江戸の人口は、急速に膨張して、百万に達しようとしていた。

　幕府の政治も、武断政治から文治主義に転換した。五代将軍徳川綱吉は、儒教の古典を自ら侍臣に講釈するほどであった。武家諸法度の第一条は「文武弓馬の道、専ら相嗜むべき事」から「文武忠孝を励し、礼儀を正すべき事」に改められた。「服忌令（ぶっきれい）」を出し、近親者が死んだ時の服喪期間を定め、血を忌む風を広げた。さらに「生類憐みの令（しょうるいあわれみのれい）」を出し、人を含む生き物の庇護による世の安寧を目指したが、違反者への厳罰や農作物への獣害が深刻化し、かつ広大な犬小屋で大量の野犬の飼育費まで負担させられて、人々を苦しめることになった。

　経済発展によって士農工商の各層で家が継承されるようになり、伝統主義が展開するようになる。人々の意識は現実主義的となった。仏教には、先祖や死者に対するねんごろな葬祭を求めた。十七世紀末頃から、農業技術の進歩と耕地の拡大によって、余剰米を売る農家も出てきた。都市の消費者の需要に応じて、畿内を中心に商品作物の栽培が盛んになった。五穀の他、茶、漆、桑（養蚕）、楮（こうぞ）（製紙）、麻、藍（あい）、紅花、綿、藺草（いぐさ）（畳）、菜種（灯明油）、櫨（はぜ）（ろうそく）、たばこなどである。これらの生産によって、着物は麻よりも着心地がよい木綿となり、絹織物も出来、それらは染料によって色鮮やかなものになった。灯明や行灯（あんどん）によって夜も明るくなった。生活時間が長くなって三食も広がった。また各地に特産品が出来、全国的に流通網が発達した。農村部も次第に貨幣経済に巻き込まれていった。武士は米の年貢からの収入を基本としていたが、都市での消費生活費が次第に増大して、経済的に苦しくなっていった。

中流以上の家では、畳が敷き詰められるようになり、床の間を作り、障子で明かりを取り、縁側を設け、庭も造るようになった。農村では村ごとの寄合でいろいろと決められた。都市の下層民は長屋で借り住まいをしていた。経済的に豊かになって、文化を享受できる層が格段に増えていた。まずこの時期の元禄文化全体を見ておくことにしたい。

8. 元禄文化の諸相

元禄文化は、実に多様な方面でさまざまに展開していた。元禄文化と言っても元禄年間だけでなく、五代将軍綱吉の治世（一六八〇～一七〇九）の全体を指すのが普通である。文化は政治史とは違って明確な区切りができないので、その前後の時代も含めて考える必要がある。

この時代も、文化は伝統ある京都から発信されていた。公家や武士、上層町衆などによる伝統文化の復興と展開、学問の発達、庶民階層の町人による新たな「俗」の発見などが見られる。

茶の湯は、千利休の孫の世代にあたる千宗旦は生涯仕官することなかったが、十七世紀半ばに三人の子供たちにそれぞれ茶室を譲って、表千家（不審庵―宗左）、裏千家（今日庵―宗室）、武者小路千家（官休庵―宗守）の三千家が成立している。彼らはそれぞれに大名家にも仕えている。『南方録』をはじめとして、多くの茶の湯書が刊行されるようになる。大名たちも茶の湯を学んで、大名屋敷に数寄屋造りの茶室を設け、池泉回遊式の庭園を造営することも流行する。この時代に後楽園や六義園などが出来ている。元禄時代から町人にも大量の享受者層が出来てきたので、教える資格を設けて免許制として、やがて家元制が成立していく。

絵画で元禄文化を代表するのは、尾形光琳であろう。祖父は本阿弥光悦とも関係があった裕福な呉服屋の次男で、若くから狩野派と土佐派の折衷した絵を学んでいたが、家が俵屋宗達との関係が深かったので、その絵に学んで独自の風を発揮する。大名貸しが踏み倒されて経済的に困窮し始めた四十歳前後から本格的に絵を描き出した。『伊勢物語』にちなんだ「燕子花(かきつばた)図屏風」は、金泥の上に同型の燕子花を絶妙のバランスで描いている。その後、江戸に出て大名にも仕えた後、京都に戻った後には、宗達の「風神雷神図屏風」を模写し、大和絵を近世風に再構成した宗達をさらに独自に作り変えている。光琳の「紅白梅図屏風」は、真ん中に大胆に意匠化した水の流れを黒く濃く描き、それを挟んで紅梅と白梅が緊迫して対している図である。光琳は着物の雛形も作って、大胆華麗な模様を描いている。また見事なデザインの「八橋蒔絵螺鈿硯箱」を作っている。弟の乾山の焼き物に絵付けも多くしている。光琳は装飾画を完成した感があり、この後、琳派として大きな影響を及ぼしていくことになる。

元禄文化では、学問領域においても、さまざまな展開が見られるが、次章で考えることにする。

9. 町人文化の展開―浮世草子・浮世絵・歌舞伎・浄瑠璃

元禄文化は、支配階級や知識人の文化に加えて、これまで文化とは無縁とされていた、下級武士や町人たちの実生活に基づいた文化が創り出されてきたところに、新しい展開がみられる。

談林派の俳諧師であった井原西鶴は、浮世草子に転じて、『好色一代男』で、七歳から「五十四歳までたわむれし女、三千七百四十二人、少人(若衆)のもてあそび、七百二十五人」と、ひたすら愛欲に生きる物語を著した。『日本永代蔵』では大金持ちになったり破産する三十話、『世間胸算用』では一年の収支決算をする大晦日を乗り切る町人の二十話など、当世の町人の生き様を描いた。これまで文学は、王朝の古典や武士の物語とされていたが、これで初めて欲望も肯定した当世の町人の生活を描くものが出て来たのである。しかも浮世絵の挿絵も載せて、木版印刷によってベストセラーが生まれることになる。

江戸初期から風俗画が流行しており、古典の物語や花鳥風月でもない風俗画がリアルに描かれるようになっていた。元禄期になると、江戸の狩野派から出て、農民を描く久隅守景の『夕顔棚納涼図屏風』や、都市の庶民を描く英一蝶の『布晒舞図』のような絵も出てくるようになった。

江戸で出版された西鶴の『好色一代男』の江戸版には菱川師宣の挿絵が入っていた。墨一色の木版印刷であったが、浮世草子の挿絵から、次第に絵の比重が大きくなり、一枚絵となって独立し、浮世絵が誕生したのである。浮世絵は「浮世」、つまり世俗で人々が関心を抱く事を描く。師宣の『見返り美人図』のように多彩な肉筆画もあった。師宣は嫌ったが、歌舞伎の役者絵や人気の相撲絵も浮世絵の主要なジャンルとなる。町人層がその享受者で、彼らの購買によって新たな絵画が成立していくのである。

歌舞伎は、十七世紀初頭、京の四条河原で、出雲の阿国たちが「異風なる男のまね」をした「ややこ踊り」をして以来の芸能であった。阿国は江戸にも出てかぶき踊りを興行して「歌舞伎」の祖とされている。「かぶく」とは常軌を逸したという意味で、「傾く」であったが、歌と踊り（舞）と演技（伎）を兼ねたもので、「歌舞伎」の語が当てられることになる。異風の派手な衣装で「歌舞伎踊り」と言われて大衆に人気があったが、「女歌舞伎」は、色を売って風紀を乱すとして幕府から一六二九年に禁止された。次いで十三歳から十五歳くらいまでの美少年の「若衆歌舞伎」になったが、これも一六五二年に弾圧されると、京都では一六六一年に男優のみの「野郎歌舞伎」が展開した。けれども男女の物語が中心になるので、男優が女性を演じる女方（女形）を演じることになる。

元禄時代には、江戸で武士の男らしさを演じる「荒事」を得意とする市川団十郎、また京都では女形を演じる芳沢あやめなどの人気スターが出て、それぞれの特徴的な演技の型も出来つつあったが、彼らの演技を守り立てる即興劇であって、まだ明確な筋がある作品ではなかった。やがて浄瑠璃の作品を取り入れることによって演劇に展開するが、それは十八世紀に入ってからである。

他方、浄瑠璃は、元来室町時代に遡る語り物で、三河国の長者の娘浄瑠璃と奥州下りの牛若丸との物語『浄瑠璃姫十二段』を語るところから、この名となった。元来は琵琶の語り芸だったが、十六世紀後半から琉球から入った三味線の伴奏をつけて、抒情的な小唄を歌うようになり、さらに人形遣いと結びついた。豊臣秀吉時代にすでに京都の四条河原で人形芝居の興行を行なっていたらしいが、京都・大坂が中心で発展した。十七世紀後半に京都に宇治加賀掾、大坂に井上播磨掾が出て、それらに学んだ竹本義太夫が竹本座を大坂道頓堀に開いて時代を画することになる。義太夫以前を「古浄瑠璃」と呼んでいる。義太夫は、それ以前の古浄瑠璃を集大成して曲節を整え、物語の表現形式を定め、さらに近松門左衛門の作品を得てから文学性を一気に高め、浄瑠璃人気を大きくしたのである。

近松は、『曽根崎心中』から、名もない男女を主人公とする世話物という新しいジャンルを拓いた。置かれた人間関係から無理やり押し付けられる「義理」と、自らの愛を貫こうとする「人情」の葛藤、名もない手代が持つ自己一分の誇り、それに同情して遊女が貫く愛、心中でいよいよ死ぬとなれば湧き上がってくるこの世への名残惜しさ、二人の死を知れば悲しむであろうそれぞれの家族への思いやり。さまざまな思いが幾重にも重なる二人の心を、近松は見事に描いている。【学部テレビ科目『文学・芸術・武道にみる日本文化』第12回に『曽根崎心中』の舞台を紹介している。】

近松が没してから二十年余り後、竹田出雲（二世）、三好松洛、並木千柳合作の『仮名手本忠臣蔵』で浄瑠璃は空前の人気となる。赤穂浪士の討ち入り事件を南北朝期に置き移して、幕府により切腹に処せられた浪士を忠臣と捉えて、討ち入りを果たすまでの艱難辛苦を、実際はよく分からぬ軽輩をモデルとしたフィクションの物語を主とし、首領の元家老が世間の目をあざむくための茶屋での遊興と苦悩や、討ち入りに助力する商人の義侠心も織り込む見せ場を作って、観客の町人や下級武士の共感を呼んだ。間もなく歌舞伎にも取り入れられ、代々の名優が演技の工夫を積み重ねて、今日に至るまで歌舞伎を代表する人気作品になっていくのである。

江戸の泰平の世に、権力者によるのでなく庶民の好みに支えられて展開した俳諧、浮世草子、浮世絵、浄瑠璃や歌舞伎は、従来の日本文化にはなかった新生面を切り開いた。古典を踏まえつつパロディ化し、逆に当代の社会の事柄を時代を置き換えて、世俗の生活に即して、その中に人間が生きるあはれと美を見出した。ごく普通の都市民が、貸本を利用し、芝居小屋に出かけ、生活にうるおいを得ていたようである。文化の享受層が一気に広がり、そうした中で、個々の才能が開花していったと言える。もちろんさまざまな制約もあったが、そうした中でも開かれた町人文化の豊かさは、今日に改めて見直すべきものがあるであろう。

参考文献

1. 池上英子『美と礼節の絆　日本における交際文化の政治的起源』（ＮＴＴ出版・二〇〇五）
2. 河野元昭監修『江戸絵画入門』（別冊太陽・平凡社・二〇〇七）
3. 熊倉功夫『茶の湯といけばなの歴史　日本の生活文化』（放送大学叢書・左右社・二〇〇六）
4. 小堀宗実他『小堀遠州　綺麗さびの極み』（とんぼの本・新潮社・二〇〇六）
5. 日本古典文学全集『松尾芭蕉集』１・２（小学館）
6. 上野洋三・櫻井武次郎編『芭蕉自筆　奥の細道』（岩波書店・一九九七）
7. 尾形仂『おくのほそ道評釈』（角川書店・二〇〇一）
8. 魚住孝至「『おくのほそ道』の構成と主題」『文学』（岩波書店）二〇一三年九・十月号掲載
9. 新日本古典文学全集『井原西鶴集』①（小学館・一九九六）
10. 新日本古典文学全集『近松門左衛門集』②（小学館・一九九八）

12 近世思想の展開─儒学と古学、実学、日本史と国学、蘭学の始まり、幕政改革（江戸中期・後期）

【要旨とポイント】

近世思想は、儒学の受容から新たな面を展開させた。社会制度が整ったので、世俗の倫理が要請され、朱子学が本格的に受け入れられる。朱子学は、理気二元論の存在論を持ち、「格物致知」による「究理」、「五倫五常」の道徳と「大義名分」で歴史観も説く。十七世紀半ばに儒学も定着したが、日本では儒者の地位は不安定であったので、さまざまな展開が見られる。神道と結びついた展開があり、「心」を重視する陽明学を学ぶ者がおり、また朱子学以前の儒教本来の精神に戻れという古学が生まれた。また中国の書籍に基づきながら日本の実状に合わせた実証的な実学も展開した。新井白石は、潜入したイタリア人宣教師を尋問して西洋事情を書いた。また実学として、本草学、農学、さらには「和漢三才図会」、暦学、和算なども展開した。また日本の歴史に関して、幕府による神武天皇以来の歴史を編纂する作業が始まり、水戸藩は史局を設けて『大日本史』の編纂を開始した。また日本の古典を研究するところから国学も始まった。

十八世紀初期、経済発展も限界に達する中で徳川吉宗による享保の改革が行なわれた。幕政の改革と人材登用を進めた。また洋書の漢訳の輸入を緩和したので、後に蘭学が展開する。十八世中期には独創的な思想家が各地に出る。末期には国学では本居宣長が、『源氏物語』の研究から「物のあはれ」を主張し、『古事記伝』の注釈の仕事から古道を言い、日本のナショナリズムの源泉となる。他方、人体解剖で蘭書の正確さに驚いて翻訳に取り掛かり『解体新書』が刊行されて蘭学が開始した。国学と蘭学は十九世紀に飛躍的に展開する。

【キーワード】 朱子学、古学、伊藤仁斎、新井白石、実学、大日本史、国学、享保の改革、本居宣長、蘭学

1. 朱子学の受容と定着

近世思想は、朱子学の思想を受容するところから始まる。仏教が政治によって統制されて、幕藩体制によって安定した秩序が形成され、身分別だが、各層で家が継承されるようになったので、改めて世俗の道徳の教えが求められた。朱子学はその社会倫理を示し、しかも存在論を以って自然の理法にも通貫する理気論を持ち、さらには大義名分論で歴史観も持っていた。中国・朝鮮での正統イデオロギーであり、日本でも五山の僧が教養として研究はしていた。それが本格的に問題にされたのが近世である。

藤原惺窩（せいか）は五山の禅僧であったが、豊臣秀吉の朝鮮出兵で捕虜となった姜沆（かんこう）にも学んだが、一六〇〇年に家康が入洛した際には儒者として道服で謁見し、禅僧と儒仏を論じ、仏教は人倫を無視することを批判した。林羅山も禅僧から惺窩の門に入り、五年後家康に謁見して博学を認められて幕府に仕えることになる。ただし僧位で僧の姿で文教・文書を司ったが、惺窩より激しく仏教に反対していた。さらに一世代若い山崎闇斎も五山で学び土佐で住職となったが、朱子学に転向した。

（1）朱子学の思想

朱子学の思想は、朱熹（しゅき）（朱子）が定めた四書（『論語』『孟子』『大学』『中庸』）を、その注釈『四書集注』で学び、『朱子語類』などで深めるものであった。

朱子の存在論は、周敦頤（しゅうとんい）の『太極図説』を解説した『太極図説解』に著されている。朱子は「無極にして太極。太極動いて陽を生じ、動くこと極まって静かなり。静かにして陰を生じ、静かなること極まつて復た動く。一動一静、互いに其の根と為り、陰に分かれ陽に分かれ、両儀立つ。陽変じて陰合して水火木金土を生じ、五気（水火木金土）順布し四時行はる。」「無極の真と二（陰陽）五（水火木金土）の精と妙合して凝る〔形づくる〕。乾道は男と成り、坤道は女と成り、二気交感して万物を化生す。万物は生生して変化窮まること無し。」と論じる。

陰陽に分かれて五行となるのは「気」であり、気の凝集と解体で万物の生々を論じるが、気に内在する原理があり、気に先行する実在が「理」である。

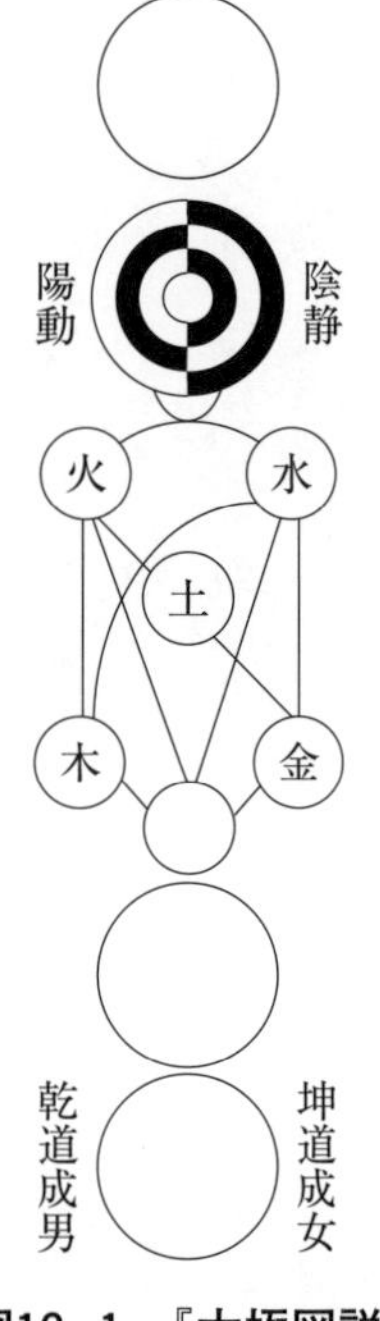

図12−1 『太極図説』

人間も気が凝集して生まれるが、理と気のさまざまな属性が備わる。宇宙万物の理法が抽象化したものが「天」である。「天ノ命ズル、コレヲ性ト謂フ」（『中庸』）。「本然の性」は気と結びつかない理想態であるが、「気質の性」として、気と結合してその発現を阻害されているのが現実態である。宇宙原理は、『易』にある天の四徳の「元・亨・利・貞」で、生命の芽生え、成長、結実、蓄蔵であり、春・夏・秋・冬で循環する。人間の性の具体的内容で人の四徳が「仁・義・礼・智」である。人間の奥底には「性」があるが、外物と接した際に気質に拘束されて「情」が発動する。仁・義・礼・智の端緒となる四端の心（惻隠・羞悪・辞譲・是非）があり、喜・怒・哀・楽・愛・悪・欲の「七情」がある。

「性即理」で、「心ハ性・情ヲ統ブ」。そのために「居敬」で、心を一つにして敬しみ、「究理」で、一事一物に内在する理を究明せよという。「居敬」「究理」をたゆまなく努めれば「豁然貫通」して、聖人の境地に達する。より具体的には、『大学』の冒頭に示された「三綱領」「八条目」で示される。三綱領は書き下せば「明徳を明らかにし、民に親しましむる、至善に止まる」で、修己治人を示す。そのために、個々人は八条目で「格物、致知、誠意、正心、修身、斉家、治国、平天下」と順に修していく。

物に格して、知に到り、意を誠にして、心を正し、一身を修め、家を斉え、国を治め、天下を平かにする。天地人を通じた理を感得し、聖人となることを目指すのである。朱子学は、存在論から道徳論、修養論まで一貫した思想であった。

（2）日本における特殊性

朱子学は、中国では朱子によって体系化されたが、元代に科挙の試験の基準となって以降、皇帝を支える官僚の士大夫のイデオロギーとなる。朝鮮も同様に科挙に採用していた。けれども日本は、科挙はなく、近世は武士が支配階級であり、生れによる身分格式に拠っていた。江戸初期には武士は武を主とし、文の儒学を学ぶことはほとんどなかった。ただ大名や将軍の中には為政者として儒学を学ぼうする者がいた。日本では儒者の社会的な地位はなく、自主的に学んで塾を作り、篤学の大名などに呼ばれることがあった。それ故、まず朱子学の四書を訓読し啓蒙に努めることから始まる。

藤原惺窩は一五九九年に四書五経の訓点を施したが、林羅山は解説する「諺解（げんかい）」や啓蒙する『春鑑抄』などを刊行した。羅山は幕府に仕えたが、博学の「物読み坊主」としてであった。江戸初期から朱子学が官学としてあったというのは、江戸後期に林家が編纂した『徳川実記』によるもので、事実ではない。また中江藤樹は、自らの思想として儒学を学び、母への孝養のため藩を致仕したが、後に陽明学に出会ったので、心即理で実践を重んじる陽明学者と見なされ、熊沢蕃山が学ぶことになる。山崎闇斎は京都で朱子学を標榜する塾を開いた。やがてそれに対抗して伊藤仁斎が朱子学に疑いを持って古学の塾を開くことになる。江戸初期は先覚者たちが儒学を受容していったが、まだ多様な形で展開した。

こうした導入の努力の後、四代将軍を補佐した保科正之が闇斎を後援し、岡山の池田光政が熊沢蕃山を重用し、また水戸の徳川光圀が、明の復興運動を支援していた中国人儒者朱舜水を招じた。五代将軍綱吉は自ら臣下に儒学を講義する程で、林家学問所を幕府が湯島に移して聖堂とするに至って日本にも儒学が定着することになる。十七世紀後半からは批判する立場も含めて朱子学の概念を前提とした議論が展開し、「格物致知」が諸学問を進展させる動因となり、仏教は朱子学の立場から批判を受け、神道は朱子学によって合理化する手段を得るようになる。そして次章に見るように、江戸後期に湯島聖堂が幕府の学問所となり朱子学が幕府公認の学となってから、諸藩の藩校でも朱子学が講じられて普及し、明治に及ぶことになる。

2．古学の展開―伊藤仁斎と荻生徂徠

江戸中期に朱子学も定着してきたが、それを批判する古学が出ている。

十七世紀後期、京都の町衆の伊藤仁斎は、最初朱子学を学んだが、研究する内に、朱子学が儒学本来とは違う思想が随分と混じったものであることに気がついた。仁斎は三十六歳で塾を開いて講じ始めるが、同志会では朱子学のテキストを門人と一緒に読んで議論をする会読の方式を始めている。そうして朱子学の解釈から次第に離れた思想を確立していった。朱子学が四書として経典とする『大学』は孔子の遺書でなく、『中庸』の終わりの数章は後代のものだと文献批判をした。その上で、『論語』を「最上至極宇宙第一書」とし、『孟子』をその解釈のために読むべき書と位置づけた。仁斎は朱子の理気二元論を排して、天地は「一元の気」から成る「一大活物（かつぶつ）」であるとし、現実を超えた難解な議論は邪説で、「道」は人間の日常生活に相即しているとする。朱子学の説く「敬」は外面的だと批判し、「忠信」（誠実さ）から湧き出る「愛」を広く行き渡らせると「仁」になるという。政治の要訣は「民と好悪を同じうする」点にある。「情」や「欲」も、「礼義」で以って制御すれば、そのまま「道」となり「義」となると言う。人が本来持つ「四端の心」（惻隠〔あはれみ〕、羞悪〔はじらい〕、辞譲〔ゆずりあい〕、

是非の心）を拡充し、学問によって「上達」すべき努力を強調する。「人倫日用平常行ふべきの道」、すなわち日常生活で実践すべき行為の仕方こそが「道」であるとする。仁斎の学問は、『論語』『孟子』を読んで孔孟の精神に迫ろうとする「古義学」であったが、その実、日本的な独自の儒学思想を表すものであった。仁斎の文献批評は中国でも高く評価された。

荻生徂徠は、武士の誇りを持つ儒者であった。徂徠は、父が甲府の藩医であったが、勘気を蒙り、十四歳から二十五歳まで母の実家の上総の田舎に暮らした。この間、書物は限られ、独力で書を読み抜く力を得たが、地方の農民の生活の実状を知ることになり、さらに江戸に戻った時に、社会が大きく変化している世相に気づくことになった。これらのことが、彼の独自な立場を形成する基盤となった。早くから漢文を精密に読むことに努力し、漢字の用例を精確に調べた『訳文筌蹄（せんてい）』を著していたが、中国古代の言語や文章の実証的研究を進めて、この方法で儒学の古典の解釈をすべきだとして古文辞学を樹立した。一七一七年の著『弁道』『弁名』では、仁斎よりもいっそう徹底した朱子学批判を展開するとともに、「道」とは、先王（古代中国の帝王）が天下を治めるために作為した「礼楽刑政」すなわち政治制度のことであるとし、道徳よりも政治の方法に重点を置く独自の思想を主張している。

徂徠学以降は、儒学のテキストを経典として真を求めることから、儒学のテキストも時代と社会の中で作られたものとして相対化して、儒学以外の諸子百家の書も読むようになる。徂徠自身、中国の多様な古典を読んでいたので、多くの優れた学者や文人を門下から輩出させて、漢学の範囲が広がることに貢献した。徂徠の独創的な学風や思想が、その系統の者を師とした本居宣長の国学の形成に影響を及ぼしていることも重要である。

3. 諸学問の展開

(1) 新井白石の百科全書的な学問と『西洋紀聞』

十八世紀初頭の新井白石は、朱子学の木下順庵系統から出たが、理気による宇宙創成論や、道徳修養論に関心を持つのではなく、「格物致知」で事物に本来備わっている理を窮め至ることに関心を深めたようである。儒学の他、歴史学、地理学、国語学、文学(詩)、民俗学、考古学、宗教学、武学(兵法武器)、本草学など広範多岐の分野の学問に取り組み、それぞれにおいて一流の業績を残している。同時代、ヨーロッパで展開していた百科全書と似たような合理主義的思想を一人で担うような、啓蒙主義的な万能の知識人であった。侍講として仕えた甲府藩主徳川家宣が六代将軍となったことから、一七〇九年から一六年まで幕府の要職に就いて、幕政の改革を領導した。

その職に就いた初年、前年に鹿児島種子島に潜入し逮捕されたイタリア人宣教師シドッチを四度にわたり尋問する中で、ヨーロッパの事情を詳しく知って『西洋紀聞』を著している。キリスト教の教義には、儒教道徳と合理主義の立場から、厳しい批判を加えている。神が天地を創造するとすれば、神は何ものの造るものか、神が自ら生まれるなら天地がなぜ自ら成らないのか、全能の神はなぜ人をすべて善としなかったのか、なぜすべての人を教えに従わせられないのかなど、多岐にわたってシドッチに対等な立場で質問をして聞き取ったヨーロッパの事情を詳しく書いているが、機械など物質面では西洋が優れ、道徳など精神面では東洋、日本が優れているとする。シドッチは、白石の才と見識に打たれて、世界には五百年に一度このような人が生まれ出ると言ったという。ただこの書は批判していてもキリスト教に触れているので公開は厳しく限られていた。

また白石は、シドッチの尋問を基に、マテオ・リッチの『坤輿(こんよ)万国全図』やヨハン・ブラウの『世界図』を参照し、それにオランダ商館長の口述も合わせて、世界の地誌『采覧異言』を著している。この書は、ヨーロッパ二十五か国やアジア三十か国、トルコやアフリカ、南北アメリカなど、全世界の地理、風俗、物産、政治情勢などを詳しく記している。『采覧異言』は、江戸後期の知識人の間で広く読まれ、彼らの世界観に大きな影響を与えた。

(2) 実学、諸学問の展開

貝原益軒は、九州福岡の黒田藩の儒者だったが、晩年に『大疑録』で朱子学に疑問を呈した。彼も多くの分野に興味を持って業績を残したが、特に中国の博物学の『本草綱目』に訓点をつけたが、自ら動物・植物・鉱物を広く調査・記載して、実地の見聞に基づく批判も加え、中国にない日本のものを詳しく取り上げて、実物に当たって実証的に論じた『大和本草』十六巻付図二巻を、一七〇九年に刊行している。それには、植物五百三十二種、木類二百五十二種、魚類百二十二種、虫百三十九種、鳥九十五種、獣類四十六種、人類まで論じている。益軒の青少年時代から八十歳までのライフワークであるが、詳しい実証的な論は幕末に西欧の近代科学を受容する地盤にもなった。

同じ藩士だった宮崎安貞は、中国の『農政全書』の影響も受けて、自ら日本各地の農業の実態を調査研究して、五穀や四木三木などの播種法や栽培法を図入りで紹介した『農業全書』十巻を一六九七年に刊行し、これは以後長く農書の規範になった。

さらに大坂の医師・寺島良安は、中国の百科事典『三才図会』（一六〇七成立）を読んで、天・地・人の三才、つまり天文・地理・人倫の九十六類にわたり、日本の文物を大幅に加えて図入りで説明を付け加えて、一七一二年に『和漢三才図会』百五巻八十一冊を刊行した。この書も客観的で明解な記述によって、以後、明治初期まで読まれることになる。百二十年後にシーボルトは『日本』の参考書の筆頭に挙げている。
また和算の筆算代数学を大成した関孝和、さらに平安時代以来使われていた宣明暦の誤差を元代の暦と自らの観察に基づいて修正して貞享暦を作った渋川春海なども出た。この時期から実証的、実利的な書が次々と刊行されていたのである。

4．儒家神道の展開

近世初期には儒家が神道にも関わることが多かった。実は一五九九年に後陽成天皇の慶長勅版で『日本書紀神代巻』が刊行されたことが大きい。さらに注釈書の『日本書紀纂疏』や『神代口訣』も出版され て、それまで吉田家などの家学で秘伝とされていたものが、広く読まれるようになり、儒者もこれを読むようになっていた。

林羅山が『本朝神社考』や『神道伝授』を著した。祭祀祈禱を行う神社神道ではなく、神代から天皇が代々受け継いできた神道を「理当心地神道」を考えるべきであるとした。『神武天皇論』では、五山の中巌円月が唱えた神武天皇は孔子が「至徳」と讃えた賢人泰伯だという説を採用して、我が国でも皇祖から聖人の道が伝えられていたと論じた。

伊勢神道の度会延佳（わたらいのぶよし）も、仏教色の濃い従来の伊勢神道を儒教理論で再解釈した。神道は神職だけのものでなく、上は天皇から下は万人まで分け隔てなく与えられた人の道であり、日常生活に充満する日本人の道であるとした。また神宮に豊宮崎文庫を創設し、国史や神道書を収集し、また講義を開いて神道界を発展させた。

吉川惟足は、吉田神道を受け継いだが、神儒仏の三教一致説を、神儒一致説に改めて君臣道こそ神道の眼目だとした。彼は晩年に幕府の神道方となり、以後吉川家が世襲する。

山崎闇斎は、吉川から吉田神道の伝を受けて、『太極図説』と『日本書記神代巻』を集合した理論を説いた。天照大神の神勅で、皇孫が統治することを命じられたので、天皇が統治するのが神道だとして、敬しんで神に祈りを捧げ、正直となって天心合一となることを秘伝とする垂加神道を説いた。

これらは儒家神道と呼ばれる。江戸中期から日本の歴史や古典が研究されるようになると、国学において、仏教や儒教の影響を排して、日本の古えの道を復興しようとする古道が言われるようになり、本居宣長によって神道は深められることになる。

5. 近世仏教の展開

近世には寺請制度によって仏教が定着し、全国で九万もの寺院ができた。寺の住職になるための修学条件が定められたので、浄土宗、天台宗、真言宗、浄土真宗二派、曹洞宗、日蓮宗など各宗派で檀林や学林と呼ばれる学問所を整備して、宗派の教学の研究や宗派の典籍の出版も進められることになる。

大徳寺の僧・沢庵は、禅の立場から朱子学の概念を説く『理気差別論』を著した。紫衣事件で幕府に強く抗議したので、山形に流されたが、家光親政となって許され、柳生宗矩のために『不動智神妙録』で剣禅一致を説いた。

また世俗との接触が強まったことから、「世法即仏法」として、士農工商のそれぞれの職務を果たすことがそのまま仏法であると説く鈴木正三も現われた。彼は三河武士で関ヶ原合戦や大坂の陣にも参陣したが、四十二歳の時突然出家した。曹洞宗に属するが独自の勇猛な禅で、島原の乱後、その地の代官となった弟を助けて幾つもの寺を建てて教化した。

十七世紀半ばには、満州族の清が明を滅ぼし、中国全土を支配した。その影響で、一六五一年には臨済宗の道者超元が来日し、七年間、滞在した。一六五四年に来日した隠元も臨済禅で、弟子たちとともに長崎に来ても中国風の儀礼や修行と日常生活を堅持していたが、日本人僧を受け入れ、評判が高かった。隠元はやがて中国に帰国するつもりであったが、大坂の寺に招かれ、さらに江戸で将軍家綱にも謁見し、後水尾天皇から京都の宇治の地を賜り、家綱の上旨があって一六六一年に黄檗山万福寺を建立した。隠元は、僧には厳しい修行を求めたが、俗人には世俗の活動にあわせた教えを説いた。それは中国明代仏教の傾向であったが、日本の近世仏教の傾向でもあった。

隠元門下の鉄眼道光が大蔵経の刊行を志し、隠元から大蔵経を譲り受けるとともに募金活動もして、一六七八年に初刷を後水尾法皇に献上した。隠元門下で同年生まれの了翁道覚が薬で儲けたお金で鉄眼版大蔵経を各宗派に寄進した。了翁は天台・密教・禅の兼修を標榜していたが、宗派を超えて大きな刺激を与えた。

禅宗では、臨済宗の盤珪永琢（ばんけいえいたく）が無師独覚だったが、それを証明する者が日本人にはなかったので、長崎に道者を訪ねて確認してもらった。盤珪は「不生禅」を唱え、平易な和語で法語を行ない、一般民衆に多大な影響を与えた。また曹洞宗の卍山道白（まんざんどうはく）は道者と隠元に参じた月舟宗胡の弟子で、道元の宗統復古運動をして「一師印証」という原則を確認し、道元の『正法眼蔵』（本山版）を上梓した。「曹洞宗の中興の祖」とされる。

臨済宗の「中興の祖」は、江戸中期の白隠慧鶴で、公案を整備し、『槐安国語（かいあんこくご）』『夜船閑話（やせんかんな）』『坐禅和讃』などを著した。白隠の影響は、ほぼ臨済宗のすべての系統に及んでいる。独特の達磨画を書いて民衆教化をした。曹洞宗では江戸後期の良寛が詩歌や書で有名である。

江戸後期には浄土真宗の篤信者で、日常生活の中で仏法に生きた妙好人が出てくるのも注目される。

6. 日本歴史への関心の高まり

この時代に古代から当時までの日本の歴史への関心が高まった。

将軍家光の命により林羅山が六国史に基づいて神武天皇から平安初期の五十九代宇多天皇までの『本朝編年譜』を編纂し一六四四年に呈上していた。その後、老中の命によって、羅山を継いだ林鵞峯（がほう）が初代神武天皇から百六代正親町天皇までの事績を書いた『日本王代一覧』七巻を一六五二年に著した。その後、将軍家綱は鵞峯に命じて『本朝編年譜』の完成を命じたが、『六国史』以降は史料収集が困難だったので、鵞峯は老中に援助を申し出たので、幕府から諸大名や朝廷、寺社などに所蔵する諸記録の提出が命じられた。林家内に編纂所を設けて精力的に進めて、一六七〇年に『本朝通鑑』全二百七十三巻が完成した。神武天皇から百七代の後陽成天皇の一六一一年までの編年体の歴史書で、中国の千三百年余りの歴史を史料考証に基づいて記した『資治通鑑』に倣って『本朝通鑑』と称したのである。

水戸藩第二代藩主となる徳川光圀は、十八歳で中国の『史記』を読んで、日本の史書を編纂することを思い立った。藩主となる四年前の三十歳の明暦三年、江戸の藩邸に編集する史局を設け、全国から優れた学者を招いて本格的な編纂事業を始めた。将軍家を補佐する御三家の自覚を持ち、武家政治の成立の歴史の倫理的根拠を明確にして、幕府に尊皇と仁政を自覚させるとともに、一般にも倫理思想を持たせることを狙いとしていた。史局は後に彰考館と名づけられ、数名の館員から十名になり、後に最盛期には六十名にも達した。京都、奈良をはじめ、全国に館員を派遣して史料を収集した（光圀（黄門）の全国漫遊の話の基になる）。中国の正史の編纂形式の編年体で本紀、列伝、志、表の形式として、天皇の代に即して初代の神武天皇から第百代で南北朝統一がなった後小松天皇までの歴史と大義名分を漢文で叙述する。史局開設から四十年後の一六九七年には「百王本紀」が完成した。光圀没後も藩で編纂は続けられ、本紀七十三巻、列伝百七十巻を完成し、書名を『大日本史』として、一七二〇年に幕府に献上された。なおも補訂が続けられ、光圀の百回忌の一七九六年には朝廷にも献上された。水戸藩では志・表の編纂をなおも続けて、天皇尊崇を強めた水戸学が形成されることになる。

また新井白石は、甲府藩主徳川綱豊（後の六代家宣）の命によって、一万石以上の大名家三百三十七家の一六〇〇年から八十年間の歴史を叙述した『藩翰譜』十巻を一七〇二年に著した。これは諸家の歴史を学問的な態度で叙した現代史にあたるが、その後、白石は一七一二年に将軍家宣への進講を基にした『読史余論』を著し、摂関政治から徳川家康の政権獲得に至るまでの政治史で、文徳天皇の世から建武中興までの公家政治に九つの変化を、源頼朝以後徳川家康までの武家政治に五つの変化を認める「九変五変観」を建て、武家政治出現の必然性と徳川政権の正当性とを論証した。江戸後期に広く読まれるようになる。

7. 国学の始まり

この時代から出版された日本の古典を研究対象とし、文献学的な研究方法が展開している。

大坂の僧・契沖は『万葉集』を研究したが、徳川光圀から『万葉集』の注釈が求められたので、『万葉集代匠記』を一六九〇年に完成した。仏典や儒教の注釈を範として、万葉の用例や、同時代の他の古典の用例を証拠として、意味・用法を客観的・実証的に追究することによって歌意を明らかにするとともに、歴史書の記事などに基づいて作品の背景を考え、類歌を援用して、古人の心情を客観的に考察することに努めた。この研究によって確立された文献学的研究方法を基本として、国学は、その学問体系を整えていく。荷田春満（かだのあずままろ）を介して神職の子・賀茂真淵になると、仏教や儒教など外来思想によって曇らされない日本固有の道の究明は、古人の心と言葉を知ることによって初めて可能になるとし、『万葉集』を研究すべきだとし、自らも万葉風の歌をつくって、古人の心と言葉を自分のものにするよう努めるべきことを強調し、その上で『古事記』を研究するならば、神皇の道はおのずから明らかになると説いた。真淵が万葉研究に本格的に取り組むことができたのは晩年のことで、目標の『古事記』研究は、弟子の本居宣長に託すことになる。

8. 八代将軍吉宗による構造改革―人材登用策と殖産興業

十八世紀初期には、新田開発も頭打ちになり、人口も飽和状態に達した。貨幣経済の進展は、年貢の収入に頼る封建財政の急激な悪化を招いた。幕府の構造改革が必要であった。そうした折、徳川宗家の血が絶えたので、一七一六年に紀州徳川家から入った八代将軍吉宗は、従来のやり方にとらわれず、紀州の藩政改革で成功したものを持ち込んで、あらゆる方面で抜本的な構造改革を図った。西日本から入った将軍吉宗は日本全体を見ていた。武士には武芸奨励をし、鷹狩りを行なって軍事訓練をした。これまでの法律をまとめ、また人口調査もさせた。足高制で、有能な人材の登用を図った。年貢を毎年の出来具合を調査して決定する検見法から、実収穫平均から年貢率を一定期間固定する定免法として、年貢の増徴を図った。開発による環境破壊を防ぐため抑制されていた新田開発を、商人資本を導入するなどして積極的に奨励する策に転換した。実利的な発想を持ち、全国の物産の調査をさせ、薬種調査もした。また洋書の漢訳の大幅緩和をするとともに、青木昆陽らにオランダ語を学ばせて、後の蘭学の基礎を築いた。目安箱を置いて、庶民の声を直に聞こうともしている。吉宗の強力なリーダーシップによる改革によって、全国に及ぶ支配を建て直して「中興の英主」とされ、以後の改革のモデルとなった。

吉宗の改革の後、次の将軍の小姓から取り立てられ、十代将軍の側用人から老中になったのが田沼意次であった。田沼は吉宗の殖産興業の方針を継承するとともに、商業資本を利用して、年貢以外の収入の増加を図った。株仲間を積極的に公認して運上・冥加の増収を図った。南鐐二朱銀を鋳造させ、金貨と銀貨の単位を統一して、金遣いの東日本と銀遣いの西日本の経済圏が統一されるようにした。貿易も海産物の俵物の輸出を奨励し、金銀を輸入するようにした。封建体制の変容に応じる政策であった。

9．江戸中期の独創的な思想の展開

江戸中期には、学問が盛んとなり、批判的合理主義と言うべき意識が広範に見られた。

懐徳堂は一七二四年に大坂に設立された町人出資の学校である。ここには庶民が通い、朱子学、陽明学、古学などを折衷した柔軟な学問が教育されたが、その学風は、実質的、現実的な大坂商人が自らの手で築いた学校によく符合していた。この門から出た富永仲基は、仏教経典を分析批判し、仏教の本質と歴史を論じて大乗仏教を否定した。まず、仏教経典は釈迦が説いたものではなく、すべて後世の者の作為であり、多くは仏滅五百年後の人の作であるとする。また現在の仏教も儒教も終局的にはいずれも倫理であり優劣はない、とする。さらに仏教各宗派の対立も「善をなす」点では同じ目的であるとして醜い宗派間の争いを否定した。また同じ懐徳堂から出た山片蟠桃は、西欧医学・科学の積極的理解の態度を摂取し、地動説を確信し、あらゆる俗信を否認し、霊魂や鬼神を否定した。

同時期一七二九年、石田梅岩は京都で心学の講筵を開いている。農民の次男で京都の商家に奉公する中で、神道、さらに儒教を学んで宗教的な体験をして、天が万物を生じ養う意思を人間は心を通じて知り、それに従って生きることが正しい生き方であると主張した。『都鄙問答』、『斉家論』を著し、生涯畿内に教えを説いたが、没後も手島堵庵、中沢道二らによって一つの思想運動に展開して、町人のみならず農民や武士階級にも大きな影響力を持った。

また東北・八戸の医師・安藤昌益は『自然真営道』稿本百一巻九十三冊（刊本三巻三冊・一七五三）

を著している。自然破壊の背後にある人間の飽くなき欲望を批判し、天地は自然（自り然す）の「活真」で生成するが、人間の「直耕」（てづからたがやす）によって充足され完遂される。人間の直耕が不十分なれば、自然の循環系を乱すことになる。「公」は「道を私に盗む」ものとして反権力的でもあるが、自然の中での人間の活動を通じたエコロジー的発想が見られる。

少し後には、九州・大分の医師・三浦梅園は、自然探究に生涯を捧げ、『玄語』（一七七五）の完成に二十三年をかけ、二十三回書き換え、十万余言の漢文、百六十図を著した。天地の条理（法則）を「一即一一、一一即一」と表わす。前者は存在するものは対立する二つの要素の統一からなり、後者はそれを捉える方法論とする。自然と人間の関係は「天人の分」と「天人の合」の統一として把握する。前者は自然を対象化する人間の能動性を示し、自然科学的な認識に向かうが、後者は人間が自然の内にあり、その法則に従わなければならないとする有機体的でエコロジーな思想である。

10. 蘭学の始まりと本居宣長の国学の成立

十八世紀後期には蘭学が始まり、他方、国学も本居宣長によって新たな展開をし始める。

一七七一年（明和八）に、杉田玄白、前野良沢、中川淳庵らの医師は、人体解剖に立ち会ってオランダの人体解剖書『ターヘルアナトミア』が正確であることに驚き、これの翻訳を決意した。辞書もない中、三年の苦闘の末、七四年（安永三）に日本で最初の西洋医学書の翻訳が『解体新書』（四巻）として刊行された。オランダ語の原書を訳したのは画期的で、蘭学を大きく推進する力となった。

本居宣長は、商家の生まれだが、学問好きで、商家の養子となったが、実家に戻ってから、母は医師になることを勧めた。二十三歳で京都に遊学したが、医師に入門する前に徂徠とも交流があった堀景山の塾に入った。会読で中国書を読むとともに、景山が持っていた契沖の書に学ぶことになる。その後医師の門に入って修業し、二十八歳で松坂に戻って医師として開業するが、自身の塾を開いて歌論や『源氏物語』などの研究に打ち込み、二十代末までに「物のあはれ」論を打ち出していた。三十四歳の時、松坂に来た賀茂真淵と一夜の邂逅の後、『古事記』の研究に打ち込むようになる。『古事記』は平安時代から正確に読めなくなっていたが、宣長は、『古事記』を手堅く実証的な手法で読みを確定した上で詳細な注釈を施した。鈴の屋の塾で講じて『古事記伝』を三十四年あまりかけて全四十四巻の原稿を完成させるが、一七九〇年から順次刊行した。宣長は、神々の行為も自然の現象も、病気・治癒も、すべての現象の「然る所以（ゆえん）」は神慮にある、しかし神慮を問うことは不遜で、すべては「神のみしわざ」で人智の及ばぬ「あやしき」ものである、と説いた。朱子学の理気論を「こちたき漢意（からごころ）」である、と厳しく批判した。すべての物・事は「神のみしわざ」である、「古語にも、当代の天皇をして神と申して、実に神にし坐しませば、善悪き御うへの論（あげつら）ひをすて、ひたぶるに畏（かしこ）み敬ひ奉仕（まつらふ）ぞ、まことの道には有りける」（『直毘霊（なおびのみたま）』）と述べた。

『古事記伝』を完成させた一七九八年に書いた『宇比山踏（うひやまぶみ）』では、次のように論じる。「道は天皇の天下を治めさせ給ふ、正大公共の道なる」ものである。それを「一己の私の物にして、みづから狭く小さく説な」すなど「あさましくかなしき事也」。「学者はたゞ、道を尋ねて明らめしるをこそ、つとめとすべけれ」。「古の道を考え明らめて、そのむねを、人にもをしえさとし、物にも書き遺しおきて、たとひ五百年千年の後にもあれ、時至りて、上にこれを用ひ給ひ行ひ給ひて、天下にしきほどこし給はん世をまつべし。これ宣長が志也」。「道」は「正大公共の道」であるというのは、徂徠学が聖人の制作にかかる「礼楽刑政」と説いたのを踏まえて、「神のみしわざ」であり「天皇」が治めるものである。「すべて下たる者は、よくてもあしくても、その時々の上の掟のまゝに従ひ行ふぞ、古への道の意」とする。内は「真心」で行なうが、「其時の神道」に「せんかたなし」で随順せざるを得ない。学者は五百年千年を待つものとする宣長の秘めた強い思いがあったが、時代がそれを許さないことは次章に見ることにする。

宣長が「異国は、天照大御神の御国にあらざる故に、定まれる主なく」、「からくに、道といふ物も、其の旨をきはむれば、たゞ人の国をうばわむがためと、人に奪はるまじきかまへとの二つのすぎず」、「天命といふことは彼国にて古に、君を滅ぼし国を奪ひし聖人の、己が罪をのがれむためにかまへ出したる託言（ことつけごと）」（『直毘霊』）とまで言う時、儒学の根本的批判となり、やがて日本のナショナリズムを喚起していくことになる。

参考文献

1. 黒住真『近世日本社会と儒教』（ぺりかん社・二〇〇三）
2. 黒住真『複数性の日本思想』（ぺりかん社・二〇〇六）
3. 三浦国男『朱子』人類の知的遺産19（講談社・一九八九）
4. 土田健次郎『江戸の朱子学』（筑摩選書・二〇一四）
5. 子安宣邦『伊藤仁斎』（東京大学出版会・一九八二）
6. 豊澤一『近世日本思想の基本型─定めと当為』（ぺりかん社・二〇一一）
7. 相良亨他編『江戸の思想家たち』上（研究社・一九七九）
8. 『新井白石』日本思想大系（岩波書店・一九七五）
9. 寺島良安『和漢三才図会』東洋文庫・全十八冊（平凡社・一九八五～九一）
10. 『安藤昌益・富永仲基・三浦梅園・石田梅岩・他』集（日本の思想・筑摩書房・一九六九）
11. 相良亨『本居宣長』（東京大学出版会・一九七八）
12. 熊野純彦『本居宣長』（作品社・二〇一八）

13 危機から終焉へ――国学と蘭学、藩校・私塾、浮世絵の発展、開国と尊王攘夷（江戸後期・幕末）

【要旨とポイント】

十八世紀末から封建社会は流動化し始める。内では飢饉や一揆があり、外からはロシアや英米船が接近して、内憂外患が深刻になった。寛政の改革で幕府の学問所を作り、学問振興と官吏登用制を造った。国学では本居宣長から平田篤胤の流れから天皇を中心としたナショナリズムが立ち上がる。十九世紀後期からは西欧近代科学に対する関心が高まり、やがて多くの翻訳書が生まれることになる。十九世紀からは全国で藩校が多数建てられ、私塾や庶民の基礎教育の寺子屋が展開した。英国船に襲われた水戸藩では尊王攘夷思想が生まれ、天保期から藩政改革を進めたが、薩摩・長州でも藩政改革で雄藩に生まれ変わった。アヘン戦争で中国がイギリスの軍艦と大砲によって敗れた衝撃があり、幕府も天保の改革で西洋砲術を採用し諸藩に広げ、絶対主義化を図ったが失敗した。葛飾北斎や歌川広重の錦絵は、人々に日本を意識させ、後に欧米でジャポニズムを生み出す。

十九世紀半ばに黒船来航によって開国して、幕末の政治的変動が生じた。封建的身分制は下級武士の株売買や養子制度によって流動化していた。下級武士と豪農の間で竹刀剣術が流行し、彼らが出世する一つのルートを開いた。尊王攘夷運動や長州征討など、幕府と討幕勢力のせめぎ合いの中で、将軍は大政奉還したが、薩長主力の新政府軍は武力で江戸城に迫ったが、交渉によって無血開城となった。尊王思想とともに、内戦になれば植民地化される危機感が共有されており、小規模な戦闘だけで政権交代がなされた。

【キーワード】　本居宣長、平田篤胤、蘭学、葛飾北斎、尊王攘夷、西洋技術・東洋道徳、無血開城

1. 内憂外患―寛政の改革の影響

十八世紀末期、浅間山の噴火と天候不順で天明の飢饉が起こって一揆や打ち毀しがあった。一七八七年から老中松平定信が寛政の改革を行なった。定信は、林子平がロシアの南下を憂慮し、「江戸の日本橋より、唐（から）、阿蘭陀（おらんだ）迄、境なしの水路也」と海防を論じた『海国兵談』を没収して板木は焼却させた。定信は、享保の改革を目標に復古的理想主義で、農政重視で、統制を強めて文武を奨励した。昌平黌には林家以外の寛政三博士を採用して幕府の学問所に格上げして、幕臣以外に諸藩の士も聴講できるようにした。朱子学以外の講義を禁止して、学問吟味を実施して学問優秀な人材を登用するようにした。囲米で飢饉に備えるとともに、有能な人材を代官に登用し農政を建て直した。

しかし一七九二年にはロシア皇帝から派遣されたラックスマンが根室に来航し、以後蝦夷地探検と防衛が大きな問題になる。風俗取り締まりとして洒落本や浮世絵の出版の統制を厳しくしたので、人々の不満は高まった。将軍との対立をきっかけに、定信は在職六年で老中を解任されたが、その施策は「寛政の遺老」によって一八二〇年代まで続いた。

農村への貨幣経済の浸透は本百姓の分解をもたらし、大地主が出現する一方、小作の下層農民が増大し、一揆や打ち壊しも頻発していた。下級武士の株が売買もされるようになり、流動化が進んでいた。他方、ロシア軍艦の樺太・千島襲撃事件や英軍艦が長崎に侵入、強奪する事件が生じて、内憂外患はますます深刻化していた。

この改革を機に諸藩でも文武が奨励されることになって、藩校が一気に増えて、武士の教養が高まり、下級でも登用されるようになった優秀な役人が天保期から幕末に活躍することになる。

2. 平田篤胤の国学の展開

本居宣長は、『古事記』の解釈から出ることはなかったが、一七九七年に刊行された『古事記伝』上巻の付録に、弟子の服部中庸の『三大考』を付けた。それは十図で天地生成の段階を示すもので、蘭学で知った地球球体説と天道説を合致するような宇宙像を『古事記』から読み出したものであった。

平田篤胤は、宣長の没後に夢で出会って入門したと主張したが、『三大考』に基づいて、もっと大胆に「天・地・泉」が生成する神道的宇宙論を『霊能真柱』(一八一二年)で論じた。実は篤胤は、それ以前に漢訳のキリスト教関係書や西洋の天文学の知識を書き抜いたような『本教外編』のノートを作っていた。しかも篤胤は、『古事記』だけでなく、『日本書紀』『祝詞式』『古語拾遺』『出雲風土記』などを合わせた『古文成文』を作成した上で、その古文に基づいて論じる。結局、『霊能真柱』は、篤胤が西洋書からも取り入れて自ら抱いた宇宙観を、『古事記伝』などを適宜引用して論じた書である。翌年には刊行されて篤胤学の宣言の書となった。

篤胤は、冒頭で古学を学ぶ者は、何より大和心を固めなくてはならないと言い、とりわけ死後の魂の行方、落ち着く所を知らなければならないと言っている。宣長は死後、黄泉の国に行くので悲しむより「せんかたなし」と言ったが、「死後に魂が黄泉に行くということは外国からまぎれ渡ってきた伝えであり」、誤りである。現世の皇国であるが、大国主神が「国譲り」の際に「幽事」を「隠レテ侍ワン」と誓ったことを拠り所に、魂は「幽冥」に赴いて見ることができないが、家族を見守っている。魂の行方は大船に乗ったようなゆたかな静かな心であればよい。「天・地・泉」をそのようにあらしめた神の功をよく知り。わが日本国が万国の本の国であり、万事万物が万国に優れるわけ、また畏れおおいわが天皇が万国の大君であることのわけを十分に知って、かくて、霊の行方ははじめて知り得るものだ」というのである。

篤胤は、外国にも、真実の一端は伝わっているが、それを知ることは、真実の偉大さをより知ることになるとして、さまざまなことを取り入れて論じた非常に多くの書を著した。実証的でもなく、体系的でもないが、博学でいろいろなことを関連づけて分かりやすく語るように書いている。

内憂外患の中で人々は大きな不安を抱いており、また西洋から科学的な知識も断片的に知って、宇宙観・世界観も混乱しがちであったが、こうした篤胤の説は大きな安心を与えるものとなった。刊行十年後に篤胤は上洛して自らの著作を天皇の叡覧にあずかる栄誉を得たが、その際に宣長の墓に詣で、後継者の太平にも会った。宣長門では、篤胤の説は毀誉褒貶半ばであったが、篤胤の門人の気吹舎（いぶきのや）は寄附を募って篤胤の著作を勢力的に出版し、一八四三年の篤胤の死後も継いだ鉄胤が著作の刊行に努めたので、幕末から維新にかけて、篤胤の国学は復古神道となって大いに展開することになる。

3. 蘭学の展開とシーボルト『日本』

一八一一年（文化八）幕府は天文方に蕃書和解（わげ）御用を設けて、馬場佐十郎と大槻玄沢らにオランダ書籍の翻訳にあたらせた。またこのころに、当時のオランダ商館長ドゥーフが長崎のオランダ通詞数人とともにハルマの蘭仏対訳辞書の和訳をして、蘭日辞書『ハルマ和解』が出来ていた。これによって蘭学は新しい段階を迎えた。この時期、西洋医学書の翻訳・出版と並んで、志筑（しづき）忠雄の『暦象新書』、帆足万里の『窮理通』など、天文学、地理学から、物理学、化学、植物学などの西洋学術書が蘭学者によって翻訳された。篤胤もこうした書を利用していた。

十九世紀の初頭には、伊能忠敬は、蝦夷地から南の九州、屋久島まで全国を十七年間かけて測量、弟子たちが高精度の日本全図『大日本沿海輿地全図』を完成した。それは今日の水準でも誤差がほとんどない、非常に正確なものであった。蝦夷までも含んだ日本全土が正確に捉えられたのである。

一八二三年に来日したオランダ商館付医師シーボルトの指導により多岐にわたる知識が広がった。シーボルトは、貿易強化のため日本を総合的・科学的に研究する密命を帯びていた。オランダ側の幕府への働きかけにより、長崎郊外の鳴滝に塾をつくり、治療と講義ができるようになった。鳴滝塾には、美馬順三、二宮敬作、高野長英、伊東玄朴、伊藤圭介など優秀な弟子たちが集まった。シーボルトは弟子たちに研究テーマを与え、オランダ語の論文を提出させて、彼自身の研究資料にした。また弟子や友人、雇い人の協力で長崎近郊の動植物採集を行い、川原慶賀に図を描かせた。一八二六年の商館長の江戸参府に随行し、動植物の採集、測量、観測などを行なった。旅行の行き帰りや江戸滞在中、日本人の学者たちと知識や資料の交換を頻繁に行なった。葛飾北斎に依頼して日本人の生涯を絵巻物形式で描かせている。

一八二八年帰国に際して、長崎港のオランダ船が台風で難破、修理のため積み荷を陸揚げしたとき、国外持出し禁制の日本全図が見つかり、シーボルト事件が起こった。シーボルトは追放を言い渡され、翌年末、日本を去ったが、多量の資料、標本、生植物を送り持ち帰って、『日本』、『日本植物誌』、『日本動物誌』を執筆した。これらは欧米の日本学（ジャパノロジー）の基礎となる。後にペリーが日本に来航する際に、シーボルトから自らを雇うよう打診されたが、断って彼の『日本』を熟読することになる。

4．教育の普及—藩校・私塾・寺子屋—と庶民の教養の高まり

十八世紀末の寛政の改革を機に、各藩でも藩校が数多く開設されている。藩校は藩士の人材養成を目的として、朱子学を中心に広く漢学を教授していた。この時期に開設された有名なものに限っても、造

士館（薩摩）、時習館（熊本）、修猷館（福岡）、興譲館（米沢）、明徳館（秋田）、日新館（会津）などが挙がる。もちろんそれ以前からの藩校もあり、以後、さらに広がっていく。

藩校は武士に限られていたが、各地にさまざまな私塾が展開していた。懐徳堂は盛んだったし、町人たちの心学道話も大きく展開していた。大分日田の咸宜園は、儒学を中心に教えたが、身分・年齢・学歴を問わずに実力主義を標榜した。江戸の芝蘭堂などの蘭学塾も隆盛していた。

また地方の神官・豪農層の間でも、宣長の『古事記伝』をはじめとする諸著や、気吹舎が刊行する篤胤の書が広く読まれるようになっていた。

貨幣経済の進展に伴って、庶民にも読み、書き、算盤の基礎教育が求められた。そのため寺子屋が爆発的に増えることになる。木版印刷によって礼法や冠婚葬祭の心得書なども流布して礼儀正しい振る舞いとなり、また茶の湯など趣味の集まりの連（れん）も展開し、庶民の文化的要求が高まることになった。

5．浮世絵の展開—葛飾北斎と歌川広重

葛飾北斎は、勝川派の役者絵でデビューして以降、狩野派を学び、琳派の美人画、さらに遠近法、陰影法を使った洋風風景画、滝沢馬琴の長編小説の読本の挿絵などを描いて有名であった。一八一二年に名古屋へ旅行した折のスケッチを、絵手本として『北斎漫画』を刊行した。「漫画」は気の向くまま漫然と図柄を作る意味で、北斎自身の命名である。自然や生き物、人々の生活の一コマが自在に描かれた。初編が大好評を得たので、さらに建物、武術、名勝、和漢の英雄、神仏、高僧などにも画材を広げてほぼ毎年二編ずつ刊行されて、七年後の第十編で一応の完結をみた。十五年後、第十一編が出され、最後は没後に残されたものを編集した第十五編まで出された。合わせて三千九百図に及び、森羅万象、あらゆる物を描いており、幕末から海外に出ると、欧米の画家たちに衝撃を与えることになる。

一八三二年、北斎七十二歳から翌年にかけて刊行されたのが『富嶽三十六景』である。大判の錦絵で、好評につき十枚追加して四十六枚出された。これまで培った北斎の技法を駆使した大胆の構図で、二年前に入ってきたばかりの合成顔料「ベロ藍」（プルシャン・ブルー）の鮮やかな色で華やかである。「凱風快晴」の赤富士は日本の象徴となり、「神奈川沖波裏」の巨大な波は、後に欧米の芸術家にも強い印象とインスピレーションを与えてジャポニスムを引き起こすもととなる。

『富嶽三十六景』の二年後、歌川広重は『東海道五十三次』の街道錦絵を刊行して大人気となる。広重は伝統的な名所絵に旅の情緒を加え、旅ブームを引き起こすことになる。

6. 藩政改革と水戸学の尊王攘夷論、天保の改革と西洋砲術採用

一八三〇年代の天保期に入ると、諸藩でも藩政改革が行なわれ、人材登用をして財政建て直しと軍事力の強化が図られた。人材登用では吉宗の享保の改革の時に、足高制によって家格によらず能力がある下級旗本の登用が行なわれていた。諸藩でも勘定方や軍事方面では有能な下級武士が取り立てられた。

水戸藩は領内の海岸にイギリス船が漂着して牛を奪う事件があったが、その取り調べに当たった会沢正志斎は、『大日本史』を編纂する彰考館所員であったが、翌一八二五年『新論』を著し、尊王攘夷論を説いた。日本は神武天皇以来「万世一系」の天皇が支配する神州で他に優れているが、外国の侵略を打ち払わなければならない。世界は五大州からなるが、その四つまで欧州人が支配している。欧米列強は中国・朝鮮・日本にも侵略しようとするであろうから、攘夷を実現するためには、技術的に優れた欧米の軍艦と大砲を学ばなければならないと論じた。一八二九年の藩主継嗣問題で下士改革派の中心として徳川斉昭の擁立に成功した。そして斉昭の許で藤田東湖が改革に力を揮った。

水戸藩にならって、熊本、薩摩、佐賀、長州、宇和島、越前などの諸藩でも、藩主がリーダーシップ

を持って、能力ある下級武士を登用して藩政改革に取り組んでいた。藩の特産品を開発し、それを専売制で販売するなどして増収を図る一方、借財の返済を延期し、削減を図った。薩摩藩で、元茶坊主の調所広郷を側用人に登用し、奄美大島などの砂糖を大増産させて藩の専売にし、琉球を通じての密貿易を拡大して収入を増やす一方、大商人に迫って藩の負債五百万両を、無利息二百五十年賦払いにすることを認めさせた。長州藩では郡代官の子で藩校に学んだ村田清風を登用して、専売制を強化し、下関などに越荷方を設置し、他国の廻船の物産を購入し、その委託販売で利益を得るとともに、負債八万五千貫を三十七年賦払いとすることを大商人に認めさせて、兵制や教育の改革をした。これらの改革によって藩の力を回復させた雄藩が幕末に政治的にも重きをなすことになる。

一八四一年（天保十二）から幕府の天保の改革が始まった。四年前の大坂城代与力の大塩平八郎の乱に衝撃を受け、前年から始まったアヘン戦争では中国がイギリスの近代兵器に敗れた情報を得て、危機感が高まった。長崎奉行所鉄砲方の高島秋帆は、幕府の許可を得てオランダの大砲を揃えて門弟を調練していたが、幕府に洋式砲術の採用願を上呈した。老中水野忠邦は、江戸近郊の徳丸原で高島に大砲の演習を実演させた。高島は、西欧式の歩兵・騎兵・砲兵の三兵戦術にならって百人の門弟たちを分け、大砲を撃ち、号令によって一斉射撃をして、その威力を示した。幕府は高島の洋式砲術の採用を決め、旗本の江川太郎左衛門らに学ばせた。海岸警備が必要な諸藩は、これを機に洋式砲術を採用することになる。

幕府の天保の改革は、幕府の権力強化を目指し、江戸と大坂周辺を直轄地とする上知令を出したが、諸大名から反対を受けて挫折して失敗した。

この改革に際して、佐久間象山は海防係に任じられた信州藩主・真田幸貫の斡旋で江川太郎左衛門の門に入るが、その教えにあきたらず、蘭語を学んで洋式砲術を学び、一八四九年に塾を開いて、勝海舟、吉田松陰らが学ぶことになる。象山は朱子学を信奉していたが、砲術だけでなく洋学を学ぶ必要も強調しており、後に「東洋道徳、西洋芸術」を言い出すことになる。東洋道徳は朱子学の社会倫理であり、西洋芸術は近代技術であり、象山は現代における格物致知と捉えていたのである。

7．竹刀剣術の隆盛と下級武士・豪農層の出世

剣術は、中級以上の武士は、江戸初期以来の木剣や袋撓による形稽古による伝統的な流派の稽古を続けていたのに対して、十八世紀後期以降、下級武士や豪農層を中心として防具を着けて竹刀で自由に打ち合う竹刀剣術が流行っていた。

江戸後期には封建体制も解体が始まって、能力ある者は武士に取り立てられ、また下級武士の御家人や郷士などの株が売買されていたこと、さらに有能な武家奉公人は養子となって下級武士になることもあった。水戸藩の藤田東湖は、父・幽谷が商家から『大日本史』編纂に抜擢されて士分になった家であり、勝海舟は越後の金貸しだった祖父が旗本小普請組の株を買って父に与えた家であり、土佐の坂本竜馬は、商家が郷士株を買っており、いずれも竹刀剣術で腕を上げて一人前の武士として認められていた。竹刀剣術の江戸の町道場が有名となり、諸藩から遊学に来るようになると、町道場は、藩を越えて下級武士が交流場となった。

天保期以降には、水戸藩の藩校弘道館に、藤田東湖が、北辰一刀流の千葉周作（郷士出身）、さらに自らが学んだ神道無念流の斉藤弥九郎（農民出身）の江戸の町道場主を招いている。

後に幕末になると、幕府も講武所を作り、砲術とともに剣術を教育するが、剣術には竹刀剣術の諸流派の名手を集めて、流派を越えて稽古するようにさせるので、これが近代剣道の基盤となる。

江戸後期から幕末にかけては、豪農層や浪人、下級武士から武士への出世するために竹刀剣術は重要

なルートであった。

8. 黒船来航と幕末の政治変動

一八五三年アメリカの軍艦四隻が江戸湾入口の浦賀に来航した。幕府は武力で迫られて開国せざるを得なかったが、老中首座の阿部正弘は国論を統一するため、対応策を諸大名に提出させた。それまで幕府の方針に諸大名が口出しすることは厳しく禁じられていたが、その慣例を破って意見を求めたことが、藩政改革に成功した薩摩や長州などの雄藩を政治の場に呼び出すことになった。また一般からの上書で勝海舟が抜擢されることになる。

ペリー再来航時に、敵を知ることを願って吉田松陰は米艦に乗り込んだが失敗し、以降獄に入り、故郷に戻されて松下村塾で身分を問わずに、高杉晋作、木戸孝允、伊藤博文、山県有朋らに尊王攘夷を説いた。

幕府は、講武所、海軍伝習所、蕃書調所などを新設して、安政の改革を始めた。一八五五年、長崎に設けられた海軍伝習所では、オランダから贈られた軍艦で、オランダ海軍士官による訓練が行なわれた。勝海舟を筆頭に三十一名の幕臣の他、薩摩・長州・福岡・佐賀など諸藩から選ばれた藩士が、航海術・造船術、砲術、測量、地理などを本格的に学ぶことになる。彼らは、後にそれぞれ幕府や諸藩の海軍の指導的立場を担うことになる。

薩摩藩は、藩主島津斉彬が集成館を設立し、西洋技術を導入して大砲を製造させ、紡績やガラス製造などの工場も造っていた。大型の洋式軍艦を造り、さらに洋書を基に蒸気船まで自力で造って、訪れたオランダ士官を驚かせた。また佐賀藩でも藩主鍋島直正の下で、反射炉を造って大砲を多数製造している。

堀田正睦が老中首座となったが、将軍継嗣問題で紀州藩主を推す南紀派と、英明の評が高かった一橋慶喜を推す雄藩連合の一橋派が激しく対立した。慶喜は、水戸藩斉昭の七男で、御三卿の一橋家に養子となっていた。この将軍継嗣問題に日米修好通商条約の締結問題が絡んで、開国派と攘夷派に分かれた。堀田は条約に天皇勅許を得ることで国論統合を図ろうとしたが、孝明天皇は要請を退けて攘夷を表明した。これ以降天皇の意向が政治的意味を持つことになる。尊王攘夷論は水戸学では幕府を敬することが前提だったが、それが国学の流れの天皇尊崇と結びついて敬幕を超えて、今や大きな運動になっていた。

政治的に窮した堀田の後、南紀派の井伊直弼が大老に就任して、十四代将軍を紀州の家茂に決定するとともに、無勅許で条約に調印した。条約は、アメリカに押し付けられたものでなく、日本側が筋道だった論で反駁して、開港箇所は二ヶ所で、外国人の活動は居留地のみに限定された。戦争で敗れた中国・清との条約との違いは留意すべきことである。次いで英・仏・蘭・露とも通商条約に調印した。ここで問題なのは、最恵国条項であるが、これが当時の国際法の慣例だと説得されて認めたものだが、外国側だけの片務的なものだったので、後の明治の条約改正交渉でも大きな障害になることになる。

これに対して、吉田松陰は、反幕府の行動を起こそうとした。「已むを得ざる」至誠による「草莽崛起（そうもうくっき）」論を展開する。朱子学とか陽明学とか言っても何の役にも立たない、「尊王攘夷」を眼目とする。本居学と水戸学とは違うが、「尊攘の二字はいづれも同じ」と言った。

大老の井伊は、独断専行に反対する一橋派の大名・公卿・攘夷派志士を百名余り弾圧・処罰した。松陰も処刑されたが、「身はたとひ武蔵の野辺に朽ちぬとも留め置かまし大和魂」（『留魂録』）の辞世を残した。この安政の大獄への報復として、一八六〇年に桜田門外の変で水戸浪士らによって井伊は暗殺された。これで幕府の権威は大きく揺らぎ、尊王攘夷を叫ぶ勤王の志士によるテロが横行することになる。

その後、天皇の妹・和宮を将軍家茂に降嫁させて公武合体が図られた。薩摩藩は幕政改革を要求し、一橋慶喜が将軍後見役となった。この帰途、薩摩藩の行列を横切った英国人らが殺傷された生麦事件が起こり、翌年、英国軍艦が薩摩に押し寄せて、薩英戦争となる。薩摩藩が自主製造した洋式大砲で応戦して、英国艦隊の旗艦を大破させ、艦長たちを即死させる大きな損害を与えたので、英国艦隊は無防備な民家地区を砲撃して焼いたが、当時の戦争法にも違反したことで、英国でも批難する声があった。この戦闘で、英国は薩摩藩の実力を認めたので、以後、両者が接近することになる。他方、長州藩は攘夷決行で外国船砲撃をしたが、翌年京都で禁門の変を起こして敗れ、かつ四国艦隊からも下関の砲台を砲撃され占領された。薩摩と長州は改めて近代兵器のすさまじさを実感して、それぞれに英国へ藩士を密留学させることになる。

薩摩と長州藩は幕末の政局に大きな影響を及ぼす。薩摩藩の西郷隆盛は、藩主斉彬に見出されて活躍したが、藩主交替で一時島流しにあったが、一八六四年に呼び戻されて京都の薩摩藩兵を任された。その際西郷は、幕府の軍艦奉行の勝海舟を訪ねた。勝は問うに任せて幕府の腐敗ぶりを語り、もはや再建は不可能であろう、外国の脅威から日本の独立を守るには諸藩が連合して意見をまとめ天皇に奏聞して国論を決定する以外に方法はあるまいと語った。勝は、西洋の議会政治を知っていた横井小楠との書面の交換で雄藩連合という構想が出来たらしいが、西郷は、名案だと感心し、「この勝先生と、ひどくほれ申し候」と直後に書いている。西郷の感銘が後の江戸城無血開城の交渉の基となる。

一八六四年、長州は幕府に征伐されて保守派が権力を握って恭順したが、クーデターによって討幕派が実権を握ると薩長秘密同盟を結んで、新式銃を大量に入手し、幕府の第二次征伐に各地で勝利した。この一八六六年には、将軍家茂が病死し、慶喜が十五代将軍となる。他方、孝明天皇が急死して若い明治天皇となる。

慶喜は、フランスの支援を得て、幕府軍の近代化を図った。講武所は陸軍所となり、海軍も新鋭艦を加えて強力なものとした。慶喜は、英仏の公使との関係も良好で京都で朝廷工作をして兵庫開港の勅許も得た。薩長は窮して武力蜂起を企てた。

9. 大政奉還から戊辰戦争へ―江戸城無血開城

慶喜は一八六七年十月大政奉還を願い出た。慶喜は前夜にオランダに留学した西周を呼び出し、近代国家の議院制度を質問している。大政奉還は、大名連合政府を作って、徳川宗家が抜きん出た筆頭となって改めて国政の実権を握る構想だったと言われている。英国公使パークスも大政奉還を「リベラルな運動」であり、慶喜を「時代の要請にふさわしい人物」と高く評価する報告書を本国に送っている。しかし、大政奉還を上申した日に薩長に朝廷から「討幕の密勅」が下された。

十二月に薩長主導のクーデターが起こり「王政復古の大号令」が発せられる。薩摩藩の武力を背景に小御所会議で慶喜の辞官納地が決定された。けれども慶喜は衝突を避けて一旦大坂城に退去した。新政府内でも公議政体派の巻き返しによって慶喜を議定に任命することが認められた。しかし一八六八年元日、大坂の旧幕府軍は武力反攻に決して、鳥羽・伏見へと進軍した。一月三日新政府の薩長軍は錦の御旗を掲げて、徳川軍を「朝敵」と宣した。鳥羽・伏見の戦いは薩長軍が勝利したが、まだ小競り合いであった。しかし慶喜は秘かに大坂城を脱出して、軍艦で江戸に逃走した。主導権を確保した新政府は慶喜追討令を出し、西日本の幕府側諸藩は無抵抗のまま制圧された。そして新政府軍は江戸へ進軍した。途中ほとんど抵抗なく三月中旬には江戸城総攻撃の準備がされた。

江戸に戻った慶喜は恭順の姿勢を示して、幕府軍を動かさずに、上野寛永寺に移った。この時、敵陣を突破して静岡の新政府軍の本陣まで駆けつけて実質上の和平交渉をしたのが、幕臣山岡鉄舟であった。その交渉を基に幕府軍の総指揮官の勝海舟と西郷隆盛の交渉で、江戸城の無血開城が実現した。決裂すれば、双方の軍隊だけでなく百万都市での戦闘となり、膨大な庶民の犠牲者や被災者があったであろう。以前から西郷が勝に心服し、相互に信頼があったので、成り立った交渉であったと言える。幕府軍は近代化した軍隊を持ち、海軍では新政府軍を圧倒する戦力を有しながら降伏したのである。

慶喜は水戸家の出身であり、水戸学の尊王思想が徹底していた。しかも内外の情勢をよく知っていたので、今、兵を動かせば長期の熾烈な内戦となるのを慮ったと思われる。幕末の政局であれだけの政治力を発揮していたが、以後、政治的な局面には一切関わらないことで一貫する。新政府も慶喜の隠居を許し、徳川宗家の存続を認めた。幕府側の一部の反発による戦い―彰義隊の上野戦争、奥羽列藩同盟との戦い、函館戦争はあったが、本格的な内戦は回避されたのである。新政府は明治と改元し、維新を称した。江戸を東京と改称し、天皇を東京に行幸させ、翌年の行幸で江戸城をそのまま皇居とした。一八六八年、明治維新となるのである。

世界史的には、前政権を倒して新政権が成立する時には、内戦が起き、大量の死者が出るのが通常であるが、日本では明治維新において、近代化をした幕府軍が戦うことはなく、維新後も一切自重していた。外国の脅威に対して日本国の意識があり、同じ民族で争うことには後世の歴史から審判を受けるという意識があり、「国譲り」という伝統も強く働いていたと思われる。武士は刀を抜かずに戦わずに事を収めるという美学もあった。内戦がなかった上に、さらに新政府が幕府の遺産をそのまま譲り受けることが出来たことが、日本の近代化が速やかに実現した大きな要因であったことは確かであろう。

近代日本が天皇を中心とする中央集権体制をいち早く築き得たのも、江戸中期から培われた日本の歴史や国学の思想があったからだと言えよう。鎖国下でも、幕府は阿蘭陀風説書で、海外事情を知っていたし、後期からは蘭学で近代文明の知識と世界情勢も知っており、幕末からは大砲や軍艦まで自力で製造していた。幕末の政体の大革命に際しても、日本の文化伝統が大きく働いていたし、西洋の実用的な技術を学ぼうとする意欲が旺盛であった。そしてこれらは、近代日本にそのまま受け継がれていくのである。

参考文献

1. 相良亨『日本の儒教Ⅱ』相良亨著作集2（ぺりかん社・一九九六）
2. 『平田篤胤　伴信友　大國隆正』日本思想大系　田原嗣郎解説（岩波書店・一九七三）
3. 子安宣邦『平田篤胤の世界』（ぺりかん社・二〇〇一）
4. 吉田麻子『平田篤胤　交響する死者・生者・神々』（平凡社新書・二〇一六）
5. フィリップ・フランツ・シーボルト著（中井晶夫他訳）『日本：日本とその隣国、保護国』全九巻（雄松堂書店・一九七七）
6. 『水戸学』日本思想大系　尾藤正英解説（岩波書店・一九七三）
7. 『開国』日本近代思想大系1田中彰編（岩波書店・一九九一）
8. 林竹二『開国をめぐって』林竹二著作集5（筑摩書房・一九八四）
9. 相良亨他編『江戸の思想家たち』下（研究社・一九七九）
10. 『幕末思想集』日本の思想　鹿野政直編（筑摩書房・一九六九）
11. 高橋文博『吉田松陰』人と思想（清水書院・一九九八）
12. 笠谷和比古編『徳川社会と日本の近代化』（思文閣出版・二〇一五）

14 近代日本の成立―近代化と伝統文化の再編成、対外戦争、日本文化論（明治・大正・昭和初期）

【要旨とポイント】

一九六八年の明治維新から日本は近代化にひた走る。神仏分離令で神仏習合を否定すると、廃仏毀釈運動が生じて多くの寺院や仏像、仏具が破壊された。当初あった神道国教化は挫折し、国家に反しない限り信教の自由が認められたが、天皇制が儒教も動員して確立された。政府の近代化政策の下、「文明開化」が言われて、伝統文化は否定され、政府主導の上からの近代化が推進された。明治二十二年に大日本帝国憲法が発布され、国家体制が確立した頃から伝統文化が見直され、文学・芸術・武道でも近代的な再編が行なわれた。新渡戸稲造や岡倉天心は、武士道や茶道の伝統を見直し海外に紹介した。夏目漱石は近代化を迫られる日本の現状を憂え、西田幾多郎は禅の体験に基づき西洋哲学を捉え直す思索を展開した。

一九一一年から大正時代となるが、学生が急増し都市市民層も成長して、教養主義が展開する。和辻哲郎や九鬼周造らは西洋哲学や文化に学びつつ、日本文化を再発見し、柳宗悦は民芸運動を展開した。

昭和初期、西田幾多郎は、現代の西洋哲学との対決を続けたが、ギリシアに戻って西洋哲学の根柢とは異なる「無の場所」の思索を展開した。西田を中心に京都学派は、それぞれ独自の思想と研究を展開した。

昭和初期の一九二九年の世界恐慌以来、世界中が混乱と対立を深めていったが、日本の軍部は満州への進出を強めて、三七年から日中戦争が起き、さらに四一年からアジア・太平洋戦争に突入した。一九四五年八月、日本の敗戦で第二次世界大戦は終結する。明治維新から七十七年で近代日本は区切りを迎えた。

【キーワード】 廃仏毀釈、天皇制国家、近代化の見直し、西田幾多郎、和辻哲郎

1．明治前期の近代化

（1）明治維新の政権交代

明治元年（一八六八）三月、天皇が天地の神々に誓う形で、「一、広ク会議ヲ興シ、万機公論ニ決スベシ」にはじまる「五箇条の御誓文」を出して、明治政府は国家統一を図った。誓文は、江戸城総攻撃を翌日に控えて、天皇が神に誓う形で諸大名に臣従を求めるものであった。第一条は当初の草案の「列侯会議を興し」を「広く会議を興し」に改められた。公議政体派の大名を意識したものから、より抽象的な表現にしていたのである。

新政府の発足当初の明治二年三月には、欧米の議会制度にならって立法諮問機関として「公議所」を設けられて、各藩から一名ずつ選出された公議人と政府各官や学校から一名ずつが出席して、租税、学校、宗教、陸軍など、国政の万般にわたって盛んな議論が行なわれた。しかし政府首脳は不安を感じて四か月後に公議所を「集議院」に改め、太政官下付の議案のみ審議できることにして骨抜きを図った。さらに二年後の廃藩置県に際して、集議院を左院にして、各藩の代表はほとんど加わらなくした上で、各省の卿・大輔から成る右院とともに、正院に上申することにし、太政官と左・右大臣と参議による正院を最高決定機関とする制度に切り変えた。結局、最初の公議院の議会の精神はなくなり、薩長土肥出身者が政権中枢で決定する藩閥政府となったのである。後には藩閥政府内から閣外に追われた者が中心となって、「広く会議を興し」を根拠として、自由民権運動が展開されるようになるのである。

（2）神仏分離令と廃仏毀釈

維新政府は明治元年三月末に、従来の神仏習合の風を壊そうと神仏分離令が太政官令として布告された。神社に僧形で勤めていた別当・社僧は還俗し、「権現」や「牛頭天王」など神仏混淆的な神号や仏像を神体とすることを改め、社前の仏像や鰐口・梵鐘・仏具を取り除くことが命じられた。これによって全国各地の神社で、仏像、仏具、経巻の破壊や除去がなされ、神社内の神宮寺の取り壊し、さらに多くの寺院の廃寺や統合など、廃仏毀釈の嵐が起こった。地域によって廃仏毀釈の度合は異なるが、明治三、四年をピークとして、多くの仏像や仏具が破壊され、優品は海外に流出することになる。明治四年には寺領没収の上知令により経済的な基盤の大半が奪われた。江戸時代には九万を超える寺院が、わずか数年で半減して四万五千となったとされる（その後復興したものがあり、現在は七万七千）。翌五年には肉食妻帯蓄髪勝手令が出されて、浄土真宗以外は厳格に守られていた戒律を否定して僧侶も結婚することが社会的に認められ、世俗と同じく職業として戸籍に登録されることになった。神道を国教としようとする復古神道家の画策で布告された神仏分離令であったが、江戸時代に民衆支配の一環を担っていたので民間の反感もあって廃仏毀釈となったのである。

ただ仏教の力は大きいものであったので、政府も神道国教政策から転換して神官と僧侶が合同で民衆教化を行なうように教導職を設けたが、真宗からヨーロッパの宗教視察に派遣された島地黙雷らが政教分離や信教の自由を説き、他の宗派も合わせて建議書を出したので、明治十七年に教導職は廃止され、各教団の自治が認められるようになった。江戸時代の寺請制度は廃止されたが、葬式などで近代日本の家制度と結びついて、天皇制国家を下支えすることになる。

（3）岩倉使節の海外視察・留学生・お雇い外国人

明治政府は「殖産興業」「富国強兵」をスローガンとして近代化に努めた。新政権の草創期、廃藩置県で中央集権を実現した直後、明治四年（一八七一）十一月、岩倉具視を団長に大久保利通、木戸孝允、伊藤博文ら政府要人が欧米十二か国を視察している。条約改定の狙いがあったが、法や制度が未だ整わぬ状況では到底無理で、内政整備のための視察を主とした。アメリカ、イギリス、フランス、プロイセン、ロシア、北欧、イタリアなどを訪れ、国家機構、法制度、財政、産業、軍事、教育、社会について、詳しく視察している。一年十か月にわたったが、最後はアジア各国の状況も調査して比較している。また植民地化が進んだアジアの状況を見たことも、「富国強兵」を強力に進めることになった。

明治五年から各分野で「お雇い外国人」を破格の高給で招き、大学で指導させ、工場では実地に運営させた。また各分野で留学生を欧米に派遣して、最新の技術や制度、学術を学ばせた。国家を挙げて近代化に邁進した。欧米の近代科学や技術も日本語に翻訳され、学校制度を通じて浸透させていった。

明治六年にキリスト教も解禁され、宣教師やプロテスタントの牧師も来日し、外国人教師には勧める者もいた。内村鑑三や新渡戸稲造が、札幌農学校で前校長のクラークの感化の影響で受洗するのは明治十一年であった。

(4) 民間での啓蒙

明治維新後は、「文明開化」が言われ、各分野において近代化が展開した。洋書が盛んに翻訳されて、近代用語の訳語もほぼ確定した。また洋行した者たちが西洋事情を盛んに書き著して盛んに啓蒙した。福沢諭吉は、幕末に慶応義塾を作ったが、明治五年の『学問のすゝめ』では、冒頭に「天は人の上に人を造らず人の下に人を造らずと云へり」という人間平等宣言を記すとともに、西洋文明を学ぶことによって「一身独立、一国独立」すべきだと説いた。この書は当時の人々に歓迎され、四年後の第十七編まで書き続けられ、総発行部数三百四十万といわれる大ベストセラーとなった。

明治六年、当代一流の洋学者たちが結集した明六社(めいろく)が『明六雑誌』を刊行して文明開化の啓蒙活動を展開した。福沢が明治八年に刊行した『文明論之概略』では、日本の歴史を反省して、停滞性は権力偏重にあると批判し、自由な交流・競合を図ることで文明は発達するとした。野蛮・未開・文明の発達段階論で捉え、さしあたっては西洋文明を目標にすべきだが、西洋文明もまた発達途次であり、他国の侵略の上に築かれているが、今日では国家独立のためにやむを得ぬと国家エゴイズムの容認も示している。

（5）近代制度の導入・定着

明治四年、廃藩置県を行ない、全国に三府七十二県を置いた。この時、旧藩主をほぼそのまま任命していた知藩事を廃し東京に集めるとともに、府知事・県令を中央政府から派遣した。明治六年には徴兵令を公布し、地租改正条例を発布した。年貢に代わって地価の3％を租税として金納する課税制が導入され、近代的な土地所有制の確立と財政の安定化を図った。秩禄処分によって武士の俸禄を廃止し、断髪令、裸体禁止令、廃刀令などで旧時代の風俗を次々に変えた。明治五年には学制を公布し小学校、中学校、大学校が設置され、翌年には一万二千五百の小学校が設置され教育から近代化の普及が図られた。明治五年には富岡官営工場も開業した。この時には銀座の煉瓦街が出来、新橋—横浜間の鉄道が開通した。同年十二月から太陽暦を採用、一日二十四時間の定時法となった。

（6）新政府への反対運動

幕末の黒船来航以来、欧米列強の圧力に対して危機感が広く共有されており、天皇という伝統的な統合の象徴もあったことから、近代化への国民的なコンセンサスも得やすかった。中国における儒教のような近代に反対する支配的なイデオロギーはなかった。反政府運動も、戊辰戦争以後は、旧幕府関係者は一切関わらず、むしろ新政府に出仕も自由とされたので官僚となる者も多かった。徴兵反対や地租改正反対の一揆はあったが、地租を0.5％減額することで収拾された。むしろ内乱は新政府内部の権力闘争で敗れた者による明治七年から十年までの佐賀の乱、萩の乱、神風連の乱、西南戦争であり、局地戦で政府軍に鎮圧された。これ以後は、国会開設を要求する自由民権運動が展開することになる。

自由民権運動が高まる中で政府部内でも明治十四年の政変が起こり、十年後に国会を開設する旨の勅諭を出すとともに、それまでに憲法も制定して立憲君主制の確立に向けて準備することになる。民間では中江兆民はルソーの社会契約論を解説する『民約訳解』を明治十五年に刊行した。民間でも憲法草案として私擬憲法がいくつも生まれたことは、民間の知識と民権意識の高さを示している。

2．近代日本の国家体制の確立と宗教界の動向

⑴　国家体制の確立

明治十年代後半には諸方面で明治国家の体制が構築されていた。「富国強兵」「殖産興業」を目指した「上からの近代化」が進められた。

松方財政で紙幣整理と官営工場払下げを強行したが、デフレ政策で米価と生糸価格の下落は著しく、自作農が借金で土地を手放して大地主に土地が集中する一方、自由民権運動は激化し、都市に流れた困窮者は安い労働力となった。五年後の銀本位制への移行を機に企業設立ブームが起こり、繊維工業を中心に日本でも産業革命が準備されることになる。

十七年には太政官制を廃止して、内閣制度が出来て、中央集権体制が強化された。

明治二十二年（一八八九）の大日本帝国憲法によって天皇制の立憲体制が確立する。「大日本帝国ハ万世一系ノ天皇之ヲ統治ス」（第一条）、「天皇ハ神聖ニシテ侵スヘカラズ」（第三条）。天皇は議会が関

与できない大権を持ち、陸海軍を統帥するとした。これは後に軍部が大きな力を持つ根拠となる。国民は臣民としての義務の範囲内で、言論、出版、集会、結社の自由があった。

明治二十三年には「教育に関する勅語」が発布されて、儒教的道徳に家族主義的国家感で「忠君愛国」を強調し、「一旦緩急アレバ義勇公ニ奉ジ」ることが諭された。天皇の御真影とともに各学校に配布され、翌年から天長節（天皇の誕生日）には奉読する儀式化もなされた。

この時までには、お雇い外国人も留学帰りや大学の卒業生、工場で技術を会得した日本人に置き換えられていた。矢田部良吉、北里柴三郎など科学者として世界的に認められる者も出た。渋沢栄一は民間企業を多数起こしていた。田中久重や豊田佐吉らの発明家も活躍した。非ヨーロッパではほぼ唯一、独立を維持して、自前の近代化に成功したのである。

（2）明治中期の宗教事情―神道と仏教を中心に

こうして近代的な国家体制が確立するにつれて、宗教も大きな影響を受けざるを得なかった。

明治二十四年には教育勅語に関して「不敬事件」が起こった。第一高等学校で、アメリカから帰国したクリスチャンで嘱託教員だった内村鑑三が壇上で教育勅語の宸署に最敬礼をしなかったのが「不敬」だとして新聞に取り上げられたのである。『勅語衍義』を書いた帝国大学の哲学教授井上哲次郎は「教育と宗教の衝突」として内村を強く非難した。内村は退職に追い込まれ、以降、ジャーナリストとして活躍することになる。翌年帝国大学歴史学教授久米邦武の「神道は祭典の古俗」という論文が、神道を冒涜するものとして、久米は辞職せざるを得なくなった。これ以降、天皇や神話、神道に関して批判的に論じることはタブーとされることになった。

神社に関しては、明治四年の社寺領上知令によって、近世の社寺地領はすべて取り上げられた。さらに同年に「神社は国家の宗祀」であるとして、旧来の社家を追放して、神宮は別として、「官社」で皇室の崇敬の厚い三十五社の「官幣社」と地方で崇敬される六十二社の「国幣社」、「諸社」で「府藩県社」と「郷社」、後に「村社」の社格を設けて、これに伴う神職の職制も定められた。明治十年までにさまざまな祭式が決められた。明治十五年には宗教的な教導職兼務を廃止して神祇祭祀にのみ限定することになった。この年に伊勢に神宮皇学館が創設され、東京には皇典講究所（後に国学院大学になる）が設立され、ともに神職の養成機関となる。明治三十三年には神社局が設置され、三十九年には府県社以下の神社の地方自治体の支出、官国幣社の国庫供進制度が整備されて国家的な制度が整うことになる。

仏教の方は、社寺領上知令に加えて、廃仏毀釈運動があって大打撃を受けた上に、明治五年肉食妻帯蓄髪勝手令が出されて以降、寺院も世襲化されるようにもなった。以上の大きな変動にもかかわらず、先祖供養は定着していたので各宗派の主な寺院は家制度を支えるものになる一方、教理や学理面で西洋思想や学問に積極的に学んで近代化させる動きが顕著であった。

真宗東本願寺は、明治十四年に井上円了、清沢満之らを東京の大学予備門に学ばせた。同十九年頃からはキリスト教系学校の設立に刺激され、各宗の僧侶養成学校が設立されるようになる。二十年に井上は、西洋哲学を学んだ目で仏教の真理を再発見して『仏教活論序論』を刊行し、哲学館（現在の東洋大学）を設立した。西洋哲学を深く学んだ清沢は二十五年に『宗教哲学骸骨』を出す。

一八九三年（明治二十六）はコロンブスのアメリカ発見四百年を記念したシカゴ万国宗教会議が開催されて、世界各国から宗教関係者が招かれた。大乗仏教が欧米に初めて紹介された。日本からは仏教・神道・キリスト教の代表者が派遣された。この時、臨済宗の釋宗演の原稿を鈴木大拙が英文に翻訳した。これを機縁に鈴木はアメリカに渡って大乗仏教の英訳に努めることになる。

（3） 対外戦争とナショナリズムの発生

明治二十七年から始まった中国・清との日清戦争は、日本の国家観と中国観を大きく変え、世界へも大きな影響を及ぼした。朝鮮をめぐって戦争になったが、ともに欧米の最新兵器を輸入しての戦争であったが、大国ではあるが国内改革に立ち遅れていた清国よりも、維新以来強い対外危機意識で国内改革を進めて組織された軍隊を持っていた日本が圧倒的に優勢で戦いを進めた。初めての対外戦争で、日本という国家が明確に意識されて、翌二十八年四月、台湾・遼東半島などの割譲、多額の賠償金を内容とする下関条約を結んだ。しかしロシアは、ドイツとフランスとともに遼東半島の返還を申し入れてきた。この三国干渉に政府はやむなく賠償金の追加で応じざるを得なかったが、国民は憤激してナショナリズムを一層高め、政府はロシアとの戦争に備えて軍備拡張した。巨額の賠償金を基に八幡製鉄所を開業し、以後重工業化も進めていくことになる。台湾を植民地として軍政を敷き、総督を置いて植民地経営に乗り出した。欧米列強は中国の弱体ぶりを見て、挙って中国分割に乗り出すことになる。

福沢諭吉は、朝鮮の開化派のクーデター失敗を見て、明治十八年に「脱亜論」として「西洋の文明国と進退を共にし、其支那・朝鮮に接する法も隣国なるが故にとて特別の会釈に及ばす。・・・我れは心に於て亜細亜東方の悪友を謝絶するものなり」と『時事新報』に書いた。日清戦争の勝利によって、かつて仰ぎ見ていた中国を近代文明に遅れた国と見なし、日本の近代化に優越感を感じることになる。さらに十年後には日露戦争にも勝って、一九一〇年に日韓併合をして朝鮮半島を植民地としてアジアへの優越感をますます深めていった。近代日本は植民地政策でも欧米にならおうとしたのである。

3．明治中期からの伝統文化の再編成

明治二十年代から徳富蘇峰の雑誌『国民之友』、三宅雪嶺の『日本人』、新聞『日本』などが刊行され

て、伝統文化の見直しがあった。この頃から、文学・芸術・武道において再編成が進んでいく。

(1) 文学における再編成

維新後も戯作風の文学が続く一方、自由民権運動の中で、翻訳文が多くて徐々に文体も変わっていった。明治二十年前後になると、西洋の文学概念の影響を受け、文学は個人の感情を表現すべきものとする浪漫主義も展開し、文体も文語を否定して言文一致運動が生じ、明治二十年代に二葉亭四迷が『浮雲』で近代口語文体を確立させたが、文学には疑問を抱いて中絶した。

正岡子規は、一八九二年に東京帝国大学を中退し、新聞『日本』に入社し、同紙に拠って俳句革新運動を始める。子規は、俳諧の連句の世界は、共同の場で制作されるもので文学にはあらずと切り捨て、発句のみを改めて「俳句」と呼び、西洋絵画から得た「写生」論を基に革新しようとした。

子規は、『ホトトギス』を一八九七年に創刊したのに続いて、『歌よみに与ふる書』(一八九八)で「貫之は下手な歌詠みにて候」、「『古今集』はくだらぬ集」と断言して『万葉集』を賞揚した。『万葉集』の方が、客観的(写生的)で感情的であり、強い調べの歌が多く、『古今集』の真似をするより創造的だと論じた。子規没後、『アララギ』派が主流となって、『古今集』の伝統風の和歌を一蹴して短歌と呼ぶようになる。

本格的な近代日本の文学の誕生は、二十世紀に入って日露戦争後になる。子規と同級で俳句を学んだ夏目漱石は、英文学を研究して留学もした研究者であったが、『吾輩は猫である』で小説を書き始めたのは日露戦後であり、大学を辞して本格的な職業小説家となるのは、その三年後であった。

（2）芸術における再編成

芸の道という伝統を否定して、西洋近代を範として、芸術（fine art）、芸能、芸道と捉え直された。

美術では、明治初期には浮世絵師や京都画壇など伝統的なあり様を守りながら、画材や画面を近代的な形に適応させようとした。ヨーロッパでは、北斎や広重の浮世絵が美術界に大きな衝撃を与えて、ジャポニスムが盛り上がっていたが、国内では浮世絵は文明開化の風物を描いていたが、日清戦争以後には一般に普及した写真に取って代わられるようになった。

日本美術の真価を評価したのは、お雇い外国人のフェノロサと、その助手を務めた岡倉天心であった。フェノロサは明治十五年に『美術真説』で日本美術の再評価をし、翌年には奈良の古寺の仏像なども調査した。明治十七年には、日本画復興を目指して天心らと鑑画会を設立、狩野派の狩野芳崖、橋本雅邦らを見出した。明治二十二年に東京美術学校が開校され、翌年天心は校長となったが、十年後校内紛争で校長を辞して、雅邦らを率いて日本美術院を創立し、伝統に基づく新美術の開発に尽力した。

工芸は、ウィーン万国博覧会などで日本の伝統工芸が人気だったので、陶芸や漆芸、作り物などは日本の輸出産業として位置づけられ、西洋向きに制作することが奨励された。

音楽は、学校では日本音階は全く否定され、西洋音階とその教授法を取り入れた。文部省は唱歌を作成して、小学校から西洋音楽になじむようにした。

芸能においては、能楽は幕府や藩の扶持がなくなり危機に陥ったが、新政府に保護されて、伝統芸能として残った。歌舞伎は大衆芸能で、新政府は否定的で、改良運動もあったが、大衆の人気は得られず、結局、伝統的な形で残った。人形浄瑠璃も大衆人気により存続したが、文楽座のみが残ったので、文楽が通り名になった。

茶の湯は、金持ちの道楽の一つとして「数寄者」として存続する一方、茶の湯と生け花は、女性を新たな享受者として、花嫁修行の一つとして、女子教育の中に浸透を図った。教育であることを強調して、茶の湯ではなく「茶道」、生け花でなく「華道」と称するようになる。「道」を付けることで、教育的意味と奥義は深遠なものという意味を含ませた。教える段階を細かく「免許」に分け、それを順次取得すれば、流派の芸名を授けて、流派の教授も認める形にして、家元制度を拡充した。明治後期からのナショナリズムと「修養」文化を背景に、茶道と華道は、女性享受者を拡大して展開することになる。

（3）武道における再編成

武芸は、武士階級が解体されるや、存続の危機に陥った。「撃剣興行」で、有名剣士や薙刀の女性などとの試合の観戦料を得ることで、わずかに命脈を保っていた。明治十年の西南戦争を機に、警察において護身術・逮捕術として竹刀剣術と柔術を行うことになった。

剣術は江戸後期から安全に打ち合う竹刀剣術が工夫され、幕末では他流間でも試合が定着して全国に広がっていたので、東京の町道場は衰退したが、地方では続いていた。また明治天皇の侍従となった山岡鉄舟が維新後にも剣術の稽古と坐禅を続けて、剣において大悟して「無刀流」を創始した。鉄舟門下は剣術による精神修養を強調していた。

柔術は、東京大学学生だった嘉納治五郎が大胆な合理化を進めた。体が小さかった彼は、小身でも大男を投げられるという柔術に憧れ、十八歳から天神真楊流柔術を学び始めたが、師が亡くなったので、起倒流柔術を学んだが、その違いに驚いた。固技（抑技、関節技、絞技）を形で稽古していたが、起倒流は投技主体で、自由に技を掛け合う乱取りをしていた。嘉納は大学卒業後、明治十五年に講道館を開設し、他流の優れた門下たちとともに、有効な技の原理を研究し、体系的に捉えるようになった。まず投技、固技、当身技（突き技）に分け、投技を手技、腰技、足技と区別し、危険な技を禁じて、互いに安全に技を掛け合えるようにして、投げと抑えの有効な技を「一本」として試合が出来るようにした。そうして再編成したものを「柔道」と称して、「体育法」とともに武術としての「勝負法」、技を観察・工夫する「修心法」を合わせ持つと主張した。明治二十二年に文部大臣らを前に講演して講道館柔道が誕生したのである。

弓術は本多利実が、明治二十二年に弓術継続会を設立し、弓を真直ぐ上げてから体を入れてバランスよく引分ける新射法を始めた。第一高等学校の師範となり、弓道を広めた。

日清戦争後、明治二十八年に京都に大日本武徳会が組織されて、剣術、柔道、弓術などが統合されて演武会を催した。当初千八百人足らずの会員で発足したが、官僚や知事、警察も会員募集に協力させたので、二年後には会員は十万人を越え、武徳殿を建て、武術教員養成所を設けた。武徳会の働きかけもあって、明治四十四年、中学校での正科で剣術と柔術の教育が可能となり、大正から合わせて武道と呼ばれて、近代日本の社会に定着することになる。

4．伝統文化の捉え直しと海外紹介—新渡戸稲造『武士道』と岡倉天心『茶の本』

二十世紀に入る前後に伝統文化を捉え直し、英文で海外に紹介する著作が相次いで現われた。

新渡戸稲造の『武士道—日本の魂』が一八九九年に刊行されて、世界各国でよく読まれるようになる。新渡戸は、南部藩士の子であったが、札幌農学校でクラークの感化により、内村鑑三らとキリスト教に入信した。渡米したが、一般のキリスト教に懐疑し、内なる光を重んじるクェーカー教に出会って初めて東洋思想と融和できたという。ドイツに留学し、農政学を学んで、札幌農学校教授となるが、妻メリーに続き自らも病気となり、カリフォルニアで療養中に、英文で『武士道』を著した。

武士社会は過去となったが、武士道の精神は今も生きている。武士道は、西洋の騎士道に対応し、キリスト教道徳に対する日本固有の道徳体系である。仏教からは運命に潔く身を委ねる覚悟を得、神道からは心の清明なことと祖先への畏敬の念を持ち、忠君愛国を得、儒教からは規律の体系の枠組みを得ているとする。武士道の徳目として、義、勇、仁、礼、誠、名誉、忠義を解説するが、例えば忠義は、歌舞伎の『菅原伝授手習鑑』で主君の若君の身代わりとして自分の子供の首を差し出す例を出すが、アブラハムが息子のイサクを神へのいけにえとして殺そうとするのと相似すると論じる。武士は金銭、損得にこだわらず、品性を磨かなければならない。感情を外に表わさず、静かでなければならない。切腹は己の名誉を全うするため、自らの手で死を成し遂げる強さの表われである。刀は忠誠と名誉の象徴であって、殺傷するためではなく、出来るだけ抜かないものだと勝海舟の座談を引いて語り、欧米人の誤解を解こうとする。日本が急速に近代化に成功したのも、克己に励んで、名を高からしめんとする武士道精神の賜物だという。新渡戸は、武士道文献に基づいて論じるわけでなく、体系的でもない。歴史的、社会的な背景に関しても立ち入らず、欧米に似た例を適宜持ち出しながら、武士道が秩序を重んじて禁欲的で克己する道徳体系であることを示す。日本の固有なものに見えるが、欧米の道徳にもある普遍的なものであることを示すことが主眼であった。

この書はアメリカ大統領セオドア・ルーズベルトが読んで友人たちに配ったといわれ、欧米社会に広まった。明治四十一年には翻訳されて、西欧に向かって日本の精神を主張した書として高く評価された。

他方、一九〇六年に岡倉天心が英文で刊行した『茶の本』は、精神面での日本文化の紹介となった。「茶道は、雑然として日々の暮らしの中に身を置きながら、そこに美を見出し、敬い尊ぶ儀礼である。そこから人は、純粋と調和、互いに相手を思いやる慈悲心の深さ、社会秩序への畏敬の念といったものを教えられる。」茶道は、中国で飲み薬から嗜好品となったが、仏教、道教、儒教の思想が総合へ向かいつつあった八世紀の唐において『茶経』として精神文化となる。しかし中国では異民族支配もあって茶の精神は廃れたが、日本において十五世紀から茶道として確立した。日々の暮らしに潤いをもたらし、生きる術（すべ）を授ける宗教となった。「道」は万物変転の摂理に戻っては新しい姿を生み出していく永遠の成長である。真理は経典や瞑想にあるのでなく、日々の生活の中で物事の内なる本質と直接に交流するところに実現する。茶室は質素でありつつ洗練された建物であり、自然の内にある。露地を歩むと文明の埃と喧噪を離れて自己の目覚めとなる。芸術が近代の制作者の自己表現ではなく、余白や暗示で鑑賞者との交流から成り立つのであれば、むしろ傑作の呼びかけに応じる方が多くのことが教えられる。花は自然の美を示すが、それを人間の思いで展示して浪費する欧米の風でなく、花を生け、しかも桜のごとく散ることを栄光とする文化が茶道にはある。茶道を完成した千利休は自刃で最後を迎えたが、笑みをたたえて道の世界に旅立ったのであると、天心は論じた。

天心は茶道によって、日本の、東洋の深い思想を語っている。仏教、道教、儒教が総合され、禅を介して生活の中での道の実現した茶道の思想を語る。それは日本の中世に展開したものであるが、中国の、東洋の思想に基づいており、今日差し迫っている西洋近代文明とは違った未来を導く思想であることを語るのである。新渡戸の武士道が西洋に対して日本の伝統を主張するものであったが、天心の茶の本は西洋近代をも超える深さを示唆するものとして、今日も考えるべき点が多いと思われる。

5. 近代化と伝統―夏目漱石「現代日本の開化」と西田幾多郎『善の研究』

伝統文化が持続する中で、急速な近代化はさまざまな問題を引き起こしていた。夏目漱石は維新前年に江戸に生まれ、東京大学で英文学を学び、松山中学、熊本の第五高等学校で教鞭をとったが、二十世紀初頭、イギリスのロンドンに留学し、日本人が文学をどのように研究すべきか悩んでいた。やがて明治四十年に大学を辞め小説に専念するようになり、『三四郎』『それから』『門』の前期三部作を書き、近代人のエゴイズムと愛の諸相を描こうとした。漱石は、明治四十四年（一九一一）「現代日本の開化」と題する講演をした。西洋が百五十年かけて内発的に近代化を開化してきたが、日本は強制された外発的開化で短期間に「皮相で上滑りな開化」をせざるを得ない。「ただ出来るだけ神経衰弱に陥らない程度に於いて、内発的に変化していく」他ないと言わざるを得なかった。彼は大正に入って日本人の屈折した心理を小説に書いていたが、心理的葛藤の小説を午前中に書くと、午後は漢詩や俳句を作って精神のバランスを取っていた。近代的な人格を「自己本位」と悟ってから落ち着いたが、近代世界は葛藤に満ちてなかなか生きづらい。晩年東洋的な「則天去私」を標榜したが、それがもはやほぼ不可能なことは本人がよく分かっていたはずであろう。

明治末期には、伝統的なものに基づきながら西洋近代を捉え直そうとする流れもあった。西田幾多郎が、それを代表する。

西田は、金沢近郊の庄屋の家に生まれ、第四高等学校に学んだが、武断的な校長に反抗して中退して、苦労し東京大学の選科に入った。金沢時代から参禅して、勉学のかたわら毎日坐禅をしていた。五年後に見性体験をした。けれども西田は、西洋哲学の言葉と論理に従がって、自らの立場を表明しようと苦労した。日本の哲学書の最初とされる『善の研究』が刊行されたのは、明治四十四年であった。

西洋の近代哲学は、デカルトに典型的なように「思惟する我」のコギトに立ち返り、主観と客観に分けたところから哲学を構築しようとするが、西田は、「個人あって経験があるのでなく、経験あって個人ある」とし、いまだ主もなく客もない主客未分の「純粋経験」から出発する。それは「あるがままの直接的な知覚」であり、思考も意志も包含する。それは「小なる統一」（自己の経験）より、大いなる自己の実現（真理）において「宇宙統一力の発動」を果たす。西田は、デカルト以来の主観のさらに根底に戻って、自己の根底から真実在のあり様を論理的に究明しようとした。ここにおいて、西洋近代哲学を踏まえつつそれを超えようとする新たな日本の哲学が誕生したのである。西田は、『善の研究』の刊行の翌年、京都帝国大学の助教授になって以降、西洋哲学をより本格的に学びながら、自己の立場を深めていくとともに、若くて優秀な学者を集めて、次第に京都学派を形成していく。

6. 大正・昭和初期の社会の状況

一九一二年から大正時代に入る。藩閥内閣に対して憲法擁護の護憲運動が起こり、民衆が議会を包囲して内閣が総辞職したように、大正デモクラシーが展開した。二年後にヨーロッパで第一次世界大戦が始まると日英同盟を理由に日本も参戦し、中国のドイツ租借地を占領して二十一カ条要求で中国における権益の拡大を図った。大戦中は輸出品が大幅に伸びて未曾有の好景気となり、重化学工業の発展は著しかった。一九一七年ロシア革命によりソビエト連邦が誕生すると、日本はシベリア出兵をし、それに絡んで買占めから物価が高騰し、米騒動が各地で生じた。これを機に原敬が首相となり、初の本格的な政党内閣が誕生した。

一九二〇年には国際連盟が発足し、日本は常任理事国になり、事務局次長に新渡戸稲造が就任して、教育部門で活躍する。二年後には知的協力員会を発足させ、幹事を務めた。戦後にユネスコとなる。

国内では大学令により帝国大学に加えて、公立大学、私立大学、単科大学が認められたので、一九二〇年には慶應・早稲田など八校が私立大学に昇格し、高等学校は二十二校になり、学生数が一気に増えた。学生を基盤として大正教養主義が展開することになる。

この頃から全国的に都市化が急速に進んで、高学歴のサラリーマン層が誕生して、西欧風のモダンに憧れ洋装が普及し「文化生活」が展開した。

7. 若い世代の伝統文化の再発見―和辻哲郎・九鬼周造・柳宗悦

明治憲法発布の年に生まれた和辻哲郎は、少年時代には地方でも伝統社会が急速に資本主義化していくのを見ていた。ただ医者の父は「医は仁術」をモットーに、貧家からは往診料を取らない方針を貫いていた。和辻は中学時代から英語詩集を読んでおり、地方の少年でも西洋の教養を身につけるような時代になっていた。和辻は、東京大学でケーベルから哲学を中心に幅広い教養と古典文献学を学んだ。在学中から谷崎潤一郎等と第二次『新思潮』を創刊し、後に小山内薫の新劇運動にも参加する文学青年でもあった。『ニーチェ研究』、『ゼエレン・キエルケゴオル』を著し、新カント派が盛んな時代にあって、実存思想の源泉を早くも研究していた。同年末、義父が死んで遊行寺に通う内に仏教や日本文化に目覚めたという。横浜の生糸商の富豪・原三渓のコレクションを中心とする美術研究の会にも参加していたが、『古寺巡礼』（一九一九）は、奈良の仏像を見て回った印象記であるが、仏像を美術作品として観る青年の瑞々しい感性とシルクロードやギリシアに思いを馳せるロマンがあり、文学的な表現であり、以後旧制高校の学生の教養書となることになる。翌年著した『日本古代文化』（一九二〇）は考古学を踏まえ文献学の手法で古代日本の精神を解明した書で、以後、学究生活に入る。『日本精神史研究』では、西洋の文献批判の方法によって『源氏物語』の成立過程を論じ、「沙門道元」では、道元を宗門とは別の立場からその哲学を論じた。和辻は、一九二五年に西田に招かれ、京都大学の倫理学講座に呼ばれたが、一九二七年にドイツに留学するが、船で渡航する中で中国、インド、アラビア、地中海の風土の違いが人々の文化の形を根底で規定していることを直観して、やがて『風土―人間学的考察』（一九三五）を著す。ハイデガーが『存在と時間』で人間存在を時間性から論じたが、空間性―風土性にも等根源的にあるとし、個人でなく共同体の伝統文化の類型を論じた。さらに東京大学に移ってから、個人に立脚する西洋哲学を批判して間柄の中に最初から置かれている人間の学を根底とする『倫理学』三巻（一九三七～四八）を書くことになる。日本的な人間観を基にして、世界の思想史において位置づけようとした試みである。

九鬼周造もまた西洋哲学の概念を使って、日本の美学を論じた。九鬼は、男爵家の御曹司であったが、母が岡倉天心と不倫の恋に陥り、幼い頃は天心を父だと思っていたという複雑な関係があった。東京大学の哲学科を卒業後、ヨーロッパに留学、ベルクソンやハイデガーなど当時の最先端の哲学を学んで、『人間と実存』を論じていた。他方、パリで、当時隆盛しつつあったいわゆる自由詩の運動に対して、日本の詩歌の押韻を『万葉集』や『新古今和歌集』、さらに芭蕉などの実作を引いて論じた。帰国後、西田に呼ばれて京都大学の哲学科に奉職するが、パリで脱稿していた江戸の町人文化の美学を西洋の概念を使って論じた『いきの構造』（一九三〇）を刊行した。九鬼は、天心の『東洋の理想』や『茶の本』を熟読した上で、天心が室町時代の禅を根底とする精神文化を最高の達成として評価する一方、江戸の町人文化は感性的、娯楽性に堕しているとして否定したことに反論する。それは元来京都の花柳界の出で、しとやかな物腰の内にどこか華やぎを持つ母が体現していた江戸の町人文化的なものを、日本文化の粋として明らかにしようとしたのであり、結局は母を捨てた天心への批判でもあった。九鬼は、「いき」を、異性への媚態、意気地、諦めを三つの要素とし、「垢抜けして（諦め）、張りのある（意気地）、色っぽさ（媚態）」と定義できるような男女関係のあり方を構成しているが、他人との関係に縛られないという意味で、自由と可能性を持つと論じている。

柳宗悦は、和辻と同年で、学習院で鈴木大拙の教え子でもあった。柳は『白樺』に西洋美術解説やウィリアム・ブレイク研究を書いて竹久夢二、岸田劉生らに影響を与えた。大正三年に朝鮮の青年が持ってきた李朝の壺を見て、その美に惹かれ、以後朝鮮にも行って朝鮮の民衆の雑器の美を見出し、その工芸品を集め始めた。一九一九年の三・一独立運動事件に際しては、「朝鮮を想う」を新聞に連載、軍隊による抑圧を批判した。また柳は、日本各地の木に仏像を彫りつけた木喰上人の研究をしている内、各地の民衆の素朴な生活用品に美を認めて「民芸」と名付けた。河井寛次郎や濱田庄次やバーナード・リーチらの陶芸家や、版画家棟方志功らの作家と一緒に民芸運動を展開した。和紙の美を見出し、本の装丁も自ら行なった。沖縄を含めて、全国各地の陶芸、漆器、金工、布、和紙、細工物などを収集して、一九三六年に日本民芸館を設立した。柳は機関紙『工藝』、機関紙『月刊民藝』を戦時中も刊行し、戦後も変わることなく工藝・民藝の実践家を盛り立て、啓蒙する活動を終生行なった。

上記三人は、いずれも一九八九年と前年の生まれだが、前後を少し広げて世代で言えば、文学者では志賀直哉、武者小路実篤などの白樺派や芥川龍之介がいる。また『本居宣長』以来、東北大学で日本思想史を講じた村岡典嗣、『世阿弥十六部集評釈』や『能楽源流考』を著す能勢朝次、また「あはれ」「幽玄」「さび」を美学範疇に加えて論じる大西克礼などもいる。それぞれ、伝統と一旦離れた立場で、西洋哲学の手法に学びながら、新たな形で日本文化を論じた者たちと言うことが出来る。

8. 近代日本の哲学の展開

西田幾多郎は、『善の研究』の後、ベルクソンなど現代の西洋哲学との対決をしながら、「悪戦苦闘のドキュメント」と自ら言うように、前に書いた論文の結論を自らまとめて反芻しながら、一歩一歩思索を深めて、十五年後の一九二六年の「場所」に至って「私の考えを論理化する端緒を得た」という。

西洋哲学は、アリストテレスに戻って考えると、「基体」「個物」を問題にしているが、それは「主語となって述語とならない」ものだとすると、そうした「基体」「個物」が述語とならないにもかかわらず、それが知られるのは、そのものがすでに直覚されているからである。その直覚は、アリストテレスが言う基体とは逆に「述語となって主語とならないもの」に於いて考えられる。これが「個物」が於いてある「場所」である。個物を意識する働きの背後にあるものである。「個物」が述語を超えた存在（有）であるのに対して、「場所」は、あらゆる述語を超えたものであり、無である。

　これまで意識する「働く我」こそが「真の我」とされていたが、働くものの背後に「働かないもの」、つまり意志の背後にそれを超越した直覚的なものが認められ、それが「自己の中に自己を映す」として捉えられる。西田は言う、「いわゆる主客合一の直観を基礎とするのではなく、有るもの働くものすべてを、自ら無にして自己の中に自己を映すものの影と見るのである」（『働くものから見るものへ』序）。

　「場所」の論文を収録する論文集の題名が『働くものから見るものへ』とされているのは、「働くもの」を根本的実在と考える立場から、「働くもの」を自己自身の影として自分の中に映して「見るもの」へ転回したことを示す。行為するのは主体だが、主体は「場所」の自己限定によって、行なわされていると言ってもよい。「場所」という思想は、西田哲学のおける画期というだけでなく、これまでの西洋哲学の歴史において、新しい意味を持っていると考えられる。

　アリストテレスは主語となって述語とならない「基体」を考えたのに対して、西田は述語となって主語にならない「無」の場所から考える。西洋哲学が「有を実在とする」のに対して、東洋思想は「無を実在とする」と後に西田は定式化するようになる。

　「形相を有となし形成を善となす泰西（ヨーロッパ）文化の絢爛たる発展には、尚ぶべきもの、学ぶべきものの許多（あまた）なるはいうまでもないが、幾千年来我等の祖先が孕（はぐく）み来った東洋文化の根底には、形なきものの形を見、声なきものの声を聞くといった様なものが潜んでいるのではなかろうか。我々の心は此の如きものを求めて已まない、私はかかる要求に哲学的根拠を与えてみたいと思うのである」（同書序）。

ていたのである。この「場所」論から「西田哲学」と呼ばれるようになる。

西田は、西洋哲学との違いを自覚しながら考え進めて、東洋文化の根底に哲学的根拠を与えようとしていたのである。この「場所」論から「西田哲学」と呼ばれるようになる。「我々は深く西洋文化の根底に入り十分にこれを把握すると共に、更に深く東洋文化の根柢に入り、その奥底に西洋文化と異なった方向を把握することによって、人類文化そのものの広く深い本質を明らかにすることができるのではないかと思うのである。」(「学問的方法」一九三七)

西田は、場所論をさらに深めて一九三九年には「絶対的矛盾的自己同一」を言うとともに、その論理に立って現実を「歴史的世界」として捉えて「行為的直観」のポイエシス(制作)を論じた。亡くなる一九四五年に最後の論文「場所的論理と宗教的世界観」を書く。『善の研究』でも宗教こそ「哲学の終結」と書いていたが、最後に宗教を論じたのである。

西田は宗教的意識を「我々の生命の根本的事実」と言い、「すべての人の心の底に潜むもの」と捉える。通常は顕わではないが、「深き自己矛盾」を意識した時に問題となるが、「死の自覚」にあり、絶対者に面して永遠の無を自覚する、けれども死に直面することによって、自己の存在を支えているものに出会う、と言う。「我々の宗教心というのは、我々の自己から起るのではなくして、神または仏の呼び声である。神または仏の働きである、自己成立の根源からである」(二)。「私は我々の自己の奥底に、どこまでも自己を越えて、しかも自己がそこからと考えるものがあるという所以である。そこから生即不生、生死即永遠である」(三)。「私の場所的論理の立場においては、絶対否定即平常的であるのである。未だ論理化せられていないが、私は日本精神において、かかる両極端の結合があると思う」。「従来の日本精神は、島国的に膚浅なる平常底に偏して、徒らに自負しているに過ぎないが、今日、世界史的立場に立つ日本精神としては、どこまでも終末論的に、深刻に、ドストエフスキー的なものを含んで来なければならない」(五)。ドストエフスキー的とは、人間を極限において、「その消失点との関係において見る」（『人間的存在』）ことで、西田は、キリスト教に触れつつ、親鸞や禅の思想を論じて、この思索を展開している。

近代日本の思想を振り返れば、明治は西洋文明に触れて啓蒙的であったが、大正から活躍する和辻らの世代は西洋の教養を踏まえつつ日本文化を見直したが、教養的な面がある。西田は、明治の生まれだが、若き時に坐禅もしながら、西洋哲学を超える志向を徹底して、「無の場所」から、東西の文化の根柢に戻って世界史的、実存的に日本の宗教を捉え直して、新たな思索を切り拓こうとしていたのである。

「場所」論以後、「西田哲学」と呼ばれることになる。西田が行なったSerbstdenken（自分で考える）は、西田が京都大学に呼んだ波多野精一、田辺元、和辻哲郎、九鬼周造らにも影響を与えて、彼らの独自の思想の形成を促した。田辺元は、公然と西田哲学を批判し、西田もこれに答えて、それぞれに深めていった。京都大学には、三木清、三宅剛一、高山岩男、西谷啓治、下村寅太郎ら優秀な学生が集まり、それぞれに独自の思想や研究を展開し、京都学派と呼ばれることになる。【放送教材では田中久文氏に、西田と京都学派について伺った。学部専門科目『原初から／への思索―西田幾多郎とハイデッガー（'22）』（秋冨克哉講師）は、西田の思索をハイデッガーと比較しながら、その思索の受け継ぎも含めて講じている】

参考文献

1. 松本三之介『明治思想史』（新曜社・一九九六）
2. 吉田久一『近現代仏教の歴史』（ちくま学芸文庫・二〇一七／元版一九九七）
3. 大谷栄一他編『近代仏教スタディーズ』（法蔵館・二〇一六）
4. 神社本庁研修所編『わかりやすい神道の歴史』（神社新報社・二〇〇五）
5. 新渡戸稲造『武士道』（対訳：須知徳平訳・講談社インターナショナル・一九九八）
6. 岡倉天心（大久保喬樹訳）『新訳　茶の本』（角川ソフィア文庫・二〇〇五）
7. 夏目漱石『現代日本の開化』（講談社学術文庫・一九七八）
8. 西田幾多郎『善の研究』（岩波文庫・一九七九）
9. 和辻哲郎『風土─人間学的考察』（岩波文庫・二〇一〇）
10. 九鬼周造『「いき」の構造』（岩波文庫・二〇〇九）
11. 柳宗悦『民芸四十年』（岩波文庫・一九九八）
12. 『西田幾多郎哲学論集』Ⅰ　場所　他六篇、Ⅲ　場所的論理と宗教的世界　他四篇（岩波文庫・一九八七）
13. 田中久文『近代日本の哲学をよむ─「無」の思想の系譜』（ちくま学芸文庫・二〇一五）
14. 田中久文『西田幾多郎』（作品社・二〇二〇）
15. 熊野純彦編『日本哲学小史　近代１００年の20篇』（中公新書・二〇〇九）
16. 藤田正勝『日本哲学史』（昭和堂・二〇一八）

15 現代日本の展開―占領下の戦後改革、高度経済成長、グローバル時代の日本文化論（昭和後期・平成・現在）

【要旨とポイント】

一九四五年の敗戦後、連合国軍による占領下、民主化を主眼として各分野で戦後改革が進められた。占領軍が主導した制約があった上に、近代日本は全否定され伝統文化は批判された。戦争責任は連合国による極東国際軍事法廷（東京裁判）で裁かれたが、一面的な見方でもあった。当時の国際関係の諸資料が公開されたので、戦争責任は将来への課題を視座に考え直すべきであろう。戦後は東西冷戦が厳しくなる中で、占領政策も経済再建に転じ、さらに朝鮮戦争が起きた中で特需によって経済復興が進んだ。西側諸国と講和条約と日米安全保障条約を結んで、一九五二年に日本は独立を回復した。

日本社会は一九六〇年代を通じての高度経済成長によって社会構造も生活形態も大きく変貌して、伝統文化は大きな断絶も経て、実質的に変容した。七〇年代に経済大国になると、伝統文化の見直しが進んだ。八〇年代からは日本企業の海外進出に伴って、日本文化の海外紹介も盛んになるが、日本文化と思想の伝統が改めて問題になる。そうした中でグローバルな視点を持ちながら原始から現代までを視野に入れて日本文化・思想を論じている丸山眞男と加藤周一の論を考えてみる。彼らの論を通じて、本科目の日本文化・思想の展開を違った観点から振り返ってみる。最後に最近の日本思想史の研究状況を紹介するとともに、現代の問題と将来の課題を示唆しておきたい。

【キーワード】 戦後改革、戦争責任、高度経済成長、経済大国、丸山眞男、加藤周一、グローバル時代

1．敗戦と占領軍の進駐

アジア・太平洋戦争は、中国と東南アジアを主戦場に長く戦われたが、国民の記憶に強く残ったのは、総動員体制の厳しさ、兵士の大量の餓死・玉砕、末年の被害であり、戦争は絶対にあってはならないという強い思いであった。一九四五年一月からアメリカ空軍が戦争法でも不法な無差別爆撃に切り替えて以降、日本各地の都市は大規模な空襲によって大きな被害を受けた（三月十日の東京大空襲では死者十万人、罹災者百万人）。六月沖縄は米軍に上陸され占領された（住民死者十万人）。日本政府はソ連を通じて終戦工作をしていたが、ソ連は英米に参戦を合意していたため、放置された。七月末、米・英・中三国名義で日本に降伏を求めるポツダム宣言が発せられた。八月六日広島に、九日長崎に原子爆弾が投下され未曾有の被害が出た（五年以内の死者広島約二十万人、長崎約十四万人）。ソ連は日ソ中立条約有効期間内であったが、八日に一方的に破棄とポツダム宣言への参加と宣戦を布告し、九日未明百七十四万人のソ連軍が満州・樺太に侵攻した（日本側死者八万人以上、抑留者約五十七万五千人）。

八月十日未明、日本政府は国体護持を条件にポツダム宣言受諾を連合国に通知し、十五日天皇が日本全国・占領地に戦争終結の詔書をラジオ放送した。天皇の命によって日本軍は占領各地で一斉に戦闘を停止したが、このようなことは、世界史上きわめて特異なことであった。九月二日、降伏文書に調印して戦争は終結した。アメリカは、占領をスムーズにするため、敗戦後も天皇と日本政府の統治機構はそのまま継続させた。

アメリカ軍が連合軍として進駐し、日本政府は連合軍総司令部（ＧＨＱ）の指令下に置かれた。翌年西日本に英連邦軍も進駐したが、米軍が大部分の占領軍は多い時には四十三万人に上った（駐留経費は日本負担）。ダグラス・マッカーサーが連合軍最高司令官として、五一年四月まで日本の最高権力者であった。

2. 占領軍による占領政策の実態

連合軍は、1. 非軍事化、2. 民主化を掲げて、戦後改革を進めた。軍隊を解体して、戦犯を逮捕、軍国主義者の排除名目で二十万人以上の公職追放が行なわれた。天皇の戦争責任は問わなかった。

戦時下の言論統制は撤廃され、治安維持法の脅威もなくなって自由な言論活動が可能になった。けれどもGHQは進駐直後から新聞検閲を始めていた。連合軍側の無差別空襲や原爆投下責任に言及することは一切封印された。占領軍兵士の犯罪報道も検閲対象であった。以降、日本の新聞・言論界は、業務停止命令、発行停止処分などをおそれて、占領軍への批判と見られる記事を自粛していく。GHQは民間検閲部を作り、少なくとも千五百人以上の日本人の調査官を雇って、新聞・雑誌・書籍・放送台本などの事前検閲を行なったが、検閲の跡は残さないようにした。また、民間の郵便物の膨大な抜き取り調査や電話の傍受も行なっていたが、その実態は長い間封印されていた。

九月二日占領軍の一般命令第一号で民間の武装解除が指示された。日本刀を含む一切の武器を「軍国主義の表象」として没収・破棄を求めた。日本政府は「美術的価値のある刀剣」と有害な鳥獣駆除などに必要な猟銃は除外することを認めさせたが、翌年三月末まで各府県の軍政チームの下で、各府県に五〜六回にわたって武器回収が行なわれた。軍の武装解除分も含めると、刀剣三百万振以上、小銃百六十五万挺以上が没収され、一部は鉄として鋳直されたが、多くは海中投棄された。

GHQは、民間情報教育局（Civil Information and Education Section：CIE）を設置して、教育全般（初・中・高等教育）、情報（新聞、雑誌、ラジオなど各種メディア）、芸術（映画、演劇）、宗教（神道、仏教、キリスト教、新興宗教）、世論調査、文化財保護など、教育・文化を多岐にわたり管轄した。

ＧＨＱは、日本国民を「再教育する」ことを目指し、新聞記事やラジオ放送（「真相はかうだ」）で、満州事変以後の軍国主義の悪を暴くものを繰り返し載せ、放送させたが、その関与は一切伏せていた。

「その合法性や妥当性にはほとんど思いを巡らすことなく、アメリカ人たちは、この敗戦国の政治、社会、文化、経済の網の目を編みなおし、しかもその過程で一般大衆のものの考え方そのものを変革するという、他国を占領した軍隊がかつてしたことがないような企てに取りかかったのである」（ジョン・ダワー『敗北を抱きしめて』）。「黄色く、アジア的で、異教徒である日本人の無気力で弱々しい姿は、ドイツに対しては考えられないような、民族的優越感に基づく宣教師のような情熱をかきたてた。ドイツのナチズムが、基本的に成熟した「西欧的」社会に巣食ったガン細胞のように見られたのに対して、日本では文化自体が封建的で東洋的、すなわち元来ガンに冒されており、かつひとりでにガンになる性質をもっている」（同書）として「上からの民主革命」を推進したのである。

一九四五年十一月、幣原喜重郎内閣は開戦から敗戦に至る過程を検証するべく国家的プロジェクトとして戦争調査会を立ち上げ、四十回以上の会議を開催し、関係者へのインタビューや膨大な資料を収集したが、連合軍による極東国際軍事法廷（東京裁判）が始まったので、ＧＨＱの命令により、翌四六年九月末を以て解散させられた。戦争調査会の解散についても報道が許されなかったので、日本人自身による戦争全体に対する検証する取り組みがあったこと自体、ほとんど知られることがなかった（二〇一六年に初めて国立公文書館が関係資料十巻を刊行した）。

ＧＨＱは、危険と見なした文化活動を禁止した。ＧＨＱは、一九四五年十一月に文部省通牒によって、武道は戦時中に軍国主義を助長したとして、学校と付属施設での武道は一般人の利用も含めて禁止した。武徳会は翌年自主解散したのを認めず、強制的に解散を命じて財産を没収し、関係者は公職追放とした。学校における武道教育は禁止し、武道教員は失職した。特に剣道に対しては厳しく、社会人が趣味で行なうのも禁止し、武道という語の使用も禁止した。そのため戦後の武道はスポーツ化・競技化を進めることで復活を図ることになる。

歌舞伎も十一月の公演中、突如上演中止が命ぜられた。以降、事前検閲で、「仇討ち・復讐」、「封建的忠誠を連想するもの」、「歴史的事実を曲解せるもの」など、十三項目にあたるものは上演禁止とした。これによって、歌舞伎の伝統的演目はほぼすべて上演不可能になり、大騒ぎになった。けれども連合軍最高司令官付き副官補F・バワーズが、戦前に来日して歌舞伎に接していて理解があった。「芸術はあくまで芸術である。歌舞伎の偉大性は、政治的、封建的傾向をはるかに超えるものである」として、一九四七年十一月、上演禁止から二年を経て、歌舞伎の上演禁止演目はすべて解除された。

十二月十五日にGHQは神道指令を発令した。正式名称は「国家神道、神社神道ニ対スル政府ノ保証、支援、保全、監督並ニ弘布ノ廃止ニ関スル件」で、神道の国家的な支援や関与を一切廃止せよという指令である。実はアメリカ国務省の極東局長は十月に「神道が個人の宗教である限り干渉はしないが、神道が日本政府によって指導されたり、上から強制の手段になっている場合には廃止する」という方針を示していたが、CIEの宗教課が『近代日本と神道ナショナリズム』を読み、東京大学宗教学教授らの意見も聞きながら、課で議論して四次草案を経て決定した。神道を国家から切り離そうとするものであった。国家神道が超国家主義、軍国主義を助長し戦争を遂行する中核的なイデオロギーという見方も占領軍の中にあっただけに神社すべてが取り壊されることも危惧されたが、宗教を国家と切り離すことで、宗教の自由の中に収められた。国家神道に関わる教育は禁じられて、学校教育では日本神話には一切触れずに考古学に置き換えられた。

翌年元旦、昭和天皇はいわゆる「人間宣言」の詔書を出した。冒頭に維新の際の「五箇条の御誓文」を引用して、民主主義が日本の伝統であったことを示すとともに、「国民トノ紐帯ハ、終始相互ノ信頼ト敬愛トニ依リテ結バレ、単ナル神話ト伝説トニ依リテ生ズルモノニ非ズ」として、現人神と日本国民が他の民族に優越する民族とする「架空ナル観念」を否定した。

神道指令を受けて大日本神祇会など三団体は、翌年二月神社本庁を結成した。中央集権的な組織とすれば、GHQの干渉を招くおそれがあるので、各団体の教義を固定しないで存立し得る民間の宗教法人となった。これによって全国の神社のほとんどを包括する団体となった。

一九四五年十二月に戦時下の宗教団体法が廃止され、宗教法人令が公布された。初めて信仰と宗教活動の自由が保障され、届出制だったので二百七十の宗教法人が成立した。四六年には日本宗教連盟や仏教連合会が結成された。仏教教団にとっても、教団のヒエラルキーの清算と教学に見直しが必要となった。五一年には宗教法人法に代わって文部省の認証制となって宗教団体は整理され、六四年では百六十五団体となった。占領間もない時期に、現在に至る日本の宗教事情の骨格が出来上がった。

敗戦は「第二の開国」と言われた。明治維新によって近代化がなされたが、それは不十分で歪んだものであり、戦争をもたらしたとして、近代日本が全否定された。それだけでなく、日本の伝統全体が切り捨てられ批判される傾向が続いた。独自の文化に目を向けず、伝統的権威は否定され、教師や親、大人の権威は失われる傾向を辿った。

戦後の日本社会は、信念体系では近代主義、国際主義を標榜しながら、そのエネルギーを経済復興、経済発展へと向けていく。精神性は問題にせず、実利的な合理主義を追求していった。

3. 戦後の言論界の動向と日本国憲法

一九四六年五月、丸山眞男の論文「超国家主義の論理と心理」が雑誌『世界』（岩波書店）に掲載された。丸山は、一九一四年生まれで、高等学校時代に唯物論研究会の講演会に参加したことで、検挙・

拘引されたことがあったが、東京大学法学部卒業後、助手となり、一九四〇年に助教授になったが、四三年には二等兵として招集されて軍隊で上等兵にいじめられた経験があった。四五年八月広島の陸軍船舶司令部で被爆した。丸山は、四五年十一月に始まったニュールンベルク国際軍事裁判でナチス高官が戦争を始めた意図を明確に論じるのに対して、日本の元首相や高官の言動に失望した。

「これだけの大戦争を起しながら、我こそ戦争を起したという意識がこれまでの所、どこにも見当らないのである。何となく何物かに押されつつ、ずるずると国を挙げて戦争の渦中に突入したという驚くべき事態は何を意味するか」。「自由なる主体的意識が存せず各人が行動の制約を自らの良心のうちに持たずして、より上級の存在によって規定されていることからして、独裁観念にかわつて抑圧の移譲による精神的均衡の保持というべき現象が発生する」と論じた。丸山は後の論文で、日本のファシズムの心理をより分かりやすく説明する。小集団の「小宇宙」においては小天皇的権威をもって指導的地位を占めている一個の支配者が担っている「無責任の体系」である(「日本ファシズムの思想と運動」)。丸山は、占領軍によって与えられた戦後民主主義の「あてがわれた自由」を「内面的な自由に高めるべく、血みどろの努力を続けなければならない」(「戦後第一回講義草稿」)と語っていた。

一九四六年五月に、極東国際軍事裁判(東京裁判)が開廷され、東条元首相らA級戦犯二十八名が起訴された。以降四八年十一月まで、戦前から戦時中の軍部の数々の犯罪行為が暴かれることになる。

ただ東京裁判では連合国側の犯罪や不法(無差別爆撃、原爆投下、ソ連の参戦など)は一切問題にされず、言及した部分は翻訳されなかった。この裁判自体が国際関係を念頭においた日本の占領政策の重要な一環であった。東京裁判を理由に解散させられた幣原内閣による戦争調査会が収集した資料も公開された。現在では戦争責任に関しても、ルーズベルト米大統領やチャーチル英首相などの戦争に至るまでの秘密文書が明らかになっており、原爆開発から投下に至る過程なども含めて総合的な考察が必要である。

日本国憲法

一九四五年十月、GHQは日本政府に憲法改正を指示したが、一九四六年二月一日に新聞にスクープされた政府私案は帝国憲法の内容を少し変えただけだったので、マッカーサーは失望して民生局で極秘に草案を作成させた。連合国十一ヶ国から成る極東委員会が月末に開催される前に、基本方針を決定して既成事実としたかった事情もあった。天皇制を残す、戦争放棄、封建制否定という原則を基に、民生局の二十五人が、急遽各国の憲法やパリ不戦条約などの資料を集め、民間で発表された「憲法草稿要綱」等も参考に、前文と十一章九十三条の草案を作成した。二月十三日に吉田茂外相らに草案を渡したが、日本側は茫然としたが、これで天皇制は安泰だと言われて、受け入れざるを得なかった。日本政府は、これを基礎として四月に憲法草案を発表し、新選挙法によって選ばれた女性議員を含む第九十回帝国議会で、若干の修正の上可決され、十一月に日本国憲法は公布された。

日本国憲法は、前文で「わが国全土にわたつて自由のもたらす恵沢を確保し、政府の行為によって再び戦争の惨禍が起ることのないやうにすることを決意し、ここに主権が国民に存することを宣言し、この憲法を確定する」と述べる。これは長く軍隊と戦争に苦しんだ国民の体験に基づいた思いであったであろう。国民主権、基本的人権の保障、平和主義が憲法の基本理念とされた。GHQ草案に基づくとはいえ、第二次世界大戦が終結し、東西冷戦が始まる直前の平和を希求する国際的な世論も反映していた。議会でも少数の国体護持の保守系議員と天皇制反対の共産党の反対はあったが、可決された。戦争放棄を明記した第九条は、当時の世論調査で七〇％が賛成、不要とする二八％の五分の一は自衛権まで放棄する必要はないとされた（毎日新聞一九四六年五月二十七日：有識者二千名の全国調査）。

日本国憲法は、改憲を党綱領に掲げる自由民主党の長期政権下でも全く変えられたことはなく、戦後七十五年を経た今日でも日本社会に定着している。けれども解釈によって運用が実質的に変えられている。二〇〇〇年に国会両院に憲法調査会が設けられたが、本格的な論議は今後のことになる。

戦後改革では、農地改革によって地主制が解体され、小規模自作農が創出された。財閥が解体され、労働者の団結権も保障された。教育の民主化は、教育基本法によって個人の人格形成が目標とされた。

4．戦後初期の日本文化論――和辻哲郎と鈴木大拙

和辻哲郎は、戦後には『国民統合の象徴』(一九四八)を著し、天皇制擁護論を展開した。当時流行したルース・ベネディクトの『菊と刀』に対して、著者は資料を挙げて論じてはいるが、資料の吟味がなく、一部の軍人に見られたことを日本人に一般化し、妥当性の範囲の検証もないので、西洋の罪の文化に対して、恥の文化という図式など学問的価値があるとは言えないと断じている。和辻は、四九年に『倫理学』下巻を刊行して、これまで西洋では希薄だった間柄に着目した倫理学を完結させた。一九五二年に『日本倫理思想史』上下巻をまとめた。神話伝説から、文学や芸能の作品も材料にして日本人の倫理観を論じたが、『尊王思想とその伝統』を柱とした論であった。一九二七年の留学前の仏教に関わる講義時のメモ(全集十九巻解説に引用)に書いていた、原始仏教、大乗仏教から中国仏教、そして日本仏教への変容の過程の研究は書かれず、留学から帰国直後にまとめた考察ノート「国民性の考察」に見られる比較文化論も十分に展開されなかったのは残念である。

鈴木大拙は、一八七〇年生まれだが、円覚寺に参禅し、九二年のシカゴ万国宗教会議で禅を紹介する師の釋宗演の原稿を英訳したのが縁で二十七歳で米国に渡って十二年間大乗仏教の英訳などに尽力した。帰国後、同郷の友人西田幾多郎の勧めで京都の大谷大学の教授になってから“Eastern Buddhism”

を創刊し、英文の禅論文集などを刊行した。一九三八年にまとめた英文『禅と日本文化』は、日本の文学・芸術・武道にも禅の影響が大きいことを説いていた。戦後一九四九年に渡米して以後十年間に欧米で五百回以上も講義・講演をしたので、欧米ではZenが日本文化を指す言葉と思われるまでに広まった。その後に著した禅に浄土系思想も含めた『日本的霊性』(一九四四)も合わせて問題にするとともに、大拙が一九六六年に没して以降、禅宗史研究や禅語録研究も急速に進んでいるので、欧米のZen理解も問題にし直す必要がある。

5. 民俗学の展開―柳田国男と折口信夫

柳田国男は、『先祖の話』を、昭和二十年四月上旬に筆を起こし、連日の空襲警報の下、五月の終わりまでに書いた(自序)。七十歳で生涯をかけた民俗学の核心を著した書である。家の問題、霊魂の観念について、民族の年久しい慣習の「常識の歴史」を問題にしたのである。八十一節で、豊富な民俗の事象の例証を重ねて挙げながら論じるが、「日本人の死後の観念、すなわち霊は永久にこの国土の内に留まって、そう遠くに行ってしまわない信仰」があったことを強調している。「盆」、「仏壇」、「葬祭」など、仏教的な言い方となっているが、死後魂は山に登っていく、個人的な魂も三十三回忌の弔いあげで祖霊になって、子孫の元に毎年帰ってくる。春には山から田の神として里に降り、秋には山の神として帰っていく。「故郷の山の高みから永く子孫の生業を見守り、その繁栄と勤勉とを顧念している」(「魂の行くえ」昭和二十四年)という。柳田は、文献資料や考古学ではない、民間伝承の中に、名もない「常民」が無意識に伝承してきた観念を明らかにしようとしていた。

柳田は、農政官僚として各地を巡って明治四十二年宮崎では山村の故実を聞いて『後狩詞記』を著し、翌年は東北の伝承を『遠野物語』に書いた。大正二年に『郷土研究』を創刊、二年後、折口信夫は、日本の神は常在するのでなく、依り代に宿るとの論を掲載する。柳田は大正末年の『山の人生』から、山人文化から里の定住民の「常民」研究に移って民俗学を確立させようとした。昭和四年、人類学ではなく、日本各地の民間伝承の展開を論じた「蝸牛考」を発表したが、折口は『古代研究』（民俗学篇・国文学篇）を出版した。折口は海の彼方に「魂のふるさと」を感じ、沖縄を訪れ、古代文化の残存を感じて「常世(とこよ)の国」「まれびと」などを論じた。昭和十年には全国の民俗研究者を結集した「民間伝承の会」を設立した。全国各地から集積された民俗資料を使って柳田は『日本の祭』や『先祖の話』を著したが、昭和二十年ポツダム宣言受諾の報を聞くや、「いよいよ働かねばならぬ世になりぬ」と日記に記した。戦後二十二年に『民間伝承』を復刊し、翌年に柳田自宅書斎に民俗学研究所を設置した。二十四年には民間伝承の会は日本民俗学会に改称した。柳田の許で多くの研究者が育っており、民俗学を内容とする研究が国学院大学や東京教育大学、成城大学などで展開する。民俗学は国学の流れを受け継ぐ面もあるが、全国各地の文献にない民間伝承を調査・採集し、無意識の心性史を明らかにしようとした。日本の伝統社会が大きく変貌する前に、民俗学が確立したことは、大きな意味があることである。

6. 一九六〇年代の日本社会の変貌

一九四七年から米ソ対立を軸に東西冷戦が激化した。東アジアでは四八年に朝鮮半島で南北に分かれて国家樹立が宣言された。四九年に中国の内戦が決着し、国民党は台湾に移り、大陸は共産党が支配した。米国の占領政策も四八年から日本経済を自立化させて共産主義に対する防壁となるように転換された。一九五〇年六月北朝鮮の侵攻により始まった朝鮮戦争では、在日米軍が出撃したので、治安維持のため七万五千人の警察予備隊が設立され、後に自衛隊となる。米軍の兵器やトラック、繊維製品などの受注で特需景気により経済復興がなされた。一九五一年九月にはサンフランシスコ講和会議が開催され、日本は西側諸国四十八か国と平和条約に調印した。これにより日本は翌年四月占領状態を終了し、独立を回復した（但し、沖縄・奄美・小笠原は、依然米軍軍政下に置かれた）。平和条約と同時に日米安全保障条約を結んで、在日米軍はそのまま駐留することになる。一九五六年には日ソ共同宣言で国交を回復し、日本は国際連合にも加盟して国際社会に復帰した。

一九五五年、政界では労働組合系が合同して日本社会党が誕生したのに対抗して、保守合同が行なわれ自由民主党が誕生する。以後、自民党は三十八年間政権を担当することになる。一九五〇年代後半から高度経済成長が始まった。一九六〇年五月には日米安保条約の改定が国会で審議されたが、与党自民党が衆議院で審議を打ち切り強硬採決で可決したので、民主主義の危機として丸山眞男や清水幾多郎など多くが反対の論陣をはった。六月には国会周辺がデモ隊で埋め尽くされ、全国でも五百八十万人が参加する空前のデモが起こった。参議院では法案を審議せず自然承認を待ち、成立後岸内閣は退陣した。代わった池田内閣は所得倍増政策を看板とし、以後、経済の時代に入る。年率一〇％前後の経済成長が十二年続くことになる。

高度経済成長の時代に、日本は農業社会から高度工業社会へと大きく変貌した。石炭から石油に切り替えられ、太平洋ベルト地帯にはコンビナートが形成された。農村から東京周辺の首都圏、大阪中心の関西圏、名古屋中心の中京圏へと人々が大量に移動した。ベビーブームで生まれた団塊の世代が労働力として都市に集まった。社会構造において、明治維新を越えても継続していた農村社会は、根本的に変革された。大量の若い男女が都市近郊に移住し、サラリーマンとなった。核家族で団地や公団住宅に住み、祖父母からの文化の伝承はなくなった。共同体的なものは減り、企業を中心とする私的な利益の追求と核家族の幸福を追求する市民生活が標準的になった。家に神棚や仏壇はなく、畳の部屋は少なくなり、椅子の生活となり、テレビの影響が増してくる。アメリカの中流の生活を憧れ、和服に代わって急速に洋服が標準となり、家庭にさまざまな電化製品が入って家事労働が変わった。大量消費時代が幕開けする。一九六四年の東京オリンピックを契機に新幹線や高速道路が出来た。高速交通網が出来て、変化はさらに加速された。この年に日本はＩＭＦ八条国に移行し、一般人の海外渡航も自由化された。

東京オリンピックは都市部の発展の象徴であったが、六〇年代後半は農村部にも変化が広まる。兼業化が進み、耕運機などの機械が導入された。江戸時代以来の農業社会は大きく変貌して、新たな生活様式が展開した。そうした中で、人々の生活も意識も変わっていった。

六〇年代の社会の大きな変容の間に伝統文化の基盤に大きな断絶が見られる一方、国際化も進んだ。

7. 一九七〇年前後から八〇年代の文化状況

一九六〇年代は、西洋哲学においても大きな転換期であった。ハイデガーは「哲学の終焉」を宣し、メルロ＝ポンティは「反哲学」を言い出した。フランスではレヴィ＝ストロースが『野生の思考』（一九六二）を著し、ミシェル・フーコーは『言葉と物』（一九六六）、『知の考古学』（一九六九）を出して、近代的な知の転換を図っていた。

日本でも、戦後民主主義に対して、近代そのものを問い直す動きも起きている。深沢七郎が『楢山節考』（一九五六）が土俗の考えに焦点を当てて衝撃を与えたが、遠藤周作の『沈黙』（一九六六）は西洋のキリスト教信仰とは異質な日本の精神風土を問題にした。一九六八年には、川端康成がノーベル文学賞を受け、「美しい日本の私」として日本古典文学の伝統を語る講演を行なった。一九六八年から六九年に全国の大学で起こった全共闘運動は学問の社会的意義を問い直し、文学も社会的・歴史的な視野で考える傾向が強まり、文学の特権的地位は認められなくなった。一九六九年にはアメリカの宇宙船が月面着陸に成功し、世界中にテレビ中継されたが、改めて暗闇の宇宙に浮かぶ青い星地球の有限性とかけがえのなさが意識されるようになった。

一九七〇年には大阪万国博覧会が開催された。参加国は七十七か国、入場者は延べ六千万人を越えた。「人類の進歩と調和」がテーマに掲げられ、前年、アメリカが月に着陸した際に宇宙飛行士が持ち帰った「月の石」を展示し、ソビエト連邦は人工衛星を展示した。そうした中で、万博のテーマプロデューサーを務めた岡本太郎は、縄文の土偶にも似た巨大なモニュメント「太陽の塔」を造っている。内部に作られた生命の樹は、生命の発生以来、人類までの進化の歴史を示し、諸民族の原始的仮面から名もなき庶民の写真を展示して科学文明の現代文明を問い直す問いかけをした。万博の他の施設はすべて撤去された中で、太陽の塔だけは今日まで保存され、そのメッセージは今日改めて見直されている。

一九七二年には沖縄が復帰し、大陸の中国共産党と国交を結んで、戦後の懸案が一応の解決をみた。この年、ローマクラブが「成長の限界」というレポートを出して衝撃を与えた。地球環境の有限性を考えると、文明の転換を真剣に考えなければならなくなった。環境問題が前面に現われてきた。

一九七三年には石油ショックから世界的に低成長時代に入る。日本は省エネルギーへの転換が比較的順調になされ、日本的経営が評価され、ＧＮＰが世界第二位になって、"Japan as No.1"（エズラ・ヴォーゲル著・一九七九）という本まで刊行された。反面、欧米との間で貿易摩擦が生じて、日本企業は生産拠点を海外進出させるようになる。能楽、歌舞伎は海外公演し、生け花や茶の湯も欧米へ紹介されるようになる。

七〇年代には古典の大きな叢書が相次いで刊行された。『国書総目録』全八巻（岩波書店・一九六三～七二）は全古典籍の写本・刊本の所在を載せる。『日本古典文学大系』全百巻（岩波書店・一九五七～六七）が先行したが、『日本古典文学全集』全五十一巻（小学館・一九七〇～七六）は原文に校注・現代語訳を付した。『日本の思想』全二十巻（筑摩書房・一九六九～七二）も同様、『日本の名著』

全五十巻は近代も合わせた現代語訳版、『日本思想大系』全六十七巻（岩波書店・一九七〇〜八二）などである。研究では『日本の古典芸能』全十巻（一九六九〜七〇）、『日本思想史講座』全十巻（雄山閣・一九七五〜七七）などがある。

一九八九年に日本では昭和が終わり、平成の時代になった。東西冷戦が終結した。社会主義圏が自滅し、金融資本主義が世界を席巻するようになり、グローバル時代に入る。

冷戦終結は政治にも大きな再編をもたらし、長きにわたる自民党支配の五五年体制は崩壊し、新自由主義により小さな政府が志向され、規制緩和と構造改革で、外国資本も流入するとともに、地方の中小企業は大資本に圧迫され、シャッター街が出現するようになり、格差は拡大している。

8. 丸山眞男の日本政治思想史の試み―「原型」と普遍的なもの

丸山眞男は、一九六〇年の安保条約改定反対の立場で一般にも有名となったが、新書の『日本の思想』で、日本では、ヨーロッパにおけるキリスト教に比すべき思想の基軸がないので、海外からその時々の新しい思想を紹介しつつ、分野別にタコツボ型で展開していると論じていた。一年半の英国出張後、五十歳となる一九六四年度冬学期から日本政治思想史として三年間にわたって古代から明治まで通史で日本思想史を講義した。その講義ノートを基に講義録七冊が没後一九九八年から出版され、今日、丸山の日本思想史の代表作と見なされている。

丸山は、日本的なものを日本人の思考様式の「原型」と呼んでいる（後には「古層」と呼ぶ）。仏教・儒教などが大陸から入ってくる以前のもので、『古事記』『日本書紀』によって論じている。一九六六年の講義によれば、「原型」の第一は、集団的功利主義である。所属する共同体にとって善悪が判断される。主体的で個人的な利益の追求は排斥される。特定集団だけで、それを超えた絶対倫理基準はない。第二の特色は「心情の純粋主義」である。動機がキヨイほどよく、純粋な心情に出る行動は高く評価される。第三の特色が、「生成・活動・作用それ自体の神化」で、万物が生成活動する世界は「成りゆく」世界であり、「成りゆきに任せるオプティミズム」があるとしている。

丸山は古代から江戸時代に至る政治思想の変遷を、その都度、政治思想が「原型」にどう制肘され、どう破ったのかをテーマとして論じる。「原型」を突き破って普遍的なところへ出た思想として、鎌倉新仏教（第四冊）、武士のエートス（第五冊）、キリシタン信仰（第六冊）の三つを取り上げている。

鎌倉新仏教では、親鸞・道元・日蓮を取り上げる。親鸞の還俗と妻帯は自らの罪業の自覚と結びついて、非僧非俗の二重の否定によって新たな次元での求道の不断に日常化された実践への衝動が見られる。末法の絶望のどん底からのよみがえりとして救済が捉えられ、そこからの「開かれた」連帯へと拡がってゆくダイナミズムを持つ。道元は、坐禅に打ち込むことによって身心脱落をして全宇宙と一体化を求めるが、権力への依存を拒否して、人間の内面的尊厳の自覚を呼び起こした。日蓮は「日本第一の法華の行者」であり、『法華経』が説く「上行菩薩の御使」という強烈なプライドにより、自然的な人間関係から解放された自律的個人が生まれたとする。

彼らは宗教的な信念を徹底して普遍的なところに達したが、その宗派の社会的な存在様態には「原型」の制約が再び表面化していく。呪術的傾向が再浸透し、神仏習合が生じ、教団組織の宗派的性格が強まり、王法（俗権）と癒着して、宗教の聖なる価値が審美的価値へ埋没するとする。

他方、武士のエートスには、「強烈な名誉感と自負心」がある。外面的には「立身出世的個人主義」となり、内面化には他人の毀誉褒貶に関わらない「独立と自由の個人主義」となる。中国の士大夫の名誉感を支えるものは古典の教養だったが、武士の場合は覚悟や決断である。武士のエートスは主従関係によって制約されているが、「私的な情誼関係」であり、「ちぎり」「なさけ」と言われた。

鎌倉時代の武家の法、御成敗式目には武士のエートスの概念的洗練が見られ、在地御家人の相互対等性を基盤として、既得権を擁護し、しかもダイナミックに動く実力関係の中に平衡点を探し求めて一般規則に昇華したものである。訴訟制度でも裁判手続きでも権利保護がされており、驚くほど「市民法的な考え方」で「道理」が貫かれている。「理非においては親疎あるべからず、好悪あるべからず、ただ道理の推すところ、心中の存知、傍輩を憚らず、権門を恐れず、詞を出すべきなり」とされた。

武士のエートスは、室町、戦国、江戸時代と変遷した。「武士道」という言葉が出てくる『葉隠』は「主君への絶対無条件の献身」を説くが、受動的な服従でなく、主君を主君たらしめるためには「諫言」をなすのが「大忠節」という積極性も持った「下から上に吹き上げる主体性と能動性」があった。

幕末の「西欧の衝撃」〈ウェスタン・インパクト〉に対して、武士たちは外圧に対する日本の独立と名誉の確保を、自分自身の名誉と独立の問題として引き受ける意識を持ち、「転変する状況に対する即応と自主的決断」という伝統的武士のエートスがよみがえって果敢な行動をしたのであるとする。

第三のキリシタンの問題は、戦国末から江戸初頭の「日本の全般的にケイオス（混沌）の只中で行なわれたことが重要」とする。絶対者への無条件的忠誠の方が罪意識よりも、より大きな信仰の実質をなしていたが、「威嚇、脅迫、拷問に屈せず、一切の誘惑を斥け殉教と抵抗への途を自発的に選んだことは、日本史上稀有の出来事であった」。「昭和のコミュニストの場合よりはるかに非転向の率が高い」。

丸山は「原型」とそれを突き破る思想・エートス・信仰を論じる。トピックごとに非常に興味深い論であるが、最初から「原型」が「通奏低音のように」貫いていたか否かは疑問である。むしろそれはその都度の時代に表われる思想やエートスを際立てるための概念装置の感がある。また武士のエートスは通史的に論じられているが、鎌倉新仏教は、この論以降に出される当時の主流の仏教思想や顕密体制論を踏まえることなく、「宗教改革」でトピック的に際立つところのみ論じている感が拭えない。最澄の天台の伝統や空海の密教などの位置づけがあまりに希薄である。キリシタンの思想は徹底して禁令となった江戸の思想空間では無意識的にどのように働いていたのかはもっと問題にすべきことであろう。

9．加藤周一の『日本文学史序説』と『日本　その心とかたち』

日本の思想・文化をグローバルな視点から論じている同世代のもう一つの論として、加藤周一の論を合わせて考えてみることにする。

加藤周一は、大正八年（一九一九）東京生まれで、丸山の五歳年下である。医学部に入ったが、学生時代から中村真一郎・福永武彦らと詩グループ『マチネ・ポエティカ』を結成した。医師となり、敗戦直後、日米原子爆弾影響合同調査団の一員として広島に赴いている。一九五一年十月から五五年二月までフランスに医学研究生として留学した。帰国後「日本文化の雑種性」を発表する。英仏の伝統を重んじる純粋性に対して、日本文化が伝統と西洋化の雑種性を持つ事実を認め、そこに積極的な意味を認めようと論じた。一九五八年から医業を廃して評論家として独立する。一九六〇年の安保闘争では改定反対から積極的発言をした。六一年から六九年まで、カナダのブリティッシュ・コロンビア大学に出講する。この間に日本文学と日本美術の精力的な研究を行ない、時代毎に英文の講義原稿も交えた膨大な『研究ノート』を作成した（立命館大学図書館でデジタルデータを公開）。

『日本文学史序説』は一九七三年から雑誌に連載し始めたが、単行本としては上下巻全十二章で、一九八〇年に刊行した。加藤が五十四歳から六十一歳の作品である。「文学」の範囲を広く捉えて、文学作品だけでなく、宗教や哲学の著作や農民一揆の檄文まで含む。「日本の土着世界観が外部からの思想的挑戦に対して各時代に反応してきた反応の系列を、それぞれの時代の社会的条件のもとで、その反応の一形式としての文学を通じて確かめようとしたのである」（あとがき）。加藤は「土着の世界観」を発見する方法として、「外部からの影響が及ばなかったと推定される古代文献を検討すること」や、「地理的に（離島）、または社会的に（地方の大衆）、外国文化の影響の少ない集団の表現を観察すること」を斥けて、「外来の体系の「日本化」の過程を分析し、「日本化」の特定方向から「日本化」を実現した土着世界観の力の方向を見つけること」を方法とする。国学や民俗学の方法ではなく、歴史的に転換期に注目して考察しているのである。

日本文学史なので、文献が現われる五、六世紀から始めて、十世紀前後の平安中期の国風化、十二、十三世紀の鎌倉幕府が成立する中世、十六、十七世紀の近世の成立期、十九世紀の西欧近代の衝撃、幕末から維新期という四つの転換期を見ている。終章は戦後の状況で、高度成長管理社会を論じているが、当事者の一人でもあるので客観的に見ることはできないので「附録」と断わっている（あとがき）。主要な文学作品、芸能作品の他、仏教思想、儒教思想、近代思想も合わせて論じられている。外国での講義を基にしたこともあって、各作品について、要点を列挙しながら明晰に論じている。

最初の「日本文学の特徴について」が、加藤の日本文学についての総括的な批評となっている。西洋や中国の文学と比較しながら、五つの項目に分けて説明し、その相互関係を論じている。日本文化論のまとめとしても重要な指摘なので少し詳しく見ておく。

①日本文化においては文学と造形美術が重要であった。抽象的・体系的・理性的な哲学・思想でなく、具体的・非体系的・感情的な人生の特殊な場面に即した文学が重視されていた。

②日本で書かれた文学の歴史は、八世紀まで遡るが、歴史に断絶はなく、同じ言語で持続的に発展して今日に及ぶのは世界で例がない。新が旧に交替するのでなく、旧に新を加えるという発展の原則がある。旧と新が対決して敗れることはなかったので、極端な保守性（天皇制、神道の儀式、美的趣味、仲間意識など）と極端な新しもの好き（新技術の採用、新型、新語の濫造など）とは、おそらく楯の両面

であって、同じ日本文化の発展の型を反映している。

③中国語（漢文）と日本語の併用が江戸時代まで見られる。日本語の文は、その話手と聞手との関係が決定する具体的な状況と密接に関係しており、敬語の体系が極度に発達している。日本語の語順は、修飾句を名詞の前におき、動詞とその否定語を最後におく。部分から始めて全体へ向う構造である。

④社会的背景としては、作者も読者も都に住み、題材の多くは都の生活で、地方ではなかった。

文学的階層は、奈良時代にはまだ固定していなかったが、平安以降は貴族と僧侶となり、傑作を生みだしたのは下級貴族と女性が多く、権力関係から距離をとり、私的な感情生活を日本語で表現した。鎌倉・室町時代も文学的想像力を発揮したのは、生き延びた貴族と僧侶であり、「隠者文学」も成立した。江戸時代前期には主として武家出身者であり、後期には武家のみならず、町家および農家から出る。明治以後は都市中産階級であり、文学者の生家は江戸以来の町人・士族、地方の中小地主層であった。

⑤世界観的背景。外来思想が入ってきても、土着の世界観の執拗な持続とそのために外来の体系の「日本化」が見られる。外来の世界観は、第一に大乗仏教、第二に儒教、特に朱子学、第三にキリスト教、第四にマルクス主義であり、いずれも包括的な体系であった。超越的な存在または原理との関係において普遍的な価値を定義しようとする。対して日本の土着的な世界観は、祖先崇拝・シャーマニズム・アニミズム・多神教の複雑な信仰体系を背景に持ち、地域によってその内容を異にするが、その世界観の特徴を要約すれば、具体的・実践的な思想への傾向があり、個別的なものの特殊性に注目することである。カミは無数にあって（「八百万（やおよろず）」）、他を排除せず、具体的で特殊な状況を超越しないので、普遍的な価値も成り立たない。

外来の思想が土着の世界観によって「日本化」される方向は常に一定している。抽象的・理論的な面は切り捨て、包括的な体系を解体して、その実際的な特殊な領域へ還元し、超越的な原理を排除し、彼岸的な体系を此岸的な再解釈し、体系の排他性を緩和することなどが目立った傾向である。

上記の五つは相互に連関しながら展開していく。加藤は次のようにまとめている。

政治的な支配者層は交替し、文化的支配者層も交替した。文化的な価値の内発的な要因は、そこにある。他方、仏・儒・西洋思想の相次いだ輸入は、外からの刺戟を加えると共に、内発的な発展のために必要な技術や概念的装置を供給した。日本文学の歴史は、かくして多様化の歴史であり、そこでは多様性と統一性、変化と持続が微妙につり合ってきたのである。

加藤は、丸山の「原型」と普遍の関係も踏まえて、多くの文献に即しながら重要な指摘をしている。ただ個々の文献がどの背景の下に何を目指して書かれたのかをもっと考慮する必要がある。特に仏教では鎌倉新仏教では新しい教説が禁じられた故に経典に基づく論が書かれた。また修行の実態や儀礼の意味なども考える必要がある。桃山時代の侘び茶や、江戸時代の武芸に関する叙述はそれぞれ二頁に満たない。この二つの分野は、多くの文献があり、外来文化を「日本化」し、また武家社会の中で発達した日本独自な文化であり、今日では世界中に広まり影響を与えている点でも注目すべきものである。また無形の伝承や長年積み上げていく行によって開かれてくる身体感覚、ものから受ける直接的な感覚などがどう表現されるかは問題である。さらに外来の文化の「日本化」を進めていく先で、結局どういう感覚でよしとするのか、部分から積み上げていって全体としていかに調和に至るのかも問題にすべきであろう。

加藤は『日本　その心とかたち』として、一九八七年から八八年にNHK番組で十回にわたり日本美術の番組を制作した。その解説を補足して新たな本文を書いて同じ題名の十巻（平凡社版）を刊行した。『日本文学史序説』の刊行から七、八年後で加藤が六十八歳から六十九歳である。その後、かなりの部分を削り、全体の三分の一程書き足して、フランス語訳、ドイツ語訳（一九九二）、英訳（一九九九四）を作った。著作集第二十巻（一九九七）の本文は西洋語版のために削った部分を復活させ、書き足して改めて編集し直したものである（平凡社ライブラリー　加藤周一セレクション3はその全文）。

ここでは縄文土器・土偶から話を始めている。「注目すべきは、これらの力強くダイナミックな形象がその後の日本の造形に見られないばかりか、世界の他の地域の土器にも見られないという事実である」と言いながら、このダイナミックな形象や縄文土器自体が持つ生命力については論じていない。縄文土器からインスピレーションを受けた岡本太郎や縄文に日本の深層を見出し現代文明を見直すことまで論じる梅原猛などの論とは大きく異なり、加藤の評論家的な立場が見える。

茶の湯に関しても、そこで「日本文化の文法」として、土着の世界観を論じているが、侘び茶の成立過程はほとんど論じられず、茶室や茶道具、所作には触れず、「一期一会」に関しても論じていない。また民具や民芸の美などにも触れていない。加藤自身も都・都市で展開した美を見て、無意識に欧米の美を比較の基準においていたからと思われる。日本の美を中国の美と比較しながら、「気韻生動」など日本の美術にも影響を及ぼした美学を論じていない点も気になる。

日本文学や文化についても、柳田や折口などの民俗学的な考察の視点も必要であろう。

近代・現代は建築史と近代画家論で圧縮されている。東京の変貌に着目しながら、明治期の江戸からの変容、大正期の郊外の開発、昭和の戦争による廃墟とオリンピック前の大改造などが論じられなかったのは残念である。

『日本　その心とかたち』は、造形美術論であるが、能と狂言、浄瑠璃と歌舞伎、舞踊と語り物、茶の湯と生け花などの芸能も日本文化の独自性を示すものである。これらも含めた日本文化論は今後の課題であろう。

むすび

本科目は「日本文化と思想の展開―内と外と」と題して15章で論じてきた。最後に丸山眞男と加藤周一の日本文化論を取り上げたのは、彼らの論を振り返ることで、本科目の内容を違う視点から見直すとともに、将来に向けての課題も見ておきたかったからである。

今日、日本文化と思想はさまざまに論じられている。グローバル化が進むにつれ、改めて日本の伝統と将来がますます問題となる。二十一世紀に入ってインターネット情報がますます重要となり、各種のデジタル情報も蓄積している。専門的な研究はますます細分化、精細化している。最近の日本思想史に限っても、『日本思想史講座』全五巻（ぺりかん社・二〇一二～一五）、『岩波講座日本の思想』全八巻（二〇一三～一四）、『日本思想史事典』（東京堂出版・二〇一三）、『日本思想史事典』（丸善出版・二〇二〇）などが刊行されている。佐藤正英『日本倫理思想史』（東京大学出版会・二〇〇三／増補改訂版二〇一二）、佐藤弘夫編『概説日本思想史』（ミネルヴァ書房・二〇〇五）、清水正之『日本思想全史』（ちくま新書・二〇一四）、末木文美士『日本思想史』（岩波新書・二〇二〇）などがある。

最後の末木氏は『冥顕の哲学2　いま日本から興す哲学』（ぷねうま舎・二〇一九）を著している。目に見える「顕」の世界だけでなく、魂や死者などの「冥」の世界も合わせて他者といかに関わるか、前年の1と合わせて、少子高齢化の問題、3・11の東日本大震災で浮かび上がった死者の慰霊とグリーフ・ケア、原発問題などを意識しながら、生老病死を考えた仏教や比較思想も合わせて、「伝統思想を基盤として、地に足の着いた哲学の構築を大きな課題」に取り組んでいる。過去の思想史の研究だけではなく、伝統文化を捉え直して、現在、そして将来の人類にとっての哲学の可能性を考えていかなければならない。

現在、異常気象が頻発する地球環境問題に、新型コロナウイルスのパンデミックがもたらした諸問題も加わって、改めて現代文明が根本的に問い直されている。社会のさまざまな格差拡大、グローバル化がもたらす諸問題、真偽不明の膨大な情報の横溢、権威主義的傾向の強化、ＡＩの進展がもたらす将来の問題なども真剣に考えなければならない。改めてわれわれが無意識的にも受け継いできた日本の文化と思想をどう捉えるのかは、現代を、将来を考える上でも、重要なことであると思う。本科目を一つの手掛かりとして、各自がさらに深く知り、考えていかれることを期待している。

参考文献

1. 『日本の近現代史をどう見るか』（シリーズ日本近現代史⑩・岩波新書・二〇一〇）
2. ジョン・ダワー（三浦洋一他訳『敗北を抱きしめて　第二次世界大戦後の日本人』（岩波書店・二〇〇三）
3. 丸山眞男『超国家主義の論理と心理　他八篇』（岩波文庫・二〇一五）
4. 和辻哲郎『日本倫理思想史』全四冊（岩波文庫・二〇一一〜一二）
5. 鈴木大拙『禅と日本文化』（岩波新書・一九四〇／前半：全集第十一巻（岩波書店・一九九九）
6. 鈴木大拙『日本的霊性』（中央公論社・中公クラッシクス・二〇〇八）
7. 『柳田國男全集13』（『先祖の話』「魂の行くえ」解説）（ちくま文庫・一九九〇）
8. 田中久文『象徴天皇を哲学する』（青土社・二〇一八）
9. 新谷尚紀『民俗学とは何か　柳田・折口・渋沢に学び直す』（吉川弘文館・二〇一一）
10. 『丸山眞男講義録』全七冊（東京大学出版会・一九九八〜二〇〇〇）
11. 加藤周一『日本文学序説』上下（原本一九七五／八〇筑摩書房：ちくま学芸文庫・一九九九）
12. 加藤周一『日本　その心とかたち』（原本一九八八：平凡社ライブラリー／ジブリ版ＤＶＤ十巻・二〇〇五）

●や　行

●ら　行

●わ　行

●ま 行

●な 行

●は 行

●た　行

●さ　行

索引

●配列は50音順。＊は人名を示す。

著者紹介

魚住　孝至（うおずみ・たかし）

一九五三年　生まれ
一九八三年　東京大学大学院人文科学研究科博士課程単位取得満期退学、国際武道大学教授を経て
現　在　放送大学特任教授　博士（文学）
専　攻　倫理学、日本思想、実存思想
主な著書　『宮本武蔵　日本人の道』（ぺりかん社）
『定本　五輪書』（新人物往来社）
『宮本武蔵「兵法の道」を生きる』（岩波新書）
『芭蕉最後の一句　生命の流れに還る』（筑摩選書）
『道を極める―日本人の心の歴史（'16）』（放送大学教育振興会）
『哲学・思想を今考える―歴史の中で（'18）』（放送大学教育振興会）
『文学・芸術・武道にみる日本文化（'19）』（放送大学教育振興会）
『日本の伝統文化⑥　武道』（山川出版社）
『100分de名著ブックス　宮本武蔵『五輪書』―わが道を生きる』（NHK出版）
主な共著書　『戦国武士の心得―『軍法侍用集』の研究』（ぺりかん社）
『諸家評定―戦国武士の「武士道」』（新人物往来社）
訳　書　オイゲン・ヘリゲル著『新訳　弓と禅』（角川ソフィア文庫）

放送大学大学院教材　8981060-1-2211（ラジオ）

日本文化と思想の展開—内と外と

発　行　　2022年3月20日　第1刷
著　者　　魚住孝至
発行所　　一般財団法人　放送大学教育振興会
〒105-0001　東京都港区虎ノ門1-14-1　郵政福祉琴平ビル
電話　03（3502）2750

市販用は放送大学大学院教材と同じ内容です。定価はカバーに表示してあります。
落丁本・乱丁本はお取り替えいたします。

Printed in Japan　ISBN978-4-595-14179-9　C1339